만나요약설교 10

만나요약설교10

초판 1쇄 발행 2017.08.28.

지은이   김명규
펴낸이   박성숙
펴낸곳   예루살렘
주 소   경기도 고양시 일산동구 고봉로 776-92
전 화   031-976-8972, 8973
팩 스   031-976-8974
이메일   jerusalem80@naver.com
등록번호 1980년 5월 24일 (제16-75호)

ISBN   978-89-7210-557-2   03230

책값은 뒤표지에 있습니다.

오직 성령이 너희에게 임하시면 너희가 권능을 받고
예루살렘과 온 유대와 사마리아와 땅끝까지 이르러 내 증인이 되리라
(행1:8)

만나요약설교 10

김명규 목사 지음

| 머리말 |

　추운겨울이 지나고 봄이 오는가 싶더니 몇 칠 밤을 지난 것 같은데 벌써 만상이 푸르른 계절의 여왕이라 불리우는 오월이 와서 싱그러움을 자랑하는 계절을 보면서 이리도 빨리 가는 세월의 흐름을 다시 한번 느끼고 생각나게 합니다.
　그 만큼 세월 속에 묻혀서 정신 놓고 목회하다보니 어느덧 개척교회로부터 시작해서 37주년이 지나게 되었고 그렇게 많던 머리숱은 없어지거나 백발이 되어져 가는 현상을 보게 됩니다. 2016년에는 교회주변 환경이 아파트 밀접지역으로 바뀌어져 여기에 맞추어서 교회 역시 성전증축과 리모델링으로 새 단장하는데 시간이 지나갔고 이제 새로 단장된 교회에서 목회생활을 마무리하고자 힘을 쓰고 있습니다.
　아직도 외쳐야 할 말씀이 무궁무진한데 지식의 홍수와 쓰나미처럼 밀려오는 신지식시대와 종말적으로 보이는 사람들의 마음의 강퍅하고 죄악으로 더욱 치닫는 현황 앞에서 무엇을 가지고 목회할까? 하고 새벽공기를 흔들어 볼 때가 한 두 번이 아니었습니다. 엘리야의 절규나 요나가 물고기 뱃속에서의 몸부림치는 저자의 모습을 보면서 주님! 말씀과 성령의 권능으로 입혀주옵소서. 라고 기도합니다.
　구원은 오직 예수그리스도(요 14:6; 행 4:12)뿐이며 이를 전하는 말씀의 역사는 성령의 권능이 아니면 그저 듣는 자의 귀뿌리만 스치고 지나갈 것이기 때문입니다. 본인은 유명한 설교자도 아니고, 지식인도 아니고, 그렇게 유명하고 알려진 인사도 아니지만 그저 한 목회지의 평범한 목회자로써 영혼을 사랑하여 주께서 맡겨주신 양무리가 적든 많든지 상관없이 성실하게 목회의 길을 걸어왔고 남은 시간동안 역시 그리 할 것이라고 결심해봅니다.

주여 우리가 주의 이름으로 선지자 노릇하였고 귀신을 내쫓았으며 많은 권능을 행하지 아니하였나이까? 할 때에 주님은 나는 너희를 모른다고 하신 성경은(마 7:21~) 너무나 끔찍하게 느껴지는 말씀이기에 두렵고 떨림으로 너희 구원을 이루라(빌 2:12 상)는 말씀을 겸하여 소개합니다.

반석위에 집을 건축한 지혜로운 자와 모래위에 집을 건축한 미련한자의 비유가 예수님의 산상보훈의 결론이라면 주여 나는 어느 편에 서있고 어느 편에서 마무리 할 것입니까? 라고 나 자신을 채찍질해 봅니다. 마지막 순교직전에 의의 면류관을 전하며 마무리하였던 사도바울(딤후 4:7~8)의 관제와 같이 드려진 생애를 보면서 그 마음 변치 않고 끝까지 모여든 주님의 양(羊)들에게 오늘도 전하게 됩니다(요 21:15~).

작년 교단총회 때에 목사님! 설교집 10권 언제 나옵니까? 라고 다가와 말씀하신 어느 후배목사님의 말이 생각나 다시 용기 내어서 만나요약 10권 째를 발간하게 되었습니다. 불철주야로 기도해주시는 목양지 은평교회 성도들과 원고정리에 힘써준 부교역자들게 고마움을 전하고, 언제나 당근과 채찍으로 내 옆에서 기도로 함께 해온 아내 유미자 사모에게 고마움을 전합니다. 94세로 요양원에 계신 아버지 김형창 집사님에게 하나님의 은총을 기도하면서 대통령선거일을 앞에 두고 어수선한 이 나라 대한민국의 안녕을 기도하면서 하나님께 간구해봅니다.

달동네가 아파트단지로 변한 안양천 한구석에서

小石 **金明圭** 牧師

| 추천사 |

　지금 한국교회는 설교의 전성시대를 맞이하고 있으며 매주일 쏟아지는 설교는 분명 설교의 홍수를 이루고 있다 해도 과언이 아닙니다. 그러한 면에서 한국교회는 참으로 행복한 교회임에 틀림없습니다. 동시에 한국교회는 설교홍수시대임에도 불구하고 이상하게 말씀기근현상으로 인해 많은 그리스도인들이 말씀의 갈증을 겪고 방황하고 있다는 것도 염두에 두어야 합니다. 그것은 설교자의 변질과 혼합된 복음으로 진리가 흐려졌음을 입증해 주는 단면이기도 합니다. 어느 때보다도 진리의 말씀을 옳게 분별하여 선포하는 설교자를 사모하고 그리워 한다는 것을 통감해야 합니다. 물론 영적지도력을 가지고 실력과 영성으로 한국교회를 살려내는 설교자들이 있음을 감사하지 않을 수 없습니다.

　이렇게 말씀의 고갈로 인해 영혼의 헐떡임이 있는 때에 나의 사랑하는 선배 김명규 목사님의 설교집의 출간은 나에게 무한한 기쁨이고 자랑입니다. 내가 지켜본 김 목사님은 온화한 성품, 사람에 대한 열정, 그리고 부르신 분의 뜻에 절대 복종하신 삶이셨습니다. 그리고 주님의 몸 된 교회에 대한 헌신의 삶을 적극적으로 보여주신 훌륭하신 목사님이십니다. 그리고 내가 무엇보다 목사님을 존경하는 한 가지는 37년 전 은평교회를 개척하여 줄곧 쉬지 않고 지금까지 설교자로서 강단을 지키시며 양 무리들에게 생명의 양식을 먹이신 일입니다. 일찍이 개혁주의 목회자인 리챠드 백스터목사님은 그의 저서 '참 목자상'에서 "목사는 거룩한 지식과 능력, 신중한 분별력을 가지고 연구하고, 기도하고, 의논하고 실행하라."라고 강조했습니다.

김 목사님은 경건한 삶, 즉 평생 동안 기도와 말씀연구에 몰두하셨고 무엇보다 목양의 현장에 그 생명의 양식을 운반하는 작업(설교)에 충실하셨습니다. 금 번 김 목사님의 설교 집에서 눈에 띄게 보여진 것은 김 목사님 자신의 영성을 위해 흘린 눈물과 땀, 은평교회의 성도들을 향한 애정이 듬뿍 담겨 있었고 문장을 대할 때마다 나 또한 큰 감동을 받아 항상 목사님께 감사한 마음을 표하지 않을 수 없습니다. 특히 매주일 김목사님의 설교를 듣는 은평교회의 성도들은 행복한 분들이십니다.

마지막으로 금번 발간하는 김목사님의 설교집이 황폐해가는 한국교회 강단에 새 바람을 불어넣을 뿐만 아니라 목사님들에게는 좋은 설교 지침서가 되고 성도들에게는 늘 옆에 두고 읽으면서 은혜에 참여하고 영적 각성과 깨우침을 줄 것임을 확신합니다. 김목사님의 설교집을 읽는 것만으로도 영광인데 거기에 추천사를 부탁받아 몸 둘바를 모르겠습니다. 김목사님의 강단사역의 더욱 풍성함을 기대하면 나의 사랑과 존경을 담아 기쁜 마음으로 추천하는 바입니다. 이 설교 집을 온통 "예수 그리스도"로 장식하신 사랑하는 김명규 목사님과 평생 동역하시는 유미자 사모님에게 성령의 위로가 함께하시기를 바랍니다.

안양대학교 신학대학원 초대원장 역임
제50회기 예장대신 총회장 역임
서울모자이크교회 담임목사 **박종근**

| 추천사 |

  35년 동안 성실하게 목회 외길을 걸어 온 김명규 목사님의 설교에는 목회자일 뿐 아니라 한 신앙인으로서의 경건을 바탕으로 한 실질적 교훈이 담겨져 있습니다.
  본서에서는 성경의 다양한 내용과 주제들을 심도 있게 해석하고 이해하여 영적인 어린아이부터 장성한 신자에 이르기까지 실생활에서 일어날 수 있는 많은 실수와 문제들을 소상히 다룰 뿐 아니라 성도들이 소망 중에 살아갈 수 있도록 하나님의 풍성한 은혜를 의지하는 데로 돌아가야 함을 거듭거듭 제시하고 친절히 안내하고 있습니다.
  또한 매 설교마다 하나님의 주권을 강조하여 흐트러지기 쉬운 현대 기독교인의 신앙의 중심을 잡아주고, 그리스도의 십자가의 도를 소개하므로 믿음의 기초를 단단히 다질 수 있도록 배려했음을 볼 수 있습니다.
  이렇듯 하나님의 은혜에 기초를 둔 신학사상과, 성령의 교통하심에 근거하여 삶의 실천적 의지를 북돋우는 본서는 생명력을 상실해 가고 있는 교회와 성도들의 삶에 생기를 불어 넣기에 넉넉한 양분을 공급한다 할 수 있습니다.
  본서가 일반 성도들은 물론 목회자 후보생들과 목회자들에게도 유익한 도서가 될 것으로 확신하며 이 책을 추천하는 바입니다.

대한예수교장로회총회(대신) 총회장
양치호 목사

| 차 례 |

[가정]

어린아이 한 생명을 바르게 키우자(마 18:1-6)   15
성장해서 더욱 은총을 받은 아이들(삼상 2:26)   20
부모공경은 잘되고 축복 받는 계명(엡 6:1-3)   25
행복한 가정이 되는 길(요 12:1-11)   30

[순종]

주 안에서 순종하는 축복(엡 6:1-4)   35
순종의 복을 받은 사람들(삼상 15:13-14)   40
아직도 자력적 수고만 하십니까(눅 5:1-6)   44

[성령]

성령 받은 사람들(고전 12:1-7)   59
성령으로 충만해야 합니다(엡 5:11-21)   54
이 불을 끄지 말자(레 6:8-13)   58

[축복]

주일성수의 축복을 받은 사람들(사 58:13-14)   63
가려던 땅에 갈 수 있는 축복(요 6:16-21)   68
축복을 잃지 말라(행 5:1-11)   73
복 받을 백성들(시 144:12-15)   78

[예수님]

나를 도와 줄 사람(요 5:1-9) ... 83
예수님 안에서 날마다 새롭게 살아야 합니다(고후 4:16-18) ... 88
눈물을 흘리신 예수 그리스도(요 11:33-39) ... 92
예수님의 탄생을 어디서 찾으시나요(마 2:1-12) ... 97
십자가 선상의 하나님의 어린 양(요 1:29-36) ... 102

[하나님]

잃은 양 하나를 찾으시는 하나님(눅 15:3-10) ... 107
하나님 안에서 행복한 사람들(신 33:24-29) ... 112
마음 중심의 상석에 하나님이 계시게 하라(출 20:1-6) ... 117
하나님을 바라보는 사람들(미 7:1-9) ... 121
하나님을 사랑하십니까(눅 10:25-28) ... 126
전능하신 하나님이십니다(사 60:15-22) ... 131

[신앙생활]

묵은 땅을 기경해야 합니다(마 13:24-30) ... 136
인생을 착각하지 말고 살자(막 12:1-12) ... 141
뒤로 후퇴하지 말아야 합니다(히 10:35-39) ... 146
항상 기뻐할 수 있는 생활의 비법(빌 4:4-9) ... 151
승리하는 신앙생활이 되게 하라(계 3:21:22) ... 156

[감사]

하나님이 기뻐하시는 감사(눅 17:11-19) — 160
바울의 감사에서 감사를 배웁니다(살전 3:8-13) — 164
감사할 줄 아는 신앙인들(골 3:12-17) — 169
감사절에 생각하는 감사(시 50:14-15) — 174

[구원]

절대로 지옥 가지 마시오(계 19:19-21, 20:15) — 179
살 길은 하나님을 찾는 길입니다(암 5:4-15) — 184

[기도]

기도하는 것 이상으로 축복받고 이긴 싸움(에 4:13-17) — 189
내 집은 기도하는 집이라 하셨습니다(마 21:12-17) — 194

[교회]

범사에 은혜와 축복이 넘치는 교회(빌 1:1-11) — 199
여호와 하나님의 영광이 가득한 교회(대하 7:1-3) — 204
예수님이 원하시는 교회가 있습니다(행 11:19-26) — 209
교회의 본질을 바르게 알아야 합니다(고후 11:23-33) — 214
초대교회를 닮아가는 교회(행 9:19-31) — 219

[믿음]

기적을 체험한 질 좋은 믿음(막 10:46-52) — 224
믿음만이 승리합니다(막 4:35-44) — 229
믿음에 대하여 알아봅시다(히 11:1-3) — 233

[십자가]
십자가의 길은 예고된 길입니다(눅 9:22-27)   238

[부활]
산 자를 죽은 자 가운데 찾느냐(눅 24:14)   243
예수님의 부활은 성경대로입니다(고전 15:1-11)   248

[은혜]
하나님의 은혜를 유지하는 길(갈 3:1-14)   253
한계 상황 때에 주신 은혜(막 5:35-43)   258
바울이 은혜 받은 간증(고전 15:8-10)   263

[전도]
전도해야 합니다(눅 9:1-6)   268
전도하는 것은 미련하게 보이는 일인가(고전 1:18-25)   273
말씀 전파, 전도는 명령입니다(딤후 4:1-5)   278

[기타]
복음적 신앙이어야 합니다(롬 1:14-17)   283
후퇴하지 말아야 합니다(히 10:35-39)   288
누구의 통치를 받습니까(계 11:14-19)   293
웃시야 왕의 성공할 때와 실패할 때(대하 26:1-18)   298
인생의 두 가지 형태의 유형(마 14:1-12)   303
실패의 늪에서 성공의 자리로(요 21:1-6)   308

[가정]

어린아이 한 생명을 바르게 키우자

(마 18:1-6)

　모든 생물들은 태어나면 성숙해가는 어린 시절이 있게 되는데 이를 성장기라고 말하게 됩니다. 어린 나무도 목재로 키우기 위해서 심어놓은 나무가 잘 자라나도록 주변 환경과 성장의 도움이 되도록 가꾸고 살펴야 합니다. 목재로 키우기 위해서는 100년의 시간이 필요하듯 한 인물을 키우기 위해서도 많은 물질과 노력과 정성이 요구됩니다. 우리나라는 6.25전쟁 이후에 폐허 되었던 산천에 산림녹화에 힘쓴 결과 지금은 전 국토가 녹색지대를 자랑하듯이, 우리 대한민국이 인재가 넘쳐 나고 한국교회의 일꾼들이 풍성해지도록 하나님께서 주신 아이들을 잘 양육해야 합니다. 개인의 가치나 국가적 가치도 중요하지만 하나님 나라 가치관을 가지고 올바르게 하나님 말씀 안에서 양육해야 할 때입니다.

　유대인들은 지금도 모세의 율법에 명시한 대로 양육한다고 하는데(신 6:4-6) 그들이 세계 속에서 뛰어난 민족과 활동상황은 잘 알고 있는바와 같습니다. 부모시대의 신앙도 중요하지만 자녀 때의 신앙과 연결고리가 단절되지 않도록 해야 할 숙제가 우리 앞에 있습니다. 예수님은 본문에서 아이 하나를 세우시고 천국교훈을 하셨습니다. 이에 대하여 칼빈(J. Calvin)은 "아이들은 단순하다" 했고, 클락(Clark)은 "단순성과 가르치기 쉬운 점 때문이다." 라고 했는데 우리에게 주신 아이들을 올바르게 키워야 할 사명이 부모와 기성세대에게 있는바, 아이 양육을 다시 한 번 생각하게 됩니다.

1. 아이들은 부모를 비롯한 기성세대를 의지하며 성장합니다.

그래서 아이 때에 바르게 교육을 해야 하고 성장하도록 도와줄 사명이 부모와 기성세대에 있습니다. 어린이라고 해서 함부로 대하지 말라는 예수님의 교훈입니다. 실족케 해서는 안 된다는 말씀입니다.

1) 어린이지만 귀중한 생명입니다.

아직 성숙하지 못해서 미래에 성숙한 꿈을 가진 아이일 뿐이지 한 인격체입니다.

① 어린이일수록 부모를 떠나면 큰 일이 나는 줄 알고 인식하는 것이 어린아이 때입니다.

어린아이 때에 낯을 많이 가리는 아이들이 있는데, 옆에만 가도 우는 아이들이 있습니다. 어릴 때에는 부모님의 숨소리만 듣고 자라기 때문에 옆에서 찬송과 기도소리를 계속 들려주는 것도 어린아이 때에 해야 할 신앙교육입니다. 새들도 알에서부터 목소리를 들려주면 부화해서도 부모인 줄 알고 숲을 따라 다니는 모습을 보게 됩니다. 부모의 사명이 여기에 있습니다.

② 믿음으로 하나님 앞에서 자라나는 아이들을 소개합니다.

사무엘이 한평생 귀한 사람으로 살게 되는데 그 손에 의해서 사울 왕도 다윗 왕도 세워지게 되었습니다. 아이 때부터 하나님께 귀하게 성장한 결과가 축복입니다(삼상 2:21, 26, 3:1). 반대로 어린아이 때부터 귀신에 사로잡힌 아이도 있습니다(막 9:21). 다행히도 예수님을 만나서 이 아이는 다시 정상으로 회복되었습니다. 미국 역대 대통령 중에 '벤저민 프랭클린'(Benjamin Franklin) 대통령은 어릴 때부터 주일 성수하였고 성장하여 대통령이 되었지만, 어릴 때 함께 교회를 다니던 친구는 교회를 떠나 생활하다가 사형수로 복역하였다는 이야기는 유명한 일화 중에 하나입니다.

2) 부모님과 기성세대는 자녀교육을 하나님의 사랑으로 해야 합니다.

이것은 사명 중에 사명입니다.

① 내가 하나님의 사랑을 받았으니 그 사랑을 아이들에게 부어주어야 할 책임이 있습니다.

따라서 아이들에게 관한 관심은 세상적인 개념이 아닙니다. 하나님의 사랑으로 영혼을 사랑해야 합니다. 말씀을 들려주어야 합니다. 기도로 키워나가도록 해야 합니다.

② 사랑하기 때문에 매도 필요합니다.

아이가 잘못했는데도 그냥 덮어주는 것은 사랑이 아닙니다. 그래서 성경은 어디에서나 자녀에 대한 교육지침서를 말할 때에 정중한 꾸지람이나 매(회초리)도 강조했는데, 이는 사랑하기 때문입니다(잠 13:24, 22:15, 23:13, 29:15, 17). 여기에 올바른 성장이 약속되었습니다.

2. 아이들은 성장하면서 요구 사항이 많고 다양합니다.

옛날에는 세상이 단순했습니다. 그런데 요즘은 다양화 그 자체이기 때문에 아이 교육도 힘든 세상이 되었습니다.

1) 모든 길이 잘 될 것 같지만 결국은 한 길만 가게 되는 것이 인생여정입니다.

모든 길을 갈 수 없기 때문입니다.

① 한 길 밖에는 갈 수가 없다는 뜻입니다.

옛 속담에도 "재주가 많으면 고생한다"고 했습니다. 결국은 이것도 저것도 모두 잃게 됩니다. 그래서 우물을 파도 한 우물을 파야 합니다. 내 아이가 모두 할 수 없기 때문에 부모는 잘 지도해야 합니다.

② 아이는 부모나 어른들의 욕구충족의 대상이 아니라는 사실입니다.

'대리만족'의 대상이 아닙니다. 요즘 어린아이들의 짐이 너무 무겁습니다. 피아노학원, 미술학원, 영어, 수학, 태권도 등 모두 잘하기는 어렵습니다. 서양 아이들이나 유대인 아이들에 비해 너무 가혹합니다. 그런데 후에 보면 오히려 서양 아이와 유대인 아이들보다 뒤쳐지는 경우가 많습니다.

2) 아이들에게 미래의 꿈을 올바르게 세워가게 해야 합니다.
  어른들의 강요나 억지가 아니라 자발적으로 전진할 수 있도록 지도가 필요합니다.
  ① 하나님께서 주신 순리대로 성장하게 해야 합니다.
  아이들 중에는 지능이나 성장이 빠른 아이가 있는가 하면 늦는 아이도 있는데, 부모나 어른들이 아이의 상태를 잘 파악해서 양육해야 합니다. 그리고 순리대로 올바르게 성숙되도록 도와주어야 합니다. 일찍 되었다고 거만하거나 자만해서도 안 되고 늦는다고 낙심할 이유도 없습니다.
  ② 잘 성장하도록 성장 과정이나 환경을 아름답도록 꾸며주어야 합니다.
  6.25직후 1950~60년대의 교육환경이나 현재 상황은 비교할 수 없게 발전되었습니다. 우리는 다시 성경으로 돌아가서 아이를 성장시켜야 합니다(시 37:24-).

3. 하나님께서 주신 어린이들은 어릴 때부터 하나님의 자녀로 양육해야 합니다.

  다양화된 시대에 제일 중요한 일은 하나님의 자녀로 성장시켜야 한다는 것입니다. 세상적으로 성공했어도 천국이 없다면 불행이요 인생 실패작이 될 수밖에 없습니다.

1) 예수님께서는 아이들의 생명을 귀하게 보셨습니다.
  본문에서도 아이들을 견본으로 교훈해 주셨습니다. 아이 생명의 가치와 존귀성을 말씀해 주셨습니다.
  ① 어린아이 생명이 귀중한 만큼 그들을 실족하게 하면 문제가 됩니다.
  연자 맷돌이 그 목에 달려서 바다에 빠뜨려지는 격입니다. 따라서 어린아이 때부터 천국 백성으로 자라게 해야 합니다. 날 때부터 천국백성으로 살아가도록 태어났기 때문입니다.
  ② 부모들과 기성세대들은 신앙생활에 본(example)이 되어야 합니다.

아이들은 부모님이나 어른들의 신앙생활 면을 보고 그 영향력을 많이 받기 때문입니다. 책임이 어른들에게 있습니다.

2) 내 아이가 잘되기를 바라십니까?
부모들의 마음은 항상 내 아이가 잘되기를 바라는 것이 모두의 바람입니다.
① 아이들의 영혼이 잘되게 해야 합니다.
성경은 분명히 그 정답을 전해주고 있습니다. (요삼 1-4)사도 요한이 극찬을 아끼지 아니한 가이오는 주님이 칭찬하신 사람입니다. 영혼이 잘되면 범사가 잘되고 강건하게 됩니다. 이는 그냥 되는 것이 아니고 하나님 말씀 따라서 가게 된 결과입니다.
② 그리스도인은 양육 방법과 목적이 세상 사람과 달라야 합니다.
세상 사람들은 자기 욕구 충족대로 살아가지만 그리스도인들은 하나님의 뜻 안에서 하나님의 백성을 키우며 기도와 말씀과 성령 안에서 천국 백성으로 양육해 나가는 것이요 하나님의 영광이 그 목적이 되어야 합니다(고전 10:31). 여기에 축복이 약속되었습니다. 따라서 은평교회에 아이들을 많이 주셨는데, 아이들이 약속된 축복의 자녀들로 모두 양육되기를 예수님의 이름으로 축복합니다.

▶ 결론 : 하나님의 자녀로 양육해야 합니다.

[가정]

성장해서 더욱 은총을 받은 아이들

(삼상 2:26)

　사람들은 누구나 어린 시절이 있습니다. 비단 사람들뿐 아니라 모든 생명체는 어릴 때가 있습니다. 사자나 호랑이 같은 맹수들에게도 어린 시절이 있어서 귀엽고 아름다운 면들이 있습니다. 그러나 이 아름다운 모습들이 평생 계속 유지되는 것은 아닙니다. 사람도 마찬가지로 어린아이 때는 모두가 귀엽고 아름다운 면이 누구에게나 있지만 성장해 나가면서 변질되는 것을 봅니다. 세계적으로 유명한 악한 사람들부터 저녁 뉴스에 악동으로 등장하는 각종 사람들까지 모두가 어릴 때에는 예쁜 면이 있었습니다.
　폭군 네로(Nero)부터 시작해서 세계 2차 대전의 히틀러도 아이 때에는 좋은 아이의 모습이었습니다. 그러나 성장하면서 변하게 되는데, 부모가 자식을 죽이고 자식이 부모를 죽이는 인간이기를 포기하는 패륜적인 일들이 일어나게 됩니다. 지금 우리는 예수님 재림이 가까운 시대에 살고 있기 때문에 더욱 그러합니다. 그래서 인간이지만 인간이기를 포기한 괴물들이 많이 생기고 있습니다.
　유대인들은 어릴 때부터 그들의 회당에서 '율법서'를 배우고 자라나게 되는데, 미국나라의 정치, 경제, 사회, 금융, 과학을 통틀어서 노벨상을 탄 사람의 30% 이상이라는 통계도 있습니다. 그 원인은 어릴 때부터 배우는 성경이 있음을 자타가 인정하게 됩니다(신 6:6-).
　또 한 번의 어린이주일을 맞이하면서 본문에서 사무엘이 선지자로서 한 시대를 위대하게 하나님께 쓰임 받게 되었는데 하나님과 사람들 사이에서 은총을 더욱 받게 되었다고 했습니다. 우리 가정에 주신 아이들이 이렇게 축복 받는 아이들이 되기 위해 본문을 통해서 교훈을 받고자 합니다.

1. 사무엘은 앞 뒤 모든 배후가 기도로 가득한 사람이었습니다.

성경에서 기도하면 사무엘이 떠오를 정도로 기도의 배후를 가지고 자라나게 되었습니다.

1) 그의 어머니 한나가 기도의 여인이었습니다.

1장에서 기도의 모습을 보여 주는 것과 같습니다.

① 사무엘을 잉태하게 된 배경이 기도였습니다.

밤낮을 가리지 아니하고 성전에 올라와서 기도하는데 식음을 전폐하고 여러 날 동안 기도하게 될 때에 엘리 제사장이 술 취해서 술주정하는 것으로 오해할 정도로 부르짖었습니다. 기도할 때에 응답하시는데 그 때 주신 아이가 사무엘입니다. 신구약 성경에서 '기도'라는 단어가 없는 곳이 없을 정도로 기도는 성경에 많이 기록되었고 응답도 확실합니다(렘 33:1-2; 마 7:7). 기도는 곧 능력이요 영적 힘입니다. 그래서 영국의 여왕 엘리자베스가 스코틀랜드의 존 낙스의 기도는 10만 명의 군사보다 더 강하다고 말한 것이 지금까지 전해지고 있습니다.

② 모든 부모들은 자녀들을 위해서 기도의 후원자가 되어야 합니다.

부모가 자녀에게 해 줄 수 있는 것은 한계가 있지만, 기도만큼은 무한대로 자녀를 위해 할 수 있는 것입니다. 물질적 후원이나 다른 일들은 해 줄 수 있는 것이 한계가 있지만, 기도는 무한대로 자녀를 위해서 할 수 있다는 것입니다. 자녀 위해서 기도해 주시기 바랍니다. 스펄전 목사님은 말하기를 "기도하는 부모를 둔 아이는 마귀도 어찌할 수 없다"라고 했습니다. 자녀 위해서 기도를 저축해 보십시오.

2) 사무엘의 어머니 한나는 하나님 말씀으로 양육했습니다.

사무엘은 어떤 환경 가운데 태어난 아이였습니까? 금이야 옥이야 키워야 할 아이요, 하나밖에 없는 아이였습니다.

① 그 아이를 인간적인 생각이나 인간적인 판단으로 키운 것이 아니라 철저히 신앙적 중심으로 키웠습니다.

(삼상 2:21)"아이 사무엘은 여호와 앞에서 자라니라"(the boy Samuel grew up in the presence of the LORD) 했습니다. 아이들이 하나님 앞에서 자라게 해야 합니다. 하나님 앞에서 자라난 아이들은 그릇될 수 없습니다.

② 어릴 때부터 신앙교육은 평생을 좌우하게 됩니다.

일반적인 것도 그러하지만 특히 신앙교육은 어릴 때부터 바르게 해야 합니다. 교회에서 운영하는 선교원에 다닌 아이들이 성장해서 교회에서 크게 일하고 있는 모습도 이 때문입니다. "어린아이에게 부지런히 가르치라"고 했습니다(신 6:7, 4:9-).

2. 사무엘은 한나처럼 기도의 사람으로 하나님께 쓰임 받았습니다.

사람은 배운 대로 실행하는 것이 사실입니다.

1) 아이들은 부모님들의 행동양식에서 배우게 됩니다.

① 성장기에 아이가 있는 집에서는 더욱 명심해야 합니다.

교회에서 예배드리는 일이며 행동하는 모든 일에 이르기까지 모두 영향을 받게 됩니다. 맹자 어머니의 교육에서 배우는바 크다고 할 것입니다.

② 우리 아이들이 다음 세대의 주역들이 되기 위해서 기도해야 합니다.

아이들은 가정에서는 한 사회의 일원으로서 중요하지만 교회의 미래를 위해서도 중요합니다. 미래 교회는 아이들에게 달려 있기 때문에 영적인 분야에서도 마치 사무엘을 키우듯 양육시켜야 하겠습니다.

2) 사무엘 역시 기도의 사람이었습니다.

선지자로서의 사무엘은 국가적 위험이 있을 때마다 기도의 사람으로 기록되어 있습니다.

① 사무엘은 국가적 위기 때마다 기도의 일꾼이 되었습니다.

기도 가운데 해결되었던 것이 성경의 교훈입니다. (삼상 7:1-14) 블레셋이 침공해왔을 때에도 사무엘이 이스라엘을 위해 기도했습니다. (삼상 12:23) 그래서 기도 쉬는 죄를 범하지 않겠다고 포고도 하게 되었습니다. 이는 어머니 한나에게서 물려받았고 배우게 된 모습입니다.
② 사무엘의 기도는 역사에서 증명되었습니다.
먼 훗날 유다가 바벨론에 포로되어 갈 때에 두 사람의 이름이 나오게 되는데 모세와 사무엘이었습니다(렘 15:1-). 모세 역시 기도의 사람이었습니다(출 32:32). 특히 모세의 기도의 손이 내려가지 아니할 때에 이스라엘이 아말렉을 이긴 현장은 중요한 교훈입니다(출 17:9-16). 우리 아이들이 어린아이 때부터 기도를 배워야 합니다.

3. 평생을 은총 받는 사람이 되었습니다.

한 번 태어나서 인생을 살아가면서 하나님과 사람들에게 은총 받는 일은 중요합니다. 칭찬 받는 자가 되어야 합니다.

1) 하나님 앞에서 은총을 받게 되었습니다.
이 문제는 영원한 숙제인 동시에 끝까지 해야 할 일이기도 합니다.
① 하나님께서 칭찬하시는 사람들이 있습니다.
우리는 우리 자녀들이 하나님께로부터 칭찬 듣는 사람의 인격으로 성장해 가도록 힘써야 합니다. (창 26:12)이삭은 칭찬 듣는 사람으로서 하나님께 축복 받은 인물이 되었습니다.
② 사무엘 역시 평생토록 축복과 쓰임 받는 사람이 되었습니다.
사무엘 당시는 신정정치시대(神政政治時代)였기 때문에 정치, 경제, 사회, 문화, 종교에 이르기까지 선지자가 모든 영역에 힘을 썼는데 그 일에 사무엘이 귀하게 쓰임 받게 되었습니다. 우리 아이들이 언제나 하나님께 어떤 모습이든지 쓰임 받는 일꾼들이 되도록 성장시켜야 하겠습니다.

2) 사람들에게도 영광을 얻고 칭찬 듣는 사람이었습니다.

하나님께만 아니라 사람들에게도 칭찬 듣는 사람입니다.

① 지금은 '세계화(世界化)시대'에 살고 있습니다. 앞으로는 세계가 더욱 좁아지게 될 것이 분명합니다. 하나님뿐만 아니라 사람들에게도 존경의 대상이 되도록 키워야 할 때입니다.

② 은평교회 아이들이 모두 이 시대에 사무엘처럼 성장되기를 기도합니다. 유치부, 유년부, 초등부, 중·고등부, 청년 대학부에 이르기까지 앞으로의 세계에서 칭찬 듣는 꼭 필요한(need) 사람의 인격체들로 성장해야 하겠습니다. 사무엘은 기도 가운데 태어나서 평생 위대한 생애를 살게 되었는데, 우리 은평교회 모든 아이들이 사무엘처럼 성장되기를 예수님 이름으로 축원합니다.

▶ 결론 : 은총을 받는 아이들이 되게 해야 합니다.

[가정]

부모공경은 잘되고 축복 받는 계명
(엡 6:1-3)

　매년 오월이 되면 가정의 달로 지냅니다. 첫 주일은 어린이 주일로, 둘째주일은 어버이주일로 지키는 교회의 절기입니다. 옛날에는 어머니주일로 지켰지만 다시 개정해서 어버이주일로 지키고 있습니다. 카네이션 꽃도 부모님이 계시면 빨간 카네이션(red carnation)을 가슴에 달아드렸고, 부모님들이 돌아가신 후에는 하얀 카네이션(white carnation)을 달았습니다. 지금은 만들어 놓은 것을 구입해서 달지만 옛날에는 중·고등부 학생들과 청년들이 손수 만들어서 가슴에 달아 주었기 때문에 효심이 다른 때였습니다. 문제는 효심이 옛날과는 많이 다른 풍속에 살고 있다는 것입니다. 부모공경에 관한 성경은 우리가 많이 읽을 수 있습니다(잠 23:25, 17:25, 22:6). 그중에 (잠 23:25)"내 부모를 즐겁게 하며 너를 낳은 어미를 기쁘게 하라"(May your father and mother be glad; may she who gave you birth rejoice!)는 말씀이 있습니다. 그런데 부모공경은 어린아이 때부터 잘 가르치고 훈육해야 할 문제입니다.

　본문에서 사도 바울은 에베소교회에 전하는 말씀에서 자녀들이 주 안에서 부모를 공경하라고 명령형으로 전해 주고 있는바, 본문을 통해 다시 한 번 은혜의 시간이 되시기 바랍니다.

1. 부모공경은 창조주 하나님 아버지의 명령입니다.

　성경을 보면 권면의 내용이나 칭찬과 책망의 말씀도 있고 명령형의 말씀도 많이 나오는데, 오늘 부모공경에 대한 말씀은 명령형의 말씀입니다.

1) 부모공경에 대한 말씀은 권면이나 수식어적인 말씀이 아니라 하나님의 명령입니다.
① 명령은 지키게 될 때에 복이 됩니다.
명령인데 지키지 않으면 큰 문제가 됩니다. 하나님의 자녀이기 때문에 자녀로서 마땅히 지키게 되면 복이 되므로 십계명을 주실 때에도 명령형으로 주셨습니다. (출 20:12)"네 부모를 공경하라 그리하면 네 하나님 여호와가 네게 준 땅에서 네 생명이 길리라" 했습니다. 지금 세상은 성경과 멀어지는 시대이지만 그리스도인들은 하나님의 거룩하신 말씀을 지켜야 할 때입니다.
② 부모공경에 대한 명령은 복 받고 잘 되기 위한 계명입니다.
하나님의 법 아래에서 살기 때문에 하나님의 약속하신 복이 따르게 됩니다. 시대에 그릇된 흐름이나 유행이 그리스도인의 삶이 아니라 하나님의 말씀이 삶의 길이 되기 때문입니다. 하나님께서 말씀하신 부모효도는 가정에서 누리고 받게 될 복이기 때문에 성도들이 반드시 지켜 나가야 할 계명입니다. 이것이 하나님의 형상대로 지으심을 받은 성도의 일입니다 (창 1:26-27).

2) 성경은 우리에게 축복을 위해 주신 말씀이며 결코 올무가 아니라는 사실입니다.
성경 말씀은 지켜 나갈 때에 복이 되고 축복이 확실하게 약속되었습니다. 따라서 부모공경은 확실한 축복의 길입니다.
① 따라서 성경은 무슨 말씀이든지 순종하게 될 때에 복이 됩니다.
성경에서는 자녀교육과 부모공경에 대한 말씀뿐만이 아니라 성경말씀을 지켜 나가게 될 때에 축복이요 상급이 약속되었습니다. 마틴 루터(Martin Luther)는 "하나님께서 우리에게 하나님의 말씀을 성문화 시켜 주신 것이 축복 중에 하나다."라고 했습니다. 그래서 꿀과 송이 꿀보다 더 달게 지켜 나갈 때에 복이 약속되었습니다(잠 16:24; 시 19:7-4).
② 하나님의 말씀을 지키고 행할 때에 그 인생은 흔들리지 않습니다.

개인도 가정도 국가도 지켜 주시고 견고하게 세워지게 됩니다. 예수님도 산상수훈의 말씀의 결론에서 분명하게 교훈해 주셨습니다. 반석 위에 세워진 집과 같이 견고한 인생입니다(마 7:24-). 예수님은 십자가에서 죽는 자리에서도 어머니 마리아를 요한에게 부탁하시는 효심을 본으로 보여 주셨습니다. 그 뒤로 사도 요한은 마리아를 끝까지 돌보았다는 역사적 사실이 전해집니다.

2. 부모공경은 주 안에서 해야 합니다.
'주 안에서'입니다. 메이어(Mayer)는 "그리스도인의 순종은 특색이 있다. 그것은 그리스도 안에서 활동하며 그리스도 안에서 있는 자의 순종인 것이다."라고 했습니다.

1) 예수 믿는 믿음 안에서입니다.
 어디까지나 성경적이고 영적인 면에서 해야 합니다.
 ① 그릇된 방법의 순종은 아니라는 것입니다.
 에베소 지역은 아데미 신(다산 신 혼합지역)을 비롯해서 우상이 가득한 지역이었습니다. 우상으로 가득한 도시였기 때문에 거기에 따른 잘못된 부모공경에 따른 문제들이 많이 있었다는 것이 사실입니다. 우리나라에 기독교가 들어오면서부터 제일 많이 부딪친 것이 유교의 성리학에서 비롯된 제사 문제였기 때문에, 기독교인들이 부모제사를 지내지 않는다고 곡해하고 오해 받은 것과 비슷합니다. 이제 많이 달라진 것은 기독교에서 성경적인 참 효도가 무엇인지 가르쳤기 때문입니다.
 ② 부모님이 돌아가신 이후에 제사한다는 것은 진정한 효도가 될 수 없습니다.
 이것은 중국에서 건너온 성리학의 한 사상 때문입니다. 그 모순과 피폐함이 한두 가지가 아니었는데 조선조 때에 시작해서 계속 지켜왔습니다. 제사상 앞에서 울고불고 애통하기 전에 살아계실 때에 제대로 효도해야 합니다.

2) 기독교의 효는 이 점에 유의해야 합니다.
 기독교 효는 분명하게 다릅니다.
 ① 살아계실 때에 잘 해드려야 합니다.
 살아계실 때에는 효도하지 않다가 돌아가신 이후에 제사상 차려놓는다고 해서 부모님이 다시 오시지 않습니다. 분명하게 구분해서 이야기해야 합니다.
 ② 또 한 가지 측면은 '주 안에서'라는 말은 영혼구원 받게 해 드려야 한다는 의미이기도 합니다.
 세상은 짧지만, 영혼의 세계는 영원하고 무궁한 세계이며 예수 믿는 믿음의 사람들만이 가는 곳입니다(요 14:6; 행 4:12). 부모님이 예수 믿고 천국 가게 해드리는 것은 축복 중에 축복입니다. 끔찍한 지옥에 가시지 않도록 영적인 효를 하는 것이 진정한 효의 축복입니다. 그래서 가정구원이 가정의 축복입니다.

3. 부모공경은 축복이 약속된 계명입니다.
 다른 말씀도 약속이지만 부모공경에는 특히 축복이 약속되어 있습니다.

1) "이것이 옳으니라" 했습니다.
 새들이나 곤충들이나 미물들도 부모를 생각하는 종(種)들이 있는데 인간은 말할 것이 없이 부모공경 하는 것이 옳은 길입니다.
 ① 인간으로서 효의 생활은 올바른 길입니다.
 이 바른 길로 가는 것이 복 받는 길입니다. 예수 믿는 하나님의 백성들은 마땅히 이 길을 가르치고 배우고 행하여 복 받게 해야 합니다.
 ② 효하고 축복받은 사람들을 이야기 해 봅니다.
 성경에서 우리에게 보여줍니다. (창 9:25-26)홍수 이후에 나오는 수치스러운 일 때문에 벌어진 셈, 함, 야벳에게 고스란히 나타나게 된 축복과 저주의 길을 보게 됩니다.

2) 효의 결과는 장수하고 잘되는 길입니다.
하나님께서 축복을 보여 주셨습니다.
① "잘되고"(that it may go well with you) 했습니다.
땅에서 잘되는 길입니다. 자녀들이 잘되게 해야 합니다. 젊은이들이 잘되어야 합니다. 그것은 부모공경의 결과입니다.
② "장수하리라" 했습니다.
오래 산다는 개념보다는 잘되고 오래 산다는 것이 중요합니다(you may enjoy long life on the earth.). 잘되고 건강하게 천수를 누리는 축복이 약속되었습니다. 은평교회의 모든 성도들이 이 축복 안에 있게 되시기를 예수님의 이름으로 축원합니다.

▶ 결론 : 효는 축복입니다.

[가정]

행복한 가정이 되는 길
(요 12:1-11)

하나님께서 세상에서 살아가는 동안 주신 복 중에 작은 천국인 가정을 주신 것이 가장 큰 복인 줄 믿습니다. 그런데 현대에 와서 과연 가정들이 작은 천국이라고 할 만한 것인지 묻게 되면 대답은 부정적인 측면이 많다는 것입니다. 현대사회는 옛날 농경시대와 비교할 수 없을 만큼 좋은 시설과 과학문명의 혜택을 입고 있는데, 오히려 가정의 행복지수를 볼 때에는 더 악화된 시대에 살아가고 있다는 것이 중론입니다.

부엌에서 나무를 땔감으로 사용해서 밥을 짓던 시절에는 부엌 전체가 그을림으로 검게 되었던 시절에 비교하면, 부엌살림부터 완전히 달라진 시대이지만 사람들은 만족이나 행복지수를 모른 채 살아가고 있습니다. 경제지수가 세계에서 10위 안에 들어있고 집집마다 자가용이 없는 집이 없을 정도로 풍요롭게 살아가지만, 정신적 감정의 행복지수 역시 아주 약한 시대에 살고 있습니다.

36년간 일제 강점기를 겪어 왔고, 6.25전쟁의 잿더미에서 세계적 부강한 나라로 발전했는데도 사람들의 마음속에는 기쁨이나 만족이 고갈되어 있는 상태입니다. 본문에 나오는 세 남매가 사는 가정을 소개합니다. 오라버니와 두 자매의 가정인데, 이 가정에서 행복한 가정의 모습을 보게 됩니다. 재산의 유무나 사회적 지위가 아니었습니다. 예수님과 사귐이 있는 신앙적 가정이었기에 가정의 달을 맞이하여 이 가정을 통해 은혜를 받게 됩니다.

1. 베다니에 사는 이 가정은 예수님을 모신 가정이었습니다.

 세상에서 제일 큰 행복의 조건이 무엇인지 알아야 하겠습니다. 돈, 명예, 학력, 지위 등 사람들이 모두 추구해 나가는 것일까요? 사람들은 다르겠지만 성경이 우리에게 소개해 주는 가장 귀한 가정은 예수님 믿고 예수님을 모신 가정이라는 사실입니다.

1) 베다니라는 마을은 작은 동네에 불과했고 도시도 아니었습니다.
 베다니(Βηθανία)는 '가난한 자들의 집', '고통 받는 자들의 집'이라는 뜻을 가지고 있습니다. 예수님은 이런 동네에 가셔서 병들고 죽었던 나사로를 살리게 되었습니다.
 ① 베다니를 비롯해서 예수님이 가시는 곳에는 언제나 큰 기적이 일어났습니다.
 (눅 7:11)나인성 과부의 아들이 살아나고, (요 5:1-)베데스다 연못가에서 기적이 일어나며, (사 61:1-2→눅 4:18)치유의 물결이 일어나게 되었고, (시 112:1-)할렐루야 찬송이 나오게 되었으며, (행 10:1-)온 집안이 행복했습니다. 교부시대의 교부였던 크리소스톰(Chrysostom)은 "자신의 가족의 신앙에 태만한 자는 삼가해야 한다."라고 했습니다.
 ② 나사로의 가정은 예수님이 사랑하시는 가정이었습니다.
 물론 예수님은 누구나 사랑하시므로 십자가에 죽기까지 하셨습니다. 그 중에도 베다니에 있는 나사로의 가정을 특별히 사랑하셨습니다. (요 11:5-)"예수께서 본래 마르다와 그 동생과 나사로를 사랑하시더니" 했습니다. 은평교회 모든 성도들의 가정마다 예수님이 사랑하심을 믿어야 합니다.

2) 주님의 사랑을 받고 주님과 소통되는 가정은 통로가 사랑으로 연결됩니다.
 주님을 사랑하는 가정이라는 뜻입니다.
 ① 예수님을 사랑하십니까? 아멘이라고 대답할 것입니다.

그렇다면 무슨 일이 있든지 변함없이 사랑해야 합니다. 거기에 은혜가 임하게 됩니다. (엡 6:24)"우리 주 예수 그리스도를 변함없이 사랑하는 모든 자에게 은혜가 있을지어다" 했습니다. 지금은 불법이 성하므로 사랑이 식어지는 때입니다(민 24:12). 이럴 때에 주님을 더욱 뜨겁게 사랑하는 가정들에게 행복이 깃들게 될 것입니다.

② 예수님을 사랑하고 높여 드리기 위해서는 희생도 절대로 사양하지 아니했습니다.

사랑에는 헌신과 희생이 따르게 됩니다. '사랑의 수고'(your labor prompted by love)가 따르게 됩니다(살전 1:3). 예수님도 사랑하셨기 때문에 수고가 따르셨고 희생해 주셨습니다. 희생을 각오하고 복음 전하는 일에 일생을 드렸습니다. 가정들마다 예수님을 사랑해 보십시오. 그곳에 행복이 있게 될 것입니다.

2. 베다니에 사는 나사로의 가정은 구원받은 가정이었습니다.
온 가족이 구원받는 가정이 되었다는 것입니다.

1) 가정에서 제일 중요한 일은 구원받는 일입니다.
세상은 죄 값으로 하나님의 심판이 반드시 오기 때문입니다.
① 온 가족이 구원받는 가정이 되어야 하겠습니다.
홍수로 심판하실 때에 노아의 가족이 구원받았고(창 7장), 소돔과 고모라의 불 심판 때에도 롯의 가족을 구원하여 주셨듯이(창 19장), 앞으로의 세계는 하나님의 심판이 반드시 오게 되므로 온 가족이 구원받는 일은 가장 중요한 일입니다.
② 앞으로 다가올 종말사건을 말씀하실 때에도 노아와 소돔성 시대와 같다고 하셨습니다(마 24:37).
따라서 이 세대에서 온 가족이 구원받는 일은 무엇보다 중요한 일입니다. 몇 평짜리 아파트에 살고, 연봉이 얼마고 하는 것보다 더 중요한 일은 온 가족이 예수 믿고 구원받는 일입니다.

2) 나사로의 가정은 온 가족이 예수님 믿고 구원받았습니다.
 온 가족이 빠짐없이 모두 믿어야 합니다.
 ① 지옥 간 부자도 세상에 살고 있는 다른 형제들을 챙겼습니다.
 (눅 16:19)나사로를 세상에 다시 보내어 이런 곳이 있음을 알게 하여 이런 곳에 오지 않게 해 달라고 부탁했습니다. 이때에 아브라함은 "세상에는 모세와 선지자들이 있으니 그들에게 들을지니라" 했습니다. 따라서 지금은 가족 복음화를 위해서 힘써야 할 때입니다.
 ② 가족들의 영적인 모습을 돌아보아야 합니다.
 특히 불신 가족들이 있으면 하루라도 빨리 가족복음화를 위해서 힘써야 합니다. 경제적인 일이나 세상적인 일들도 급한 것이 있겠지만 최우선적으로 급하게 힘써야 할 일은 가정 복음화를 통하여 온 가정이 구원받는 일입니다. 이런 점에서 베다니 나사로의 가정은 행복한 가정이었습니다.

3. 베다니에 사는 나사로의 가정은 예수님께 헌신한 가정이었습니다.
 예수님께 진심으로 헌신하게 되면 행복이 찾아옵니다.

1) 예수님께 헌신한 일들을 보겠습니다.
 나사로의 가정은 예수님께 헌신을 많이 했습니다.
 ① 누가복음 10장 38절의 사건에서 보게 됩니다.
 예수님이 전도 길에 베다니 나사로의 집에 가셨을 때에 언니 마르다와 동생 마리아가 예수님께 봉사하고 헌신하는 장면을 보게 됩니다. (마 10:42)이 작은 자 중 하나에게 냉수 한 그릇이라도 주는 자는 귀하게 보신다고 하셨습니다. 주님을 위한 헌신은 절대로 헛되지 않는 축복이요 상급입니다.
 ② 요한복음 12장 2절에서 보게 됩니다.
 "예수를 위하여 잔치할새"(Here a dinner was given in Jesus' honor.)라고 했습니다. 주님을 위해서 음식 준비하고 잔치를 베풀어 예수님을 접대했습니다.

③ 마리아는 옥합을 깨뜨려서 헌신했습니다.

당시에 옥합은 미혼여성들의 혼수 준비로서 중요한 것이었는데 마리아는 그것까지도 예수님께 붓고 헌신하게 되었습니다. 행복이 따를 수 밖에 없는 현장을 보게 됩니다.

2) 헌신하는 것에는 축복도 약속되었습니다.

축복도 여러 가지 종류가 있습니다.

① 물질만이 축복은 아닙니다.

물질과 같이 눈에 가시적인 것만이 축복은 아닙니다. 성령께서 우리 안에 역사하시는 모든 것이 축복입니다. 불가시적인 것들도 얼마든지 축복이 있습니다.

② 눈에는 볼 수 없는 축복이 있습니다.

평안입니다. 행복감입니다. 천국을 보게 됩니다. 믿음입니다. 영적인 것입니다. 장래의 소망입니다. 가정의 평화와 찬송과 기쁨입니다. 나사로의 가정이 예수님 모시고 이런 행복한 가정이 되었듯이 은평교회 모든 성도들의 가정이 이렇게 되시기를 예수님의 이름으로 축원합니다.

▶ 결론 : 예수님 안에서의 행복입니다.

[순종]

주 안에서 순종하는 축복
(엡 6:1-4)

　세상을 살아가다 보면 하나님의 말씀과 세상 유행과의 흐름이 맞는 것도 있지만 때로는 반대이거나 맞지 않는 것도 시대에 따라서 있게 됩니다. 유교문화가 크게 작용할 때에는 기독교 복음 가운데 어버이에게 순종하고 효하는 문제가 제사문제를 제외하고는 나름대로 좋은 관계 속에 있었던 것으로 보입니다. 그러나 지금은 상업주의 시대요 실용주의를 표방하는 시대이기 때문에 부모에게 효도한다든지 순종하는 것은 먼 나라 이야기로 들리기 쉬운 시대에 살아가고 있습니다. 그러나 분명한 것은 하나님의 모든 말씀은 영원히 변하지 않고 이루어지게 된다는 것입니다. 성경은 곧 예수님께 대해서 기록되었고 예수님께 오는 자는 영생이 보장되어 있다고 약속하고 있습니다(요 5:39). 따라서 성경 속에 모든 길이 제시되었고 약속되어 있습니다. 개인이 가는 길(시 119:105), 범죄하지 않는 길(시 119:11), 든든한 인생길(마 7:9), 영원한 양식의 길(마 4:4), 지상에서 축복의 길(신 28:1-14) 등입니다.

　어버이주일을 즈음해서 같은 맥락에서 성경은 어버이를 공경하고 순종하게 될 때에 축복의 조건이요 잘됨을 제시해주고 있는바, 본문의 말씀을 통해 은혜의 시간이 되시기를 바랍니다.

1. 부모를 공경하고 순종하는 것은 자식의 마땅한 도리이기 때문입니다.

　부모공경은 자식의 도리요 축복이 약속되어 있습니다.

1) 효도하는 것은 인간의 기본 도리입니다.

그래서 (1절)"이것이 옳으니라"(for this is right) 했습니다.

① 사람이 동물과 다른 것은 사람으로서의 기본 도리와 법도가 있고 양심이 있기 때문입니다.

그래서 동물과 다른 것이 인간입니다. 그러나 타락해서 마귀에게 이끌려 살다보니 인간이기를 포기한 동생을 죽인 가인도 있게 됩니다(창 4:9). 그리고 네 아우 아벨이 어디 있느냐고 질문하시는 하나님께 "내가 내 아우를 지키는 자니이까"("Am I my brother's keeper?")라고 반항하는 더 큰 죄를 짓게 됩니다.

② 효도하고 순종하는 것은 하나님의 명령이요 하나님의 말씀입니다.

모세의 율법 가운데 1~4계명은 하나님께 대한 계명이요, 5~10계명은 인간에게 대한 계명인데, 그 가운데 첫 번째가 부모에게 공경하고 효하는 일입니다. 그래서 이 5계명은 인류에 대한 첫 번째 계명이 되었습니다. 산업시대가 되어서 핵가족 시대요, 서로 떨어져 살아가는 세상이라도 이 하나님의 명령을 잊지 말아야 합니다.

2) 이 문제는 세상이 변해도 변하지 않는 하나님이 주신 진리입니다.

하나님의 명령으로 주셨기 때문입니다.

① 현대문명의 선두주자인 서양에서도 이것은 철저합니다.

개인주의가 발달하고 현대 물질문명의 선구자 나라들인 유럽이나 미국에서도 그들이 끔찍하게 생각하는 단어가 있습니다. 그것은 '가족'(families)에 관한 것입니다. 가족에 관한 문제라면 잘나가는 직장도 그만두는 사례들이 많이 있습니다. 가족 구성원은 부모님 형제 자녀 모두 소속됩니다. 살아계실 때에는 바쁘다는 핑계로 잘 돌보지 않는 사람들이 소천하신 이후에 제사 하나로 효도하는 것처럼 생각한다면 효도가 될 수 없습니다.

② 부모공경은 본인뿐 아니라 그 자식에까지도 중요한 영향을 끼치게 됩니다.

사람의 인격형성은 부모공경과 밀접한 관계가 있습니다. 누구든지 이 문제에 관해서 크게 자랑할 만큼 만족은 없지만 그래도 자녀로서 부모에게 효하는 것은 마땅한 일이기 때문에 힘써야 할 것입니다.

2. 부모에게 효하고 공경하는 일은 복 받는 비결입니다.

성경은 우리에게 효를 말씀했는데 그것은 규제가 아니요 축복의 통로가 되는 것입니다.

1) 효하는 길은 복 받는 지름길입니다.

다른 문제도 하나님 말씀에 축복이 약속되었듯이 효에 대한 문제도 축복이 약속되어 있습니다. 십일조나 주일성수 등이 축복의 길이 됩니다.

① 효는 축복입니다.

이 복은 하나님께서 주시는 축복의 약속입니다. (창 9:26)동양문명의 조상이 셈에서 시작되었고, 서양문명의 축복이 야벳에서 오게 되었는데, 이들은 아버지 노아에게 기본적인 효를 했던 사람들입니다. (창 27:27)야곱은 어머니 리브가의 말을 듣고 아버지 이삭에게 효하고 축복을 받게 되었습니다.

② 축복의 길은 뺏어오기라도 해야 할 길입니다.

형제라도 내가 먼저 복을 받고 볼 일입니다. (마 11:12)"세례 요한의 때부터 지금까지 천국은 침노를 당하나니 침노하는 자는 빼앗느니라"했습니다. 축복은 내가 받고 볼 일입니다.

2) 본문에서도 2가지 축복이 구체적으로 약속되어 있습니다.

(출 20:8)십계명에서 말씀하신 축복이기도 합니다.

① "땅에서 잘되고"(it may go well with you) 했습니다.

천국은 죽음 이후의 세상이지만 천국에 가는 날까지는 세상을 살아가는데 이 땅에서 잘되는 축복이 반드시 요구되는바 이것이 축복입니다. 천국은 천국이고 세상은 세상이지만, 축복이 필요하기 때문에 이 복을 받아야 합니다.

② 문제는 잘되기는 하는데 명이 짧아서 누리지 못합니다.

성공해서 살 만할 때에 세상을 일찍 떠나서 본인은 천국에 갔기 때문에 걱정이 없지만 세상에서 지켜보는 사람들에게 안타까움이 있게 됩니다. 효하게 될 때에 장수의 축복을 받게 됩니다.

3. 하나님 백성이기 때문에 효하는 것은 주님의 명령입니다.

세상에서 지상 명령이 두 가지 있습니다. 하나는 전도해서 영혼을 건지는 일이요(마 28:18-), 또 하나는 부모에게 순종하며 효하는 일입니다. 왜냐하면 우리는 하나님 백성이기 때문입니다.

1) 성경에서 명령을 보시기 바랍니다.

이 명령을 지킬 때에 훈장이 주어지고 축복이 있게 됩니다.

① 너무 확실한 약속이기 때문에 믿고 행해야 합니다.

세상의 약속은 깨어질 때도 있지만 하나님의 약속은 든든합니다. 잠언에서 두 구절이 상반적으로 교훈해 주고 있습니다(잠 6:20-21, 30:17; 출 21:17). 축복의 길로 가야 하는 것이 성도가 가야 할 길입니다.

② 주님의 명령은 확실하다는 뜻입니다.

성경의 명령을 확실히 보고 배우고 행하라는 것입니다. 세상에서 '삼강오륜'(三綱五倫)이나 윤리보다 더 강조한 것이 성경에서 하나님 백성이 행해야 할 부모공경이요 효하는 문제입니다. 부모님 입장에서는 자녀들에게 효를 가르치고 배우게 해서 복을 받게 해야 할 책임이 있습니다.

2) 부모공경은 축복의 도리이기도 합니다.

자식은 그 부모에게 축복이기도 합니다(시 127:3).

① 보이는 부모를 공경하는 사람이 보이지 않는 하나님도 잘 섬기게 됩니다.

보이는 부모님도 잘 공경하지 못하는데 보이지 않는 하나님을 섬기는 것은 문제가 많습니다. 부모가 자식을 훈계하면 듣듯이 하나님의 말씀은 더욱 들어야 하는 것이 깊은 원리입니다(히 12:9). "주 안에서"(in the Lord)입니다.

② 예수님은 십자가에서 죽으시면서 어머니 마리아를 제자 요한에게 부탁하셨습니다.

마지막까지 효하시는 예수님의 육신적 모습을 보게 되는데, 이때부터 요한이 마리아를 모시게 되었습니다(this disciple took her into his home ,요 19:27). 다른 제자들은 일찍 순교했지만 사도 요한은 밧모섬에 유배당한 이후에 다시 풀려나서 에베소에서 천수를 다하기까지 사도로서의 사명을 다했습니다. 은평교회 모든 성도들에게 하나님의 명령을 받들어 효하고 축복 받는 은혜가 있기를 주님의 이름으로 축원합니다.

▶ 결론 : 부모공경은 축복입니다.

[순종]

순종의 복을 받은 사람들

(삼상 15:13-14)

사람들은 이 세상을 살아가면서 모두가 끝이 있는데, 복되고 아름답게 살아가기를 원합니다. 공부하고 연구하는 것도 직장을 다니고 사업을 하는 것도 복되고 잘되기를 바랍니다. 그러나 누구에게나 꿈(dream)이나 계획(plan)이 있지만 그대로 되는 것은 아니라고 성경은 분명히 말씀해 주고 있습니다(잠 16:9, 20:24; 약 4:13-17). 또 어떤 이는 성공했다고 해도 헛된 인생을 논하는 것이 성경입니다. (전 1:2)"전도자가 이르되 헛되고 헛되며 헛되고 헛되니 모든 것이 헛되도다"("Meaningless! Meaningless!" says the Teacher, "Utterly meaningless! Everything is meaningless.") 했습니다. 결국 하나님이 없는 인생은 헛될 수 밖에 없음을 보게 됩니다. 따라서 인생 중에 가장 좋은 복음은 하나님 앞에서 그분에게 순종하고 따라가는 일입니다.

본문에서 사울이 하나님 말씀에 불순종했을 때에 그 결과 하나님의 책망을 받고 왕위에서 축출되고야 말았습니다. 예배보다 더 중요한 것은 하나님 말씀을 올바르게 순종하며 살아가는 것입니다. 본문에서 은혜를 받고자 합니다.

1. 하나님을 섬기면서 복 받은 사람은 하나님 말씀에 순종하는 사람입니다.

섬긴다는 것은 순종한다는 뜻이 깊이 내포되어 있습니다.

1) 하나님을 섬기는 것은 하나님 말씀에 대한 순종입니다.
 ① 하나님께 순종했던 사람들을 보시기 바랍니다.

예수님은 십자가를 지시기까지 순종하셨습니다(히 5:7-9; 빌 2:5-11). 믿음의 조상 아브라함은 순종하고 축복받은 사람의 대명사가 되었습니다 (창 12:1-4, 21:14-, 22:1-12). 그래서 아브라함은 구약에서나 신약에서나 축복의 사람이 되었습니다.

② 불순종했던 사람과 그 결과를 보시기 바랍니다.

순종과 불순종의 차이는 천국과 지옥의 간격이 있습니다.

(수 7:1-)여리고 성을 점령한 이후에 일어났던 아간의 불순종 인생을 봅니다. (욘1:1-3)선지자 요나의 불순종과 거기에서 체험한 요나와 뱃사람들의 고통도 좋은 예가 됩니다. "여호와의 얼굴을 피하려고"(But Jonah ran away from the LORD) 했는데 어리석은 일이었습니다. (행 27:13) 상황은 다르지만 전도자 바울의 말을 듣지 않았던 곳에서 유라굴로라는 풍랑을 만나게 되었습니다.

2) 하나님의 말씀에 대한 순종과 불순종의 차이는 매우 큰 결과를 나타내게 됩니다.

① 순종자의 결과는 대단한 축복이 있습니다.

예수님은 십자가로 승리하셨고 구원주가 되셨습니다(마 26:39; 골 2:15). 아브라함은 축복과 믿음의 조상이 되었습니다(마 1:1). 순종은 축복이요 상급으로 이어지게 됩니다.

② 불순종의 결과도 무섭게 나타나게 됩니다.

아이 성 전투에서 실패하여 전사자가 생기고 이스라엘 백성들이 낙담한 일들이 얼마나 컸는지 이야기해줍니다(수 7:6). 요나 때문에 당한 일들이 얼마나 큰일이었는지도 비교가 됩니다. 고통을 당하지 않아도 되는 일에 문제가 생기게 되었습니다(행 27:14). 따라서 성도들은 언제나 주의 말씀에 순종하는 연습을 해야 됩니다.

2. 하나님을 섬기면서 복 받은 사람들은 성령께 순종한 사람들입니다.

일컬어서 성령의 순종자들이 되어야 합니다.

1) 성령께 순종한 사람들을 보시기 바랍니다.
 성령의 감동 감화에 순종하는 사람들입니다.
 ① 빌립 집사님을 예로 봅니다.
 (행 8:39-)일곱 집사들 중에 하나인 빌립은 성령이 충만한 사람이었고 그의 순종으로 인해서 에디오피아 왕의 국고 맡은 내시에게 복음을 전한 결과 에디오피아가 2,000여 년간 기독교 국가로서 세워지게 되었습니다.
 ② 바울과 실라의 예에서 보겠습니다.
 (행 16:6-)바울과 실라는 원래 아시아에서 복음을 전하려 계획하였으나 성령께서 막으시기에 순종하여 마게도냐로 건너가게 되는데, 거기에서 복음 전하다가 옥에도 들어가는 고난이 있었지만 결과적으로 옥사장이 구원을 받아 빌립보교회가 세워지게 되었습니다. 성령님께 순종자들이 가는 곳에는 이런 역사들이 나타나게 됩니다.

2) 반대로 성령을 거스르고 성령께 불순종한 사람을 보시기 바랍니다.
 본문에서 나타난 사울과 같습니다.
 ① 아나니아와 삽비라에서 교훈을 보게 됩니다.
 (행 5:1-)성령을 속인 결과는 무섭습니다. "네가 성령을 속이고 땅 값 얼마를 감추었느냐"(you have lied to the Holy Spirit and have kept for yourself some of the money you received for the land?) 했습니다. 성령을 속이는 죄는 결국 죽음입니다.
 ② 성령을 속이고 불순종한 자는 비참한 결과를 초래하게 됩니다.
 더욱 순종하기는커녕 오히려 성령을 속였다고 했습니다. 성령을 속일 수 있다고 생각한다면 큰 오산입니다. 사울은 예배드린다는 명목 하에 불순종했습니다. 하나님은 악한 자도 모두 보십니다(욥 11:11). 성령을 속이고 불순종한 결과는 곧 재앙이요 저주입니다.

3. 말씀에 순종하고 성령께 순종한 사람의 특징은 분명합니다.
여기에는 분명한 특징이 있습니다.

1) 특징들이 분명하고 이유가 분명합니다.
 ① 기도하는 사람들입니다.
 구약에서나 신약에서나 순종하는 신앙은 기도하는 사람들이요, 교회사에서도 기도하는 사람들이었습니다. (사 6:1-11)이사야는 기도하다가 하나님의 말씀에 순종자가 되었습니다. 그리고 "여호와의 말씀이 내게 임하여 이르시되"라는 문장형식으로도 유명합니다. 열왕기상 17~18장에서 보여주시듯이 엘리야 선지자 역시 기도의 사람으로서 순종자였습니다.
 ② 순종하는 것은 행한다는 뜻입니다.
 그래서 순종은 곧 행하게 될 때에 복이 되었습니다. 야고보는 아브라함을 예로 들면서 행하는 것을 강조하여 전하는 데 행함이 없으면 죽은 믿음이라고 했습니다(약 2:26).

2) 사울 왕은 왕이 되었지만 불순종이 원인이 되어서 결국 비참한 결말을 보게 되었습니다.
 그것은 불순종의 원인이었습니다.
 ① 처음 신앙은 훌륭했습니다.
 효자였고(삼상 9:1), 선지자 사무엘을 대접할 줄 알았고(삼상 9:7), 성령 충만 하여 예언도 하였으며(삼상 10:9), 겸손했습니다(삼상 10:22). 그러나 불순종이 이 모든 것을 사라지게 만들었는데, 불순종은 곧 불신앙입니다.
 ② 어떤 이유가 있었든지 간에 불순종은 하나님께서 기뻐하시지 않습니다.
 순종이 제일입니다. "순종이 제사보다 낫고 듣는 것이 숫양의 기름보다 나으니 이는 거역하는 것은 점치는 죄와 같고 완고한 것은 사신 우상에게 절하는 죄와 같다"고 했습니다. 우리 모두는 하나님 말씀에 성령에 감동하심 따라서 적극적으로 순종하는 가운데 승리하시기를 주의 이름으로 축원합니다.

▶ 결론 : 순종이 곧 축복받은 신앙입니다.

[순종]

아직도 자력적 수고만 하십니까
(눅 5:1-6)

　사람이 세상에 태어나서 성공과 실패의 뒤안길에서 무엇인가를 열심히 하게 되는데, 모두가 하는 일에서 성공하고 웃는 것은 아닙니다. 평생 동안 일을 하고 은퇴한 이후에 퇴직금으로 자그마한 자영업을 시작하지만 경험 부족과 함께 여러 가지 여건 때문에 실패하는 일들이 비일비재하게 생기고 있습니다. 그래서 성경은 이렇게 전하고 있습니다. (잠 16:9)"사람이 마음으로 자기의 길을 계획할지라도 그의 걸음을 인도하시는 이는 여호와시니라"(In his heart a man plans his course, but the LORD determines his steps). 또 미국의 건국 이념적 성경구절로서 조지 워싱턴 대통령이 건국할 때에 지표로 삼은 구절입니다만, (시 127:1)"여호와께서 집을 세우지 아니하시면 세우는 자의 수고가 헛되며 여호와께서 성을 지키지 아니하시면 파수꾼의 깨어 있음이 헛되도다" 했습니다. 그래서 성경은 모든 인생들에게 하나님을 의지하고 "맡기라"고 했습니다(잠 16:3; 시 37:4-5, 23-). 공부, 연구, 사업 등 인생의 모든 일들이 여기에 속하는 것입니다.
　본문에서 베드로는 밤새도록 고기를 잡기 위해 그물을 바다에 던졌지만 빈손이었습니다. 고기를 잡는 일, 즉 '어부(fisherman)'로서는 어릴 때부터 능수능란한 프로(professional)였습니다. 그런데 그날 밤은 실패했습니다. 그 실패한 베드로에게 주님이 찾아오셔서 교훈해 주신 것이 오늘 본문 말씀인데, 말씀을 바르게 따르게 될 때에 두 배에 가득하게 채우는 역사적 사건이 일어나게 되었습니다. 여기에서 몇 가지 은혜를 받게 됩니다.

1. 밤이 새도록 헛수고 끝에 빈 그물만 씻는 베드로의 실패한 모습을 보게 됩니다.

　베드로는 다른 것은 몰라도 고기 잡는 방면에 전문가였지만 실패할 때도 있음을 보여 줍니다.

1) 밤이 새도록 수고하고도 얻은 것이 없었습니다.
　허탈하고 힘이 빠지는 아침이었습니다.
　① 대부분 아침에 힘이 나는데 이 날은 힘이 빠지는 날이었습니다.
　이 말씀이 주는 교훈은 이 세상의 수고가 다 그러하다는 것입니다. 갈릴리 바다에서 밤이 새도록 수고한 베드로의 지친 모습은 오늘날 세상사에 지쳐있는 사람들의 모습과 흡사하다고 할 것입니다. 혹시 성공하였다고 하더라도 솔로몬은 말하기를 "해 아래에서 수고한 모든 것이 다 헛되도다" 하였는데 이것이 인간의 참혹한 모습이기도 합니다.
　② 그 아침에 예수님이 찾아오셨습니다.
　실망과 낙심이 한참 치고 올라올 때입니다. 베드로에게는 아침 태양 빛보다 더 밝으신 예수님이 찾아오신 것입니다. 예수님은 이와 같은 인생들에게 지금도 찾아오십니다. (마 11:28)수고하고 무거운 짐 진 자들을 부르십니다. (눅 24:13-)예수님이 십자가에 못 박혀 죽으셨지만 부활하신 줄 모르고 엠마오로 내려가던 낙심된 제자들에게 찾아가 주셨습니다. 세상 모든 일들로 인해서 힘이 빠져있는 우리에게 예수님은 이 시간 찾아 오셔서 힘을 내라고 하시는데 힘을 내시기를 바랍니다.

2) 예수님이 시몬의 배에서 육지를 향하여 말씀을 가르치셨습니다.
　시몬의 배를 빌려서 강단 삼으시고 전하셨습니다. (3절)"배에서 무리를 가르치시더니"(taught the people from the boat).
　① 힘이 빠지고 지쳐 있었지만 하나님 말씀은 들을 수 있었습니다.
　힘이 빠지고 지쳐 있을 때에 하나님 말씀을 들어야 합니다. (요 5:25)들을 때에 살아나게 됩니다. (겔 37:1-)들을 때에 살아서 큰 군대가 되었습니다. (히 4:12)말씀은 살아있습니다. (롬 10:17)들을 때에 믿음이 생겨나게 됩니다. (시 119:105)빛을 비추어 줍니다.
② 주님은 지금도 낙심하고 실패한 사람에게 찾아와 주십니다.
찬송가 272장(통 330장)을 작사한 슬리퍼(W. T. Sleeper) 목사님은 '고통의 멍에 벗으려고'라고 찬송했습니다. 이 시간 주님을 만나는 시간이 되시기를 바랍니다.

2. 말씀에 의지하여 그물을 내렸습니다.

육신이나 정신적으로 힘이 빠진 상태였지만 말씀을 의지하고 그물을 내렸던 순종입니다.

1) 밤새도록 수고했습니다.
헛수고만 했다는 데 문제가 있습니다.
① 인생은 결국 험악한 나그네입니다.
(시 90:9)칠팔십 년을 살아도 수고와 슬픔의 결과입니다. (창 47:9)야곱은 바로 왕 앞에서 130년의 세월을 험악하게 보냈다고 실토하였습니다. 지금도 많은 사람들이 수고와 슬픔뿐인 생애에 모든 시간을 투자하고 있습니다.
② 시간이 지날수록 더욱 피곤한 밤이었습니다.
처음에 배를 띄우고 나갈 때에는 미지의 희망을 안고 콧노래도 부르기도 했지만 잡히는 고기는 없고 피곤함만 길어지는 밤이었습니다. 언뜻 헤밍웨이의 《노인과 바다》(The Old Man and the Sea by Hemingway)가 생각나는 부분이기도 합니다. 이것이 피곤하고 허망한 인생의 여정인 것을 보여주기도 합니다.

2) 수많은 사람들이 지금도 수고하고 있습니다.
① 사람들은 날 때부터 무엇을 하려고 두 주먹을 불끈 쥐고 태어납니다.

그리고 한 세상을 성공해 보겠다고 노력합니다. 수단과 방법을 가리지 않고 수고를 합니다. "밤이 새도록 수고"(we've worked hard all night and haven't)합니다. 그런데 결과적으로는 아무 소득 없이 빈손이라는 것입니다. 하나님이 없는 인생은 그래서 불쌍한 인생의 여정입니다.

② 그러므로 내 인생의 한가운데 예수님이 계셔야 합니다.

다행히 시몬 베드로에게는 예수님이 찾아 오셨습니다. 예수님이 그 배에서 말씀을 가르치셨고 그 말씀을 통해서 믿음이 생겼을 것입니다(롬 10:17). 내 인생 한 중앙에 언제나 주님을 모셔야 합니다.

3. 예수님의 말씀 속에 축복이 있었습니다.

베드로의 상식과 어릴 때부터 습득하고 배운 지식과 맞지 않지만 예수님 말씀에 순종하므로 축복을 받았습니다.

1) 말씀 속에 예수님을 만나야 합니다.

지금도 말씀을 통해서 역사하십니다.

① 축복과 기적을 체험하려면 말씀대로 믿고 행해야 합니다.

"말씀에 의지하여 내가 그물을 내리리이다"(But because you say so, I will let down the nets.) 했습니다. 자기 지식과 경험이나 현재 피로함은 생각하지 않고 오직 주님의 말씀에 순종하게 될 때에 일어난 기적입니다. 그 말씀의 순종이 백부장 하인의 병도 치료했습니다(마 8:8). 그러나 불신할 때에는 유라굴로라는 풍랑이 찾아왔습니다(행 27:11).

② 축복받기 위해서는 세상 개념과는 거리를 두어야 합니다.

세상에 살지만 거리를 두어야 합니다. "육지에서 조금 떼기를 청하시고 앉으사 배에서 무리를 가르치시더니" 했습니다. 육지에서 조금 떼어야 하듯이 때때로 세상과는 구별이 필요합니다.

③ 축복 받으려면 신앙의 깊은 곳으로 들어가야 합니다.

점점 깊은 곳으로 나아가야 합니다.

2) 축복은 말씀을 의지하고 순종하는 데 있습니다.
 ① 순종은 말씀을 의지하여 행하는 일입니다.
 이념이나 생각함이 아니고 실제로 행하는 믿음이 축복과 기적을 체험하게 합니다(신 28:1). 물 떠온 하인들의 체험입니다(요 2:1-11).
 ② 은평교회 성도들은 이런 축복의 체험자들이 모두 되시기 바랍니다.
 기독교 신앙은 체험적 신앙입니다. 내가 믿고 내가 체험하고 내가 믿어야 합니다. 베드로의 체험이 성도들의 체험으로 이어지게 되시기를 예수님 이름으로 축원합니다.

▶ 결론 : 말씀을 의지해 보세요.

[성령]

성령 받은 사람들

(고전 12:1-7)

오늘은 2015년 5월 24일 성령강림주일입니다. 기독교 신앙은 성령 받지 않고는 신앙생활을 하기가 매우 힘듭니다. 교회를 다니기는 하지만 본질이 없는 껍데기 신앙에 머물 수 밖에 없기 때문입니다. (행 19:1-)에베소를 방문한 바울은 많은 사람들이 모인 것을 보고 그들에게 질문했습니다. "여러분이 믿을 때에 성령을 받았습니까?"(and asked them, Did you receive the Holy Spirit when you believed?). 이때에 그들은 성령이 있음을 듣지도 못했다고 하였고, 세례는 오직 요한의 물세례만 알고 있었지만, 사도 바울의 말씀 강론 이후 안수기도 하게 될 때에 그들에게 성령이 임하게 되었습니다.

예수님은 승천하시면서 약속하신 것이 있습니다. 첫째는, 세상 끝날까지 항상 함께 하실 것과 (마 28:20), 다시 재림하실 것과 (행 1:11; 계 1:7), 보혜사 성령을 보내주신다는 것이었습니다 (요 14:16, 26). 둘째는, 승천하시기 직전에는 그 약속하신 '보혜사 성령'(παράκλητος)을 기다렸다가 성령이 오시면 '권능'(δύναμις)을 받고 땅 끝까지 증인 될 것을 명령하셨습니다. 제자들은 주님의 승천 이후에 열흘간 기다리는데 전적으로 기도에 힘쓰게 되었고 오순절 날에 약속하신 성령께서 강림하시게 되었습니다(행 2:1).

성령강림주일을 맞이하여 우리는 다시 한 번 성령의 역사를 확인해야 합니다. 기독교는 체험의 종교입니다. 지식적이고 이론적인 신앙에서 끝나지 않고 성령 안에서 체험적인 신앙이 요구되는바, 오늘 말씀을 통해 은혜의 시간이 되시기를 바랍니다.

1. 성령 받지 아니하면 믿을 수가 없습니다.

성경 전체의 내용은 물론이고 기독교의 전반적인 일들은 성령을 받을 때에 믿어지게 되고 내 신앙이 됩니다.

1) 우리가 성령 받아 믿어야 할 일들이 있습니다.
성령을 제외하고 성경을 믿을 수 없게 됩니다.
① 믿어야 할 내용들을 예를 들어서 보겠습니다.
창조주 되시는 하나님께 대하여 믿어야 합니다. 나를 구속하시려고 오신 성자 예수 그리스도에 대하여 믿어야 합니다. 믿지 아니할 때에 지옥이요, 믿을 때에 천국입니다. 이 모든 일을 하시고 나에게 역사하시기 위해서 오신 성령에 대해서도 믿어야 합니다. 성령께서 내게 역사하지 아니하면 믿을 수가 없게 됩니다. 오늘 본문 3절에도 "그러므로 내가 너희에게 알리노니 하나님의 영으로 말하는 자는 누구든지 예수를 저주할 자라 하지 아니하고 또 성령으로 아니하고는 누구든지 예수를 주시라 할 수 없느니라"(Jesus is Lord, except by the Holy Spirit) 했습니다.
② 성경에 기록된 모든 기사에 대하여 믿어야 합니다.
이 믿음 역시 성령께서 네게 임하시고 내주하실 때에 믿게 됩니다. 1차원적 세계요, 물질세계만 믿던 도마는 예수님의 부활을 불신했으나 예수님을 만나 뵙고서 믿게 되었는데 예수님이 두 번째 나타나서 그에게 말씀하셨습니다. "너는 나를 본 고로 믿느냐 보지 못하고 믿는 자들은 복되도다 하시니라." 이때부터 도마는 예수님을 믿게 되었는데 성령 받은 이후에 도마는 인도(India)까지 가서 복음을 전하다가 순교했다고 전해집니다.

2) 성령께서 오셔서 우리 마음과 생각을 감동 감화 하십니다.
성령이 오시기 전에는 인간 중심이고 인위적이었고 환경과 배경의 지배를 받았지만 성령을 받게 되면 달라지는데, 본문에 나오는 베드로의 모습에서 보게 됩니다(마 26:68→행 4:19).
① 성령께서 오셔서 우리 마음과 생각을 붙드시고 담대하게 하십니다.
사도들의 모습을 보고 관리들도 깜짝 놀랐습니다(행 4:19-20). 환경과

배경을 이기고 극복하게 하십니다. 그래서 핍박 중에서도 바른 신앙을 유지하며 복음전파자가 될 수 있었습니다.
② 신앙생활에 승리할 수 있었던 것은 성령의 역사하심 때문입니다.
성령께서 이끌지 아니하시면 내게로 올 수 없다고 하셨습니다(요 6:44). 성령께서 오셔서 믿어지게 하고 알게 하시고 깨닫게 하시고 신앙생활을 승리하게 하십니다. 기독교 신앙은 성령을 떠나서는 생각할 수 없습니다. 성령 충만 받아서 시험을 이기고 주의 일에 힘써야 하겠습니다.

2. 참된 그리스도인은 성령 받은 사람들입니다.
참 그리스도인의 모습은 성령 받은 사람이기 때문입니다.

1) 참 그리스도인은 성령의 사람입니다.
성령은 진리의 영이십니다.
① 성령 받은 사람이라야 그리스도인이라고 선언하셨습니다.
그리스도의 영이 없으면 그리스도인이 아니라고 하신 말씀에서 보게 됩니다. (롬 8:9-)성령이 없는 자가 되면 곤란합니다(does not have the Spirit). 신앙생활에 승리할 수가 없습니다.
② 성령 받지 아니하고도 교회에 다니며 직분까지 맡을 수 있겠지만 이는 곤란한 일입니다.
참 기독교인은 성령의 사람이어야 합니다. 오직 성령 충만이 관건이 됩니다(엡 5:18).

2) 성령 충만 받을 때에 달라지고 변하게 됩니다.
신앙생활의 모든 관점이 달라지고 바뀌게 됩니다.
① 영적 생활이 달라지고 변하게 됩니다.
예컨대 전에는 하나의 종교인으로 지냈으나 이제는 목마르지 않은 샘이 흘러나오는 현장 가운데 생수 같이 성령께서 역사하시기 때문에 달라집니다(요 7:37-39).

② 기쁨과 평강이 넘치게 됩니다.
생수와 같은 성령이시기 때문에 핍박과 어려운 환경에서도 기쁨이 넘치게 되는바 사도 바울의 간증에서도 찾아볼 수 있습니다(행 16:25; 빌 4:4).
③ 각종 은사들이 나타나게 됩니다.
유익하게 하시며 성령의 은사도 있게 하십니다(7절). 초대교회 사도들과 성도들이 모인 곳에 성령의 역사하심을 따라서 같은 성령이신데 각 사람에게 나타나는 은사들이 다르게 나타나게 되었습니다. 앉은뱅이가 일어나는 기적에서부터(행 3:1-), 3,000명(행 2:41), 5,000명(행 4:4)씩 구원받은 숫자의 기록은 놀라운 일이 됩니다. 성령의 역사하심과 은사는 복음 전파를 통한 영혼 구원에 최대의 초점이 맞추어져 있습니다.

3. 성령께서 임하실 때 성령을 받은 사람들의 모습입니다.
어떤 사람들에게 어떻게 할 때에 성령이 임하시는지 보여주시는 말씀입니다.

1) 성령 받기 위해서 성경을 자세히 보시기 바랍니다.
성령께서 오실 때에 나타난 사건들과 배경들입니다.
① 성령께서는 조건에서 역사하십니다.
이 조건은 지금도 똑같이 됩니다. (행 2:38)회개(repent)할 때입니다. (마 3:8-, 4:17)회개는 중요합니다. (행 19:4)말씀을 전하고 안수기도 할 때였습니다(his hands on them). (행 1:14)120문도가 열심히 기도에 힘 쓸 때였습니다. 기도에 힘써야 합니다(constantly in prayer). 약속하신 성령께서 임하셨습니다.
② 성령을 받아야 합니다.
성령이 계시지 아니하면 참 그리스도인이 될 수가 없기 때문입니다. 가짜 그리스도인이라면 곤란합니다.

2) 성령이 오심으로 역사하심을 보시기 바랍니다.

① 각종 역사들이 나타나게 됩니다.

(엡 1:13; 계 7:2)너는 내 것이라고 인치는 역사입니다. 구원의 확신입니다. (행 2:1-)불같은 성령입니다. 뜨거운 열심입니다. (롬 12:11)열심히 주를 섬기게 됩니다. (요 7:37-38)생수 같은 성령이십니다. 시원한 생수입니다. (마 3:16)비둘기 같은 성령이십니다. 평화요 기쁨입니다. (요 14:26)하나님의 말씀을 깨닫고 믿어지게 됩니다. 성령께서 역사하십니다. (막 16:18)각종 질병의 치유와 나음입니다. 치료의 하나님이십니다(출 15:26; 말 4:12).

② 성령을 받고 신앙생활하게 될 때에 승리하게 됩니다.

성령 없이 신앙생활을 할 수 없고 승리가 불가능합니다. 세상이 악하기 때문입니다. 성령강림주일에 은평교회의 모든 성도들에게 성령 충만한 영적 역사들이 나타나기를 주의 이름으로 축원합니다.

▶ 결론 : 성령 받았습니까?

[성령]

성령으로 충만해야 합니다
(엡 5:11-21)

　세상을 살아가는 데는 그 살아가는 원리(原理)대로 살아갈 때에 편리합니다. 마찬가지로 하나님의 성도들이 세상을 신앙으로 승리하기 위해서는 성령과 말씀에 따라서 살아갈 때에 축복되고 승리하게 됩니다. 사람은 육신과 영혼으로 창조되었습니다. 하나님께서 창조하시고 그 코에 생기를 불어넣어 주실 때에 사람이 생령이 되었지만 범죄하게 될 때에 그 생령을 상실하게 되었고 반드시 죽게 되었습니다(창 2:7, 17).
　그러나 이젠 예수 그리스도 안에서 다시 사는 생명의 역사가 이루어지는데(엡 2:1) 에스겔을 통해서도 예고해 주신바 있습니다(겔 37:1-14). 그리고 죽어 있는 자들에게 생기가 들어가게 될 때에 극히 큰 군대가 되었습니다. 따라서 아담 안에서는 모든 사람이 죽었지만 예수 안에서는 살게 되었습니다(고전 15:22). 이 일을 하시기 위해서 보혜사 성령(παράκλητος)께서 약속대로 오시게 되었습니다(요 14:16, 26; 행 1:4, 2:1). 그러므로 믿는 자라고 하면 성령을 받아야 합니다(행 19:1). 지금은 성령시대인바 다시 한 번 성령의 역사를 확인해야 하겠습니다.

1. 그리스도인들은 성령으로 말미암아 구별되게 살아야 합니다.
　구별된 삶의 모습이 요구됩니다. 성도의 생활론입니다(롬 12:2).

1) 예수 믿는 사람들은 세상 사는 지혜가 필요합니다.
　죄악의 세상이기 때문에 참 지혜가 요구됩니다.
　① 성령께서 내게 주시는 지혜로운 방법대로 살아야 합니다.

똑같이 사는 것 같지만 믿는 성도들은 영적 지혜로 살아야 하는데, 여기에는 성령께서 역사해 주십니다. 왜냐하면 거룩하고 지혜롭고 구별된 생활이 따라야 하기 때문입니다(레 11:44; 벧전 1:16). 하나님의 축복 속에서 국가적 번영 속에 교회가 성장되었지만 이젠 생활이 성령 안에서의 변화가 요구되는 시대입니다. 더 이상 세상 사람들의 비웃음과 뉴스거리가 되면 곤란합니다.
② 이것은 그리스도인들의 생활론(生活論)입니다.
(15절)"그런즉 너희가 어떻게 행할지를 자세히 주의하여 지혜 없는 자 같이 하지 말고 오직 지혜 있는 자 같이 하여"라고 했습니다. "어리석은 자 같이 하지 말고"(not be unwise but as wise) 했습니다. 그래서 지혜가 부족할 때에는 구해야 합니다(약 1:5). 그리고 아브라함 같이 순종자가 될 때에 축복의 사람이 됩니다(창 12:1, 21:14, 22:1-).

2) 그리스도인은 구체적으로 공급해 주시는 성령 하나님의 지혜로 살아야 합니다.
이것이 성령께서 인도해 주심에 따라서 살아가는 지혜입니다.
① 해로운 것을 과감히 버리는 지혜입니다.
해로운 정욕적인 것, 육신적인 것, 술 취하는 것, 방탕한 것이라 했습니다(Do not get drunk on wine). 영적 생활에 방해되는 것은 버려야 할 대상입니다. 여기에는 주초(酒草) 문제를 비롯해서 세상적이고 육신적인 것이 모두 포함되는데, 성령의 사람은 이 모두 버릴 수 있어야 합니다.
② 성령께서는 내가 어떻게 행하는 것이 지혜롭게 살아가는 것인지를 감동해 주십니다.
왜냐하면 성령께서 내 안에 들어와 계셔서 내 마음은 그 분의 성전이 되고 영광을 받으시기 때문에 내가 거룩되게 구분해야 할 이유가 여기에 있는 것입니다. 성전은 거룩하기 때문에 성령 안에서의 성전이 되게 해야 합니다. 이것이 참 지혜입니다(고전 3:16).

2. 그리스도인들은 왜 성령 충만 해야 하는지를 알아야 합니다.
성령론은 어떤 이들의 부정적인 생각과 같이 이상한 것이 아닙니다.

1) 기본적으로 성령 없이는 참 그리스도인이 아닙니다.
 내가 예수 믿고 교회를 다닌다는 것은 성령의 역사 안에서 이루어지는 것입니다.
 ① 성령 받은 사람이 참 그리스도인입니다.
 내 안에 주인은 주님이 되신다는 사람은 곧 성령을 모신 사람입니다. 따라서 내 안에 성령이 계시지 아니하면 참 그리스도의 사람이 아닙니다. 그리고 성령으로 아니하고는 예수님을 주님이시라고 고백할 수 없습니다 ("Jesus is Lord," except by the Holy Spirit, 고전 12:3).
 ② 예수 그리스도가 내 구세주라고 믿고 시인하는 사람은 그 안에 성령께서 역사하십니다.
 본인이 깨닫든지 깨닫지 못하든지 간에 성령께서 역사하실 때 그리스도인이 됩니다.

2) 이제 문제는 신앙의 성숙입니다.
 그리스도인이 된 것은 사실인데 미숙한 어린이로 머물러 있다면 빨리 성장해야 합니다. 고린도교회 성도들은 아직 미숙한 어린이와 같았습니다(고전 3:1).
 ① 성숙한 그리스도인들은 성령 안에서 세월까지도 아끼게 됩니다.
 (16절) "세월을 아끼라"(making the most of every opportunity, because the days are evil.)했습니다. 세상이 악하기 때문입니다. 시간의 귀중성을 깨닫고 성령 안에서 성도의 바른 생활이 요구되는 시대이기 때문입니다.
 ② 주님의 뜻이 무엇인지 깨달아야 합니다(17절).
 이제는 주님의 뜻이 무엇인지 깨달았으니 성령 안에서 행동으로 옮겨야 합니다. 무지에서 깨달았으니 성령 안에서 행동으로 옮겨지는 순종적 믿음이 중요합니다. 이것이 성도가 성령 안에서 행하는 생활입니다.

3. 성령 충만한 그리스도인들에게 나타나는 현상들이 있습니다.

물론 성령 충만 할 때에 거기에 나타나는 여러 가지 은사들이 있습니다. 같은 성령(same Spirit)께서 유익하기 위해서 주시는 일들입니다. 특수한 은사론이 아닌 일상적 생활론에서 배웁니다.

1) 성령의 사람은 구별되는 일들이 많습니다.
특수한 은사를 받아서가 아닙니다.
① 성령의 사람은 항상 기쁨과 행복이 있습니다.
죄로부터 해방되었고, 천국백성이 되었으며, 성령이 내주해 계시기 때문에 시와 찬미와 신령한 노래가 있게 됩니다(psalms, hymns and spiritual songs).
② 우리 주 예수 안에서 범사에 감사가 있습니다.
원망 불평의 현장이 아니라 감사생활입니다. 바울과 실라의 옥중에서도 배우게 됩니다(행16:25; 빌 4:4). 이것은 하나님의 뜻입니다(살전 5:16-).

2) 육신에 속한 그리스도인이 아니라 영에 속한 그리스도인이 되어야 합니다.
범사에 겸손하고 주님의 뜻에 순종하는 사람입니다.
① 예수 믿으면서도 계속 육신적으로 살면 곤란합니다.
예수 안에서 죽었기 때문입니다(롬 6:4-11). 참 그리스도인이기 때문입니다(롬 8:5-).
② 은평교회 나오시는 모든 분들은 성령 충만한 참 그리스도인들이 다 되시기를 바랍니다.
이는 생활 속에서 나타나야 합니다. 모두 구원 받아 성령 안에서 생활 속에 승리하는 성도들이 되시기를 주님의 이름으로 축원합니다.

▶ 결론 : 생활 속에서 성령 충만 해야 합니다.

[성령]

이 불을 끄지 말자

(레 6:8-13)

사람이 살아오면서 역사 가운데 위대한 발견 중에 하나가 불(fires)을 발견해서 생활에 유익하게 사용한 것이라고 생각합니다. 하나님께서 창조한 것들을 발견해서 유익하게 사용하는 것들이 많은데 그것 중에 불의 사용은 토굴 속에서 시작해서 현대에 이르기까지 위대한 것입니다. 현대는 이 불이 없이는 모든 것이 정지 될 수 밖에 없고 또 에너지가 불이라고 할 것입니다. 밥을 할 때에도 불에서부터 시작해서 전기도 불이며, 자동차와 모든 기계의 움직이는 것과 또 병원에서 사용하는 엑스선과 우주선을 발사할 때에도 이 불의 힘으로 작용하게 됩니다. 이것이 에너지입니다. 신앙생활 역시 불로 비유하게 되는데, 자연적이고 물리적인 불도 중요하지만 영적인 불 역시 중요합니다.

본문에서 하나님께서는 이스라엘 백성들에게 하나님이 불을 주시고 이 불에서만 모든 것이 진행되도록 하시면서 이 불이 꺼지지 않도록 하라고 명하셨습니다. 구약시대에 성막에서 진행되는 모든 제사의 행위와 활동은 이 불에서만 이루어지도록 했습니다.

예수님은 신약에 와서 "불을 땅에 던지러 오셨다"고 하셨습니다. (눅 12:49) "내가 불을 땅에 던지러 왔노니 이 불이 이미 붙었으면 내가 무엇을 원하리요"("I have come to bring fire on the earth, and how I wish it were already kindled!") 했습니다. 2017년을 맞이하여 세계 교회와 성도들에게 역사하시는 하나님의 불이 은평교회 성도들에게도 계속하여 타오르기를 기도하면서 본문에서 은혜를 받게 됩니다.

1. 이 불은 하나님께서 주신 불입니다.

인위적이고 물리적인 불이 아니라 하나님께서 주신 불입니다.

1) 하나님께서 이스라엘 백성들에게 모든 예배 행위와 번제물들은 이 불을 통해서 하라고 말씀하셨습니다.
 ① 이 하나님의 불은 언제나 간직하고 간수해야 합니다.
 이 불로만 사용하여 제사(예배) 행위를 해야 하기 때문입니다. 하나님께서는 이스라엘 백성들을 구름기둥과 불기둥으로 인도해 주셨고, 번제의 불, 소제물을 익힐 때의 불, 일곱 촛대의 불, 분향단의 불 등 모든 일들이 이 불에서 시작되었고 사용했습니다.
 ② 하나님께서 주신 불이 아니면 절대 용납되지 아니했습니다.
 그래서 이동하고 옮길 때에는 뚜껑 있는 화로나 불씨를 가지고 꺼지지 않게 이동하게 되었습니다. 그 원리는 현대 사회에 와서도 똑같이 작용하게 됩니다. 다른 복음은 있을 수 없으며, (갈 1:7)성경 속에 역사하시는 성령의 불로만 구원을 통한 예배 행위가 이루어지게 됩니다. 그러나 세상은 합리주의, 편리주의들을 내세워서 왜 기독교만 편파주의 편협주의라고 이야기하지만 성경은 변할 수가 없습니다. 다른 불들도 가능하다면 기독교는 핍박도 없었을 것이고 순교자 역시 태어나지 아니했을 것입니다. 이것이 성경의 분명한 진리입니다(갈 1:10; 행 4:19).

2) 하나님께서 주신 불이 아니면 하나님께 열납되지 않습니다.
 하나님의 방법이 아니기 때문에 하나님과는 관계도 없게 됩니다. 하나님이 주신 불만 인정(認定)하십니다.
 ① 오히려 다른 불로 제사 드리다가 망한 사람이 나타나게 되었습니다(레 9:23-24).
 하나님께서 주신 불로만 예배드릴 것을 강조하게 될 때에 모든 백성이 모세 앞에 엎드리게 되었습니다. 그러나 아론의 아들 나답과 아비후는 다른 불을 사용하다가 진짜 하나님의 불이 나타나서 그들을 사르게 된 사건

을 보게 됩니다(레 10:1). 다른 불을 드리면 영혼이 죽게 됩니다.
 ② 다른 불은 다른 복음이기 때문에 이단적인바 여기에 영혼이 죽게 됩니다.
 아론의 아들이라도 죽었습니다. 신약에 와서도 다른 복음은 없으며 오직 십자가에서 피 흘려 대속적 죽음을 당하신 예수님의 이름 밖에는 없습니다. 지금도 하나님 우편에서 우리 위해 기도하시는 예수님이십니다(롬 8: 26, 34; 갈 1:7).

2. 예수님은 이 땅에 불을 던지러 오셨습니다.
 그리고 주의 성령의 역사는 지금도 계속해서 이 불이 되시며 환하게 역사하십니다.

1) 예수님이 이 불을 붙이려고 오셨습니다.
 지금까지 이 불은 역사하고 구원하십니다.
 ① 이 불은 예수님의 십자가 복음의 불입니다.
 예수님은 복음의 불을 붙이려고 오셨습니다. 그래서 예배의 요소들 중에 어느 것 하나 빠짐없이 성령의 역사를 통하여 진행되어야 합니다. 말씀, 기도, 찬송, 헌금, 봉사, 모두가 성령 안에서 이루어져야 합니다. 예배는 예수 그리스도의 십자가 보혈의 피를 통한 구속의 은혜 속에서 이루어지는 성령의 역사하심입니다.
 ② 이 불은 신구약성경의 말씀의 불입니다.
 하나님의 말씀이 불이라고 하셨습니다. (렘 23:29)"나 여호와가 말하노라 내 말이 불같지 아니하냐 반석을 쳐서 부스러뜨리는 방망이 같지 아니하냐"("Is not my word like fire,"). 이제는 말씀 밖을 벗어나지 말고 말씀 안에 있어야 합니다(고전 4:6).

2) 이 불에 의해서 교회사가 여기까지 오게 되었습니다.
 지난 기독교 이천년 역사는 예수님이 붙이신 불에 의해서 왔습니다.

① 가는 곳마다 십자가의 복음이 전파되었습니다.
암울했던 조선 땅 이곳에서 복음의 불이 붙어서 시골 구석구석마다, 산골짜기마다 이 복음의 불은 계속 역사하고 있는바 이것이 이 땅의 복이라 할 것입니다.
② 교회가 세워지는 곳마다 하나님의 말씀의 불이 붙게 되었습니다.
성령의 불로 진행된 역사들입니다. 또한 이 복음의 불로 대한민국을 통해서 전 세계로 흘러가며 불을 붙이고 있는데 이른바 선교의 불입니다. 다른 불은 꺼질 수 있지만 하나님의 불은 계속 타오릅니다. 말씀의 역사 속에 귀신들이 꼼짝 할 수 없기 때문입니다(마 12:43; 엡 5:26). 영혼을 살리는 일 역시 말씀뿐입니다(요 5:25; 겔 37:1, 14). 은평교회가 이 불을 계속 붙여야 합니다.

3. 이 불은 성령불입니다.
성령은 불같이 오셨습니다. (행 2:13)오순절 때 모인 무리에게 성령의 불이 불같이 임했습니다.

1) 성령님이 불같이 오셨습니다.
그리고 뜨겁게 역사했습니다.
① 성령께서 불같이 역사하심을 보여 주셨습니다.
따라서 신약시대에는 성령님의 시대이며 성령 받지 아니하면 참 그리스도인이 아닙니다(롬 8:9; 행 19:1; 고전 12:1; 롬 8:16). 우리가 참 그리스도인 것은 성령의 역사입니다.
② 불의 속성은 무엇이든 태우는 것입니다.
날것을 익히듯이 날것과 같은 우리를 익게 합니다. 불은 뜨겁듯이 우리 마음도 뜨거워야 합니다. 불은 어두움을 밝히듯이 우리를 빛 가운데 살게 하십니다(롬 13:12).

2) 2017년에 은평교회는 계속 불타오르는 교회가 되어야 합니다.
 시대가 어렵지만 성령의 역사로 하게 됩니다.
 ① 복음의 빛을 밝혀야 합니다.
 (사 60:1)일어나 빛을 발할 때가 되었습니다. 이웃과 전 세계로 향해서 복음의 빛을 비추는 큰 불입니다.
 ② 이는 성령으로만 할 수 있습니다.
 성령 충만한 개인들이 되어야 합니다. 성령 충만한 교회가 되어야 합니다. 세속적인 방법이나 발전된 형태가 아니라 성령의 뜨거운 불의 역사로 마지막 시대에 사명을 잘 감당하는 교회가 되시기를 예수님의 이름으로 축원합니다.

▶ 결론 : 은평교회는 계속 불을 붙여야 합니다.

[축복]

주일성수의 축복을 받은 사람들

(사 58:13-14)

　사람은 시간 속에서 이 세상을 살아가게 됩니다. 24시간이라는 물리적 시간은 60분 한 시간 같지만, 시간적 개념이나 가치적 개념으로 계산할 때에는 분명히 다르게 됩니다. 개인적인 시간과 교회에 앉아서 1시간 예배드리는 시간은 분명히 다르며, 세상적이며 육신적으로 일했던 시간과 복음을 위해서 일하는 헌신의 시간은 가치관에서 분명히 구별됩니다.

　120세를 살았던 모세는 인생이 짧음을 고백했습니다(시 90:1-12). 성경에 약속하신 축복은 90 평생을 하루에 한 가지씩 누리고 살아가도 그 모든 축복을 다 받지 못합니다. 그 많은 축복을 성경에는 약속을 하였는데 그 중 하나가 주일성수를 하게 될 때에 약속하신 축복입니다. 인간들의 사사로운 프로그램에 의해서 철저히 깨어지는(broken) 주일성수를 보면서 우리는 다시 한 번 주일성수를 지킴으로 돌아가야 할 때입니다. 이 세대에 교회가 바르게 세워지고 개인 신앙이 바르게 서가는 비결은 성경 말씀으로 돌아가는 길 밖에 없습니다. 하나님을 섬기는 유다백성들을 향해서 외쳤던 이사야 선지자가 전한 말씀을 통해서 다시 한 번 바르게 주일성수를 배우게 됩니다.

1. 주일성수를 바르게 해야 합니다.

　구약에 안식일 제도는 예수님이 죽으심과 부활하심으로 우리가 지키고 있는 주일로 개혁(reformed)되었습니다(히 9:10). 개혁될 때까지 맡겨 주셨기 때문입니다(applying until the time of the new order).

1) 예수님이 계획하셨습니다.
 구약시대의 율법적 안식은 금요일 해질 때부터 토요일 해질 때까지였습니다.
 ① 예수님이 십자가에서 죽으실 때가 금요일이요 토요일은 무덤에서 계실 때였습니다.
 그리고 토요일이 다 가고 안식 후 첫날 미명에 예수님이 부활하셨습니다. 초대교회 성도들이 이때부터 모이기 시작한 것이 오늘날 우리가 지키는 주일이 되었습니다(마 28:1; 행 20:7; 요 20:18; 계 1:10). 그래서 주일은 예수님이 십자가에서 죽으시고 3일 만에 부활하신 날입니다.
 ② 주일성수를 잘하는 사람들은 신앙적인 뜻과 의미가 있습니다.
 똑같은 24시간이지만 이 날은 개념이 다릅니다. (창 2:1-3)하나님의 창조를 믿습니다. (출 20:8)하나님의 말씀을 믿습니다. (사 58:14)하나님의 축복을 믿습니다. (마 27:46)예수님의 대속적 죽음을 믿습니다. (마 28:6) 생명의 부활을 믿습니다. (히 4:1)영원한 천국의 안식을 바라보며 믿습니다. (고전 15:58)주님을 위한 수고가 헛되지 않음을 믿습니다. 이런 믿음이 있는 사람들이 지켜나가는 것이 주일성수의 개념입니다.

2) 주일성수를 바르게 해야 합니다.
 모든 날이 귀한 시간들입니다. 우리의 존재는 하나님의 영광을 위해서 있기 때문입니다(고전 10:31; 롬 14:7). 그 중에서도 구별된 시간이 주일성수요 예배시간입니다.
 ① 이 날은 예배가 하루의 중심이 되어야 합니다.
 예배가 중심되지 않을 때에 문제가 됩니다. 그래서 이 날을 귀하게 여기고 존귀한 날로 여겨야 합니다.
 ② 이 날은 말과 행동을 바르게 해야 합니다.
 오락에 깊이 빠진다든지, 말을 함부로 한다든지, 사사로운 일에 빠져서 예배 생활에 금이 가게 한다면 온전한 주일성수의 개념이 아닙니다. 하나님의 뜻은 성도들이 거룩해지는 것이기 때문입니다(It is God's will that

you should be sanctified, 살전 4:3). 하나님 아버지가 거룩하시기 때문이라고 성경은 분명히 전했습니다(레 11:44; 벧전 1:16-). 따라서 주일 역시 거룩하게 지켜야 합니다.

2. 주일성수를 바르게 할 때에 축복이 약속되었습니다.
 복 받고 사는 비결 중에 한 가지가 주일성수를 바르게 하는 일입니다.

1) 축복의 내용을 보시기 바랍니다.
 예수 그리스도 안에서 구원받은 성도들이기 때문입니다(벧전 1:9; 요 1:12). 이 세상에서 축복 받아야 합니다.
 ① 야곱의 기업으로 기르리라고 했습니다(사 58:14).
 이는 야곱이 받은 축복이요 그 축복에 대한 약속입니다(창 28:10). 빈손으로 집을 나가게 되었지만 하늘 문이 열리고 20년 만에 거부가 되었습니다(창 31:1-). 그리고 그의 이름대로 이스라엘이라는 축복을 받게 되었습니다(창 32:28).
 ② 하나님 안에서(내 안에서) 즐거움을 얻는다고 했습니다.
 잠깐 지나가는 세상이지만 평안의 축복을 약속해 주셨습니다. 이는 예수님이 평안의 축복이기도 합니다(요 14:27). 바울도 전했습니다(엡 2:14, 6:23). 주일성수 하며 주님을 생각하는 성도들에게 임하게 되는 축복입니다.

2) 주일성수하는 성도들에게 하나님께서 축복하셨습니다.
 온전히 기쁜 마음으로 주일성수 하는 성도들에게 입니다.
 ① 땅의 높은 곳에 올려 주신다고 했습니다.
 "너를 땅의 높은 곳에 올리고"(I will cause you to ride on the heights of the land). 이는 보통 출세의 이야기가 아니라 하나님께서 그 가는 길에 역사해 주심을 보여주는 말씀입니다. 미국의 부호였던 워너메이커(Wanamaker)는 가난한 사람이었으나 십일조와 주일성수로 거부가 되었

고, 백화점 왕이라는 별호까지 얻게 되었습니다.
 ② 하나님이 축복하시는 사람이 됩니다.
 산천초목(山川草木) 모든 것들도 모두 하나님의 손에 있듯이, 모든 인생의 '생사화복'(生死禍福)이 하나님께 있습니다. 우리가 살아갈 때에 필요한 기업, 직장, 모든 것이 하나님의 손에 있습니다(삼상 2:6). 하나님은 복의 근원이 되십니다(찬송가 28장을 불러봅시다).

3. 주일성수는 어떻게 해야 하는지를 성경이 분명히 밝혀 주었습니다.

방법론인바 방법이 바르게 서야 합니다. 현대인들 중에는 방법이 그릇된 사람들이 많습니다.

1) 주일은 예배생활이 그 모든 시간의 중심에 있어야 합니다.
 주일의 개념이 무엇인가요? 구약적 용어로 말하면 제사입니다. 신약에도 산 제사입니다(롬 12:1).
 ① 주일 아침마다 제사를 드려야 합니다.
 (출 29:39; 시 141:2) "한 어린 양은 아침에 드리고"(offer one in the morning) 했습니다. 예수님이 속죄제물이 되셨고 부활하셨습니다.
 ② 저녁예배가 또한 중요합니다.
 (출 29:39-41) "한 어린 양은 저녁때에 드리되"(Sacrifice the other lamb at twilight) 했습니다. 저녁예배가 중요합니다(시 141:2; 왕상 18:36; 단 9:21; 행 20:7). 한국교회가 다시 저녁예배를 회복해야 합니다.

2) 미리 준비해야 할 일들이 있습니다.
 ① 주일성수를 위해서 준비해야 합니다.
 시간적 준비로서 다른 급한 일에 장애가 되지 않게 해야 합니다. 있는 옷이라도 정갈하게 예배시간에 입어야 합니다. 특별히 여름 하절기에 민망한 옷은 금해야 합니다. 또한 헌금도 미리 준비해서 드려야 합니다. 여기에는 정성이 필요합니다.

② 주일은 주일에 맞게 살아야 합니다.

　예배하는 일, 가르치는 일, 전도와 심방 등 영적 생활에 힘써야 합니다. 여기에서 자기 영혼이 유익되고 하나님께는 영광이요 교회는 부흥되고, 주일에 예비된 축복이 임하게 될 줄 믿습니다. 은평교회 모든 성도들이 이렇게 되시기를 주의 이름으로 축원합니다.

▶ 결론 : 주일성수는 아무나 하는 것이 아닙니다.

[축복]
가려던 땅에 갈 수 있는 축복
(요 6:16-21)

　세상을 살아가면서 동물이나 새들, 개미들도 가는 목적지가 있고 가는 길이 있음을 보게 됩니다. 문제는 목적지까지 도착하기도 하지만 중도에 변화가 많이 생긴다는 것입니다. 철새들이 따뜻한 남쪽으로 이동한다든지 유럽에서 아프리카로 이동하는 경로에서 볼 수 있는 현상입니다. 미물들도 그러하지만 사람이 살아가면서 의도하는 목적지까지 잘 도달하는 것은 축복인데 목적지까지 가지 못하는 경우들이 많이 있다는 것입니다.
　심리학자 중에 '케이치프 노이드'라는 학자가 있는데, 그가 말하기를 "사람에게는 6가지 감옥이 있는데, 그 감옥에 갇히게 되면 좀처럼 헤어 나오기가 힘들기 때문에 그 감옥에 갇히지 말 것과 그 감옥에 갇히면 무슨 일이 있든지 성공할 수 없고 도달할 수가 없다."고 했습니다.
　첫째 감옥은 '자기도취'의 감옥으로 지나친 왕자병, 공주병 같은 것입니다.
　둘째 감옥은 '비판'의 감옥으로 남의 장점을 못 보고 단점만 보고 비판합니다.
　셋째 감옥은 '절망'의 감옥으로 매사를 부정적으로만 보고, 불평하며 절망합니다(민 13~14장). 반대로 바울은 긍정적이었습니다(빌 4:13).
　넷째 감옥은 '과거지향'의 감옥으로 과거에 매여 있거나 묶여 있어 반전이 없습니다.
　다섯째 감옥은 '선망'의 감옥으로 자기 것이 귀한 것을 보지 못하고 남의 것만 선망합니다.
　마지막 여섯째 감옥은 '질투'의 감옥으로 남이 잘되는 것을 보지 못하고 흠집 내기에 혈안이 되어서 헐뜯기에 바쁩니다. 한 심리학자의 이야기입니다만 통계적으로 내가 가고자 하는 땅으로 가는 사람은 늘 생각해야 할 부분입니다.
　본문에서 제자들도 여러 가지 문제 앞에서 가려던 목적지까지 가게 되었는데, 이 세대를 사는 우리에게 큰 교훈을 줍니다.

1. 가려던 땅으로 가기 위해서는 여러 가지 어려움을 극복해야 합니다.
가려던 땅으로 가야 하는데 상황이 좋지 못했습니다.

1) 날이 어두웠습니다.
　운전할 때도 주간보다는 야간이 힘이 듭니다.
　① 어두워진다는 것은 큰 장애가 됩니다.
　어두워지면 시야가 좁아지고 사물 구분이 잘 안 되어 어려워집니다. 지금은 영적으로 야간과 같아서 깨어 있어야 합니다(롬 13:11-). 밤이 오면 이상을 볼 수 없게 된다고 했습니다(미 3:6). 제자들이 가는 길이 밤이었기 때문에 배를 타고 가는 것은 어려운 일이었습니다. 우리는 이와 같은 밤이 와도 승리해야 합니다(빌 4:13).
　② 큰 바람과 파도가 일어납니다.
　사공에게 제일 무서운 것은 어둠도 어둠이지만 바람과 파도가 일어나는 것입니다. 그것도 큰 파도였습니다(A strong wind was blowing and the waters grew rough). 갈릴리 바다에는 가끔 예고 없는 바람과 풍랑이 일어나기 때문에 뱃사람들에게는 큰 고통의 시간이었음을 보게 됩니다(마 8:24; 시 107:24). 인생 여정 속에 일어나는 모든 문제들과 비교되며 교훈되는 부분입니다. 그래도 배는 무사하게 목적지까지 이르게 되었으니 감사할 수밖에 없다 할 것입니다.

2) 더 큰 문제가 생겼습니다.
　어둠의 문제나 바람과 파도보다 더 큰 문제가 있었습니다.
　① 배가 제자들이 다 타기에는 작았다는 것입니다.

작은 목선(木船)이기 때문입니다. 제자들이 한 사람 한 사람씩 타다 보니 이제 좁게 되었고 위험했습니다. 오늘날과 같은 거대한 철로 만든 것이 아니라 작은 목선이었기 때문에 위험한 상황이었습니다. 감사하게도 이 배는 그래도 목적지까지 무사히 가게 되었습니다.

② 또 한 가지 위험한 일은 예수님이 거기에 계시지 아니한 것입니다.
(17절)"예수는 아직 그들에게 오시지 아니하셨더니"(Jesus had not yet joined them.) 했습니다. 마태복음 8장 23절 이하의 말씀과 같이 예수님이 그 곳에 계셨으면 덜 위험함을 느꼈을 것입니다. 예수님과 제자들이 탄 배에도 풍랑이 일어났지만 예수님 말씀으로 잔잔케 되었습니다. 언제나 주님이 계시면 문제가 될 수 없습니다.

2. 어려운 환경과 나쁜 상황을 이기는 방법을 배우고 깨달아야 합니다.
문제가 있으면 해답도 있습니다.

1) 문제의 주관자 되시는 하나님께 기도하는 일입니다.
바람과 파도가 있을 때에 성경에서 보게 됩니다.
① 시 107편 23-27절에서 보게 됩니다.
바다에 배를 띄우고 풍랑이 일어나게 되었을 때에 여호와께 부르짖게 되었고 소원의 항구로 인도해 주신다고 했습니다. 기도는 문제 해결의 열쇠입니다.
② 마태복음 8장 23-27절에서 보게 됩니다.
예수님도 타셨고 제자들도 있었고 많은 승객들이 있었는데, 바람이 일어나서 위험 가운데 빠지게 되었을 때에 제자들은 예수님께 부르짖게 되었고 예수님은 바람과 파도를 잠잠케 해주셨습니다. "주여 구원하소서 우리가 죽겠나이다" 했습니다. 드디어 바람과 파도는 잔잔케 되었습니다.

2) 범사에 선을 이루시는 하나님이십니다.
큰 바람과 풍랑이 일어났다 해도 염려가 없습니다.

① 기도하기 때문입니다.

기도하는 성도에게는 반드시 해결책도 있기 때문입니다. (약 5:15)"믿음의 기도는 병든 자를 구원하리니 주께서 그를 일으키시리라"(the Lord will raise him up) 했습니다. (롬 8:18)모든 것이 합력하여 선을 이루게 되기 때문입니다. 그러므로 기도하는 성도들이 되시기 바랍니다.

② 믿어야 합니다.

믿음이 약해지면 작은 파도 앞에서도 큰 파도와 같이 느껴지지만 믿는 자에게는 큰 파도가 와도 작은 파도같이 해결하게 됩니다. (마 8:26-)"예수께서 이르시되 어찌하여 무서워하느냐 믿음이 작은 자들아 하시고 곧 일어나사 바람과 바다를 꾸짖으시니 아주 잔잔하게" 되었습니다. 예수님이 누구시냐고요? 예수님은 창조주 하나님이십니다. 그래서 그분을 믿고 나가게 될 때에 문제가 문제 될 수 없습니다.

3. 모든 것이 해결되었고 목적지까지 가게 되었습니다.

인생사에서 대성공의 견본입니다. 누구든지 내 능력과 내 노력은 한계가 있음을 기억해야 합니다.

1) 나의 약점과 부족한 부분을 시인하고 능력되시는 예수님을 의지해야 합니다.

① 마태복음 14장 22-23절에서 보시기 바랍니다.

오병이어의 역사를 마치시고 배에 오시기까지 제자들은 배에서 파도와 바람 앞에서 고전하게 되었지만 예수님이 그 배에 오시므로 문제는 해결되었음을 보게 됩니다.

② 물 위로 걸어가던 베드로에서 보게 됩니다.

예수님을 바르게 보고 갈 때에는 물 위를 걷게 되었지만 시야가 예수님께 멀어지고 물결을 보았을 때에는 곧 빠져 들어가게 되었습니다. 예수님은 믿음이 작은 자여 왜 의심하느냐 하시고 손을 잡아주시고 배에 오르게 하셨습니다. 신앙적 원리는 지금도 똑같이 우리에게 적용됨을 알아야 합니다.

2) 언제나 예수님이 인생사의 중심에 계시도록 해야 합니다.
  하나님의 백성인 성도는 예수님을 떠나서는 살 수 없기 때문입니다.
  ① 언제든지 예수님이 해결해 주셨습니다.
  (마 8:26)주무시던 주님이 일어나셔서 해결해 주셨습니다. (마 14:32)예수님이 배에 오르셔서 해결해 주셨듯이 주님은 언제나 내 곁에 계심을 믿어야 합니다.
  ② 내 곁에 언제나 계심을 믿고 의심하지 말아야 하겠습니다.
  (마 28:20)볼지어다 내가 세상 끝 날까지 너희와 항상 함께 있으리라고 약속해 주셨습니다. 임마누엘 되시는 하나님이 나와 함께 계셔서 인생 목적지까지 같이 계심을 믿고 늘 승리하시기를 주님의 이름으로 축원합니다.

▶ 결론 : 우리의 인생에서 목적지까지 주님이 함께 가십니다.

[축복]

축복을 잃지 말라
(행 5:1-11)

하나님께서 우리를 축복받고 잘 살게 하시려고 창조하셨기 때문에 모든 저주와 가난은 하나님의 본뜻이 아닙니다. (렘애 3:33)"주께서 인생으로 고생하게 하시며 근심하게 하심은 본심이 아니시로다"(For he does not willingly bring affliction or grief to the children of men.) 했습니다. 이는 모두가 죄 값으로 오는 것인데 그래서 죄를 짓지 말아야 합니다. 죄 값으로 팔리게 되고(사 50:1), 문제가 생기게 되었습니다(전 7:29). 따라서 잠깐 동안의 이익을 위하여 세상을 위해 살지 말고 겸손히 하나님과 동행하는 것이 복입니다(미 6:7-8).

본문에 초대교회에서 처음에는 하나님의 은혜를 받게 되었지만 물질 때문에 더 큰 축복과 은혜를 잃어버리게 된 한 가정을 소개하고 있습니다. 이른바 아나니아와 삽비라의 가정인데, 축복의 사람에서 저주의 사람이 된 안타까운 현장을 보면서 우리는 언제나 축복의 사람이 되기 위하여 힘써야 할 줄 믿습니다.

1. 아나니아와 삽비라는 처음에는 복 받은 사람들이었습니다.

누가 뭐라고 해도 교회에 출석하여 예수님을 만나고 축복의 사람이 되도록 노력해야 합니다.

1) 예수 믿는 복을 받았습니다.

예수 믿는 복은 세상에서 그 무엇과도 바꿀 수 도 없고 비교할 수 없는 복에 속하는데, 하늘에 속한 복이기 때문입니다(엡 1:3).

① 옛 죄를 벗어버리고 회개하여 하나님의 자녀가 된 복입니다.
(요 1:2; 롬 8:15-; 빌 3:20; 엡 2:1)하나님의 자녀요, 하나님을 아버지라 부르게 되었고 천국의 시민권자가 되었기 때문에 찬송할 만한 복입니다. 아나니아와 삽비라 역시 예수 믿는 믿음을 받게 되었다면 이런 복에 속한 사람들이었을 것입니다.

② 예수 믿어서 복 받은 그들은 축복의 대열에 끼게 되었습니다.
예수님이 승천하신 이후에 성령의 역사하심에 참석하게 되었고 사도들과 더불어서 복음 전하는 선교 대열에 헌금하면서 함께 동참하게 되었다는 사실입니다. 베드로를 비롯한 사도들의 전하는 설교를 듣게 된 것 역시 복이었습니다. 주일 낮 다른 곳에 가지 아니하고 주님께 나와서 예배드리며 말씀을 듣는 것도 복 중의 복입니다.

③ 아나니아와 삽비라는 성령의 감격스러운 은혜를 체험하는 복을 받았습니다.
기독교는 체험의 종교입니다. 따라서 은혜를 받는다는 것은 축복입니다. 믿을 때에 성령을 받았느냐고 질문하고 있습니다(행 19:1). 바나바가 밭을 팔아 바치는 일에 감동되어서 자기도 함께 동참한 사람이 되었습니다.

④ 부부가 함께 은혜 받는 복을 받았습니다.
부부가 함께 은혜 받는 일도 복이 되지만 함께 헌신하게 되었으니 큰 복을 받게 되었습니다. 교회 안에 혼자(single) 믿는 신앙인들이 많은데 빨리 가족이 믿도록 힘써야 합니다. (행 10:1-)가이사랴에 고넬료의 가정과 같은 가정입니다.

2) 이 축복은 내게서 생긴 것이 아니라 하나님께서 주신 축복입니다.
① 위에 말한 네 가지 축복은 모두 내가 잘 나서 생긴 것이 하나도 없습니다.
모두가 하나님께서 주신 은혜입니다. 바울 역시 "내가 나 된 것은 하나님의 은혜로 된 것이니"라고 했습니다(고전 15:10-).

② 이것은 세상 무엇과도 바꿀 수 없는 축복입니다.

하나님의 은혜로 된 것이기 때문입니다. 그 무엇과 비교할 수 없는 축복임을 인식해야 합니다. 에서와 같이 상실하게 되면 다시 회복이 없습니다(히 12:16). 감격스럽게 찬송할 뿐입니다(시 116:12).

2. 아나니아와 삽비라는 은혜와 축복을 잃어버렸습니다.

세상 어느 것과 비교할 수 없고 바꿀 수 없는 것을 왜 상실하였을까를 알아야 합니다.

1) 바르지 못한 욕심 때문입니다.

욕심에도 선하고 의로운 욕심이 있지만, 그릇된 욕심은 망하게 합니다. 이른바 영적 욕심과 육적 욕심입니다.

① 선하고 영적인 욕심은 다양합니다.

은혜 받기를 바라는 마음, 기도, 찬송, 전도, 주의 일 등 주님을 위한 삶의 욕심들이 선하고 의로운 것이라면, 모든 성도가 가져야 할 영적 욕심입니다. 천국은 침노를 당하기 때문입니다. (마 11:12)"천국은 침노를 당하나니 침노하는 자는 빼앗느니라" 했습니다.

② 바르지 못한 욕심은 버려야 합니다.

세상적이고 마귀적인 것들은 버려야 합니다. (창 4:1-)가인은 그릇된 욕심과 질투 심 때문에 인류 최초의 살인자가 되었습니다. (약 1:15)욕심이 잉태하면 죄가 되고 죄가 성장해서 사망에 이르게 하는 아주 못된 것이 됩니다. 따라서 그릇된 욕심은 결국은 자기를 파멸하게 만듭니다.

2) 자기 자신을 속이고 신앙 양심도 속였습니다.

이것은 큰 죄에 속하게 됩니다.

① 양심을 버렸습니다.

그래서 바울은 목회서신에서 이들을 조심하라고 했습니다(딤전 1:19-20; 딤후 4:14). 중직자를 세울 때에도 깨끗한 양심에 믿음의 비밀을 가진 자를 세우라고 했습니다(딤전 3:9).

② 세상이 시끄러운 것은 양심이 마비되었기 때문입니다.

이를 성경에서는 "화인을 맞아서 외식함으로 거짓말하는 자들이라" 했습니다(딤전 4:2). 또한 "감각이 없는 자"라고 했습니다(엡 4:19). 아나니아와 삽비라는 성령을 속이고 거짓말을 자행하였는데 어리석은 자들입니다.

3. 아나니아와 삽비라는 회개와 축복의 기회를 잃어버렸습니다.

사람은 누구나 실수하고 범죄할 수 있지만 회개하는 것은 회복의 축복입니다.

1) 회개할 수 있는 기회를 상실한 것이 저주입니다.

회개할 기회에 회개할 줄 알아야 합니다.

① 하나님께서 질문하십니다.

(창 3:9)아담에게 질문하십니다. 아담이 어디에 있는 줄 모르고 질문하신 것이 아니라 회개의 기회를 주신 질문입니다.

② 하나님은 질문하십니다.

(창 4:9-12)"네 아우 아벨이 어디 있느냐" 이 또한 하나님이 모르고 질문하신 것이 아니라 회개의 기회를 주신 것입니다. 그런데 역시 기회를 잃어버리게 되었습니다. "내가 내 아우를 지키는 자니이까"("I don't know," he replied. "Am I my brother's keeper?"). 범죄한 후에 더욱 죄가 커지게 되었습니다.

2) 아나니아와 삽비라에게도 똑같이 말씀하셨습니다.

성령께서 밝히 아시고 베드로의 입에서 나오게 하셨습니다. "그 땅 판 값이 이것뿐이냐 내게 말하라"

① 성령께서 아시고 베드로의 입을 통하여 하시는 말씀을 바로 들어야 했습니다.

그런데 부부가 합심하여 성령을 속이며 거짓말을 했습니다. 우리는 이런 죄에 빠지지 말아야 하겠습니다. 축복의 기회를 저주의 기회로 바꾸었습니다.

② 온 가정과 부부가 합심해서 복을 받는 가정이 되어야 합니다.

(행 10:1)가이사랴의 고넬료입니다. (롬 16:2)브리스길라와 아굴라 가정입니다. 현대와 같이 복잡하고 물질만능주의 시대에 우리는 축복의 가정이 될지언정 저주의 길로 가지 않게 되시기를 예수님의 이름으로 축원합니다.

▶ 결론 : 축복의 기회를 잃지 말아야 합니다.

[축복]

복 받을 백성들

(시 144:12-15)

　옛 속담은 옛 사람들이 그 시대 시대마다 유익을 위하여 만들고 지어 낸 말들이 되겠습니다. 옛 속담에 "될성 싶은 나무는 떡잎부터 알아본다."는 말이 있습니다. 또 "세 살 버릇 여든까지 간다."는 말도 있습니다. 이 모두는 어릴 때부터 습관이나 버릇, 인격형성, 어릴 때의 교육과 행동 등의 중요함을 가르쳐 준다고 봅니다. 어릴 때의 교육이 중요합니다. 모세를 통해서도 하나님께서 말씀하셨는데, (신 6:5-9)"너는 마음을 다하고 뜻을 다하고 힘을 다하여 네 하나님 여호와를 사랑하라 오늘 내가 네게 명하는 이 말씀을 너는 마음에 새기고 네 자녀에게 부지런히 가르치며 집에 앉았을 때에든지 길을 갈 때에든지 누워 있을 때에든지 일어날 때에든지 이 말씀을 강론할 것이며 너는 또 그것을 네 손목에 매어 기호를 삼으며 네 미간에 붙여 표로 삼고 또 네 집 문설주와 바깥 문에 기록할지니라" 했습니다. 사람이 복 받고 살아가는 길을 가르쳐주신 말씀입니다. (신 28:1-14)복 받는 길이 어떠한 길인지를 가르쳐 주셨습니다.
　본문에서 성군이라 불리는 다윗은 하나님의 절대 주권 하에 펼쳐지는 하나님의 통치, 즉 과거 인생 속에 겪었던 전쟁에서도 건져주시고 보호하시며 축복해 주시는 하나님을 체험하면서 현재 당하는 일들도 기도로 간구하면서 찬양하고 있습니다. 마침내 "이러한 백성은 복이 있도다" 간증하게 되는바 다윗의 축복의 간증 속에 축복을 받는 성도들이 모두 되시기를 바라면서 은혜를 나누려고 합니다.

1. 이러한 백성은 하나님의 백성입니다

(15절)"이러한 백성은 복이 있나니 여호와를 자기 하나님으로 삼는 백성은 복이 있도다" 했습니다.

1) 하나님의 백성이 되는 길이 있습니다.
신약에서 하나님의 백성이 되는 길을 주셨습니다.
① 예수님을 나의 구세주로 믿고 영접하는 사람들입니다.
(요 1:12)확실하게 방법을 제시해 주시고 가르쳐 주셨습니다. 여호와를 자기 하나님으로 삼는 백성입니다. 여러분은 복된 백성이 되셨습니다. 복 받으셨습니다. 할렐루야! 이제 다시는 마귀의 궤계를 따르지 말고 대적하며 예수 믿는 믿음의 길에서 승리해야 합니다(벧전 5:8; 계 12:12). 믿음을 굳게 해야 합니다(standing firm in the faith).
② 하나님을 경외하며 믿는 영적인 가치관을 중요하게 여겨야 합니다.
예수 믿는 일이 세상 어떤 가치보다 더욱 먼저 되어야 합니다. 사람의 생명이 그 소유의 넉넉한 데 있지 아니하며 영적 가치관이 얼마나 중요한가를 다윗의 생애에서 배우게 됩니다(눅 12:15, 16:19; 창 25:34; 히 12:16-; 눅 21:34).

2) 하나님의 백성은 하나님만 경외하며 의뢰합니다.
(2절)"여호와는 나의 사랑이시요 나의 요새이시요 나의 산성이시요 나를 건지시는 이시요 나의 방패이시니 내가 그에게 피하였고"라고 했습니다.
① 다윗의 복은 여호와 하나님만 경외하는 신앙입니다.
'경외한다'는 뜻은 납작 엎드려서 그분에게 굴복하는 자세입니다(약 4:6; 벧전 5:6).
② 하나님을 경외하는 사람은 하나님께 모든 것을 맡기게 됩니다.
하나님께 맡기게 될 때에 그 능력의 팔로 자녀들을 안으시듯이 하나님과 함께 하게 됩니다(시 37:4-5; 벧전 5:7; 사 41:10). 다윗은 하나님의 이 놀라운 복을 받은 체험자로서 간증하고 있습니다.

2. 이러한 복된 백성은 하나님께 기도하는 사람입니다.

세상 살아가면서 문제없는 백성은 하나도 없습니다. 그 중에도 복된 백성의 표식(標識)은 하나님을 찾고 기도하는 일입니다. 본문 5-8절에서 다윗의 이 간곡한 기도를 볼 수 있습니다.

1) 문제가 있을 때에 하나님을 찾게 됩니다.

구약시대든지 신약시대든지 복된 사람은 문제를 가지고 하나님께 나와서 기도했습니다.

① 하나님 백성이기 때문입니다.

(신 32:9) "여호와의 분깃은 자기 백성이라 야곱은 그가 택하신 기업이로다"(For the LORD'S portion is his people, Jacob his allotted inheritance). 복된 백성입니다.

② 우리는 하나님의 백성이요 하나님의 기업입니다.

'자식 농사'라는 말이 있습니다. 자식농사 잘되면 부모로서 큰 기쁨이요 영광입니다. 하나님께서도 그의 백성들이 영적 생활에서 복 받고 살기를 원하십니다. 그리고 도우며 축복해 주십니다.

2) 기도하는 백성은 복이 됩니다.

왜냐하면 하나님께서 응답하시며 복을 주시기 때문입니다.

① 구약에서 보겠습니다.

예레미야는 옥중에서도 부르짖을 것을 전했습니다(렘 33:1-3). 환난 날에 부르면 응답이 약속되었습니다(시 50:15; 왕하 20:5).

② 신약에서 보겠습니다.

예수님이 친히 기도하셨고, 기도를 명하여 주셨습니다(마 7:7; 요 15:7). 기도는 축복 중의 축복이요 축복의 길이 됩니다. 다윗은 평생에 많은 응답 속에 살았음을 간증했습니다.

③ 교회사에서 보겠습니다.

무디(D. L Moody)는 기도로 크게 역사하였고, 고아의 아버지로 불리는 조지 뮬러(J. Mueller)는 일만 번 이상을 응답받았고, 존 낙스의 기도는 십만 명의 군사보다 더 힘이 있다고 영국 왕 이었던 엘리자베스가 부러워하기도 했습니다. 기도는 복입니다. 다윗의 간증과 같이 기도 속에 복이 있음을 깨달아 행해야 하겠습니다.

3. 이들은 축복된 백성들입니다.

이러한 백성은 "복이 있나니"라고 분명하게 말씀하셨습니다.

1) 이들이 받은 복은 다윗의 간증과 찬송으로 끝나는 것이 아닙니다.
'이들'이 누구로 이어져야 하겠습니까?
① 그 자손들입니다.
 다윗이 받은 축복이 다윗으로 끝난 것이 아니라 계속적으로 이어지게 되었는데, 그 후손이 복을 받게 되었습니다. 우리 아들들은 어리다가 장성한 나무들과 같으며 우리 딸들은 궁전의 양식대로 아름답게 다듬은 모퉁잇돌들로 비유되었습니다(12절). 은평교회 자녀들이 모두 이렇게 잘되시기 바랍니다. 자녀들에게도 신앙을 전수해야 합니다.
② 물질적 축복입니다.
 우리의 곳간에는 백곡이 가득하며 우리의 양은 들에서 천천과 만만으로 번성하며 우리 수소는 무겁게 실었다고 했습니다(13절). 창조시에 주신 축복입니다(창 1:28). 아브라함의 축복입니다(창 12:1). 이삭의 축복입니다(창 26:12). 야곱의 축복입니다(창 31:1). 믿음의 사람들이 받은 축복입니다(갈 3:9).
③ 평안의 축복입니다.
 태평성대의 복입니다. 다윗이 태평성대를 이룬 것은 하나님이 주신 축복입니다. 다윗이 사는 동안에는 누구도 그를 대적할 자가 없었습니다. 끝까지 부하고 존귀했습니다(대상 29:28). 본문 (14절)"우리를 침노하는 일이나 우리가 나아가 막는 일이 없으며 우리 거리에는 슬피 부르짖음이 없을진대 이러한 백성은 복이 있나니" 했습니다.

2) 말세 때에는 환난의 때입니다.

은평교회 성도들에게 주님의 평안이 있기를 바랍니다(요 14:27).

① 말세 때에는 평안이 중요한 복입니다.

생활과 주변 환경이 평안해야 합니다. 이를 위하여 기도해야 합니다. 은평교회 성도들에게 언제나 평안이 가득한 축복이 있기를 바랍니다.

② 다윗은 전쟁터를 누빈 사람입니다.

그러나 그 중에서도 여호와를 목자로 삼고(시 23:4), 평안하게 되었습니다. (계 16:16)아마겟돈 전쟁의 소용돌이가 치는 때에 메시야를 기다리며 기도했던 다윗의 복이 은평교회 성도들에게 임하시기를 예수님의 이름으로 축원합니다.

▶ 결론 : 다윗이 받은 복을 생각합니다.

[예수님]

나를 도와 줄 사람

(요 5:1-9)

이 세상에서 누구든지 혼자 살아갈 사람은 하나도 없습니다. 누군가 옆에 있어야 합니다. 로빈슨 크루소가 난파를 당해서 무인도에서 혼자 살아가게 되는데 제일 무서운 적은 맹수나 식인종이 아니라 혼자 있는 외로움이요, 누구도 도움이 없다는 것이었습니다. 생활고로 자살을 하려고 한강 다리를 올라갔는데 다가온 경찰관의 설득과 도움으로 다시 생을 찾은 사람의 뉴스도 있었습니다.

시편 기자는 나를 도와줄 분은 오직 하나님 이시라고 고백했습니다(시 121:1-, 118:5-). 본문에서 베데스다 연못가에 행각 다섯이 있고 많은 병자들이 모였지만 유독 38년 된 병자가 예수님의 눈에 띄게 되었습니다. 예수님은 질문하셨습니다. "네가 낫고자 하느냐?"(he asked him, "Do you want to get well?"). 이때에 그는 대답했습니다. "물이 동할 때에 나를 먼저 넣어 줄 사람이 없습니다." 한마디로 도와줄 사람이 없어서 38년간 이렇게 병석에 누워 있다는 대답이었습니다. 예수님은 그에게 본질적 문제를 치유해 주셨고, 38년간 고통에 누워있던 자리를 들고 일어나 걸어가게 하셨습니다.

홍수 속에 목마름과 같이 사람이 주위에 많이 있었지만 나를 긍정적으로 도와줄 사람이 있었던가요? 본문을 통해서 은혜의 시간이 되시기 바랍니다.

1. 베데스다 연못가에는 모두 병자들만 모였기 때문에 건강한 사람이 없었습니다.

누구 하나 건강한 사람이 있어야 도와줄 텐데 모두 병자들만 있는 곳이었습니다. 전설에 의하면 물이 동하는 간헐천 이므로 물이 요동 칠 때에 먼저 내려가서 물에 잠그는 자는 낫는다고 했기 때문에 누군가는 도와주어야 할 상황입니다.

1) 베데스다 연못가에는 행각 다섯이 있었습니다.

베데스다(Bethesda)라는 뜻은 흔히들 '자비의 집'이라 하는데, 이 못은 1888년 고고학자 헤르 쉬크(Herr Shick)가 발견한 이후 지금은 기념교회가 세워져 있습니다.

① 자비의 집이라는 뜻과 같이 자비를 기다리는 사람들이 모이는 곳입니다.

베데스다 연못이 하나님의 교회를 말한다면, 하나님의 교회는 자비의 집이기 때문에 자비를 받아야 할 사람들이 모이는 곳입니다. 그래서 예수님 곁에는 언제나 세리와 죄인들이 찾아 왔습니다(눅 15:1; 막 2:17). 병든 자에게 의원이 쓸 데 있는 것과 같습니다(I have not come to call the righteous, but sinners). 바울 자신도 죄인의 괴수라고 고백했습니다(딤전 1:15).

② 따라서 죄인 된 우리는 하나님의 자비하심이 없이는 살 수 없기 때문에 행각에 모이듯이 교회에 모였습니다.

물이 동하듯이 하나님 말씀의 물이 내게 동하게 될 때에 치유의 역사가 나타나기 때문입니다. 하나님의 말씀은 지금도 역사합니다(엡 5:26; 히 4:12). 하나님의 말씀이 동하게 될 때에 역사가 나타나는 곳이 하나님의 교회이지만, 언제 동할지 모르기 때문에 시간마다 계속 모여서 말씀을 들어야 합니다. 천사는 하나님의 심부름꾼으로서(히 1:14) 말씀을 전하는 주의 종과 비교됩니다.

2) 어떤 병에 걸렸든지 낫게 된다고 믿었습니다.

세상에는 의인이 하나도 없습니다(롬 3:10, 23). 본문에서 네 가지 질병 있는 자들이 대표로 기록되었습니다.

① 시각장애인입니다.

성경에는 맹인이라고 기록되었습니다. 사물을 볼 수 없는 사람들인데,

우리 중에도 영적인 시각장애인이 있습니다. 나면서부터 그렇게 되었고 (요 9:1), 영적인 눈이 닫혀 있는 게하시와 같은 존재입니다(왕하 6:15).
② 다리를 저는 장애자가 있었습니다.
고혈압, 중풍으로 인한 절뚝발이 환자들이 있었습니다. 우리는 육적으로는 건강해도 영적인 절뚝발이입니다. 한 발은 신앙의 발이요, 다른 발은 세상에 있다면 빨리 치유 받아야 합니다.
③ 혈기 마른 자입니다.
혈기 마른 자는 혈액이 굳어지거나 마르는 병입니다. 영적으로 매사에 부정적이거나 무능력한 상태인데 빨리 치유 받아야 할 병입니다.
④ 38년 된 병자입니다.
오랫동안 계속 누워만 있었고 누구 하나 도와 줄 사람 없는 환자였습니다. 누군가에게 도움을 받아야 할 사람인데 다행히도 예수님을 만나서 본질적으로 죄 문제까지 해결 받게 되었습니다.

2. 베데스다 연못가에는 도움 받을 사람은 많았는데 도와 줄 사람은 없었습니다.

모두가 병자였기 때문입니다.

1) 베데스다 연못가에는 도움을 받을 사람들만 가득했습니다.
지금도 병원마다 환자들이 넘치는 현상들을 봅니다.
① 세상에는 자력(自力)으로 할 수 없고 타인의 도움을 받아야 하는 일이 많습니다.
육신적인 일에도 그러 하겠지만 영적인 일에는 더욱 그러합니다. 그런데 예수님은 수고하고 무거운 짐 진 인생들을 부르고 계십니다(마 11:28).
② 세상에는 누구도 내 문제를 긍정적으로 해결해 줄 사람이 없다는 뜻입니다.
지금은 고인 되었지만 어느 장로님이 은행장일 때에는 찾아오는 사람들

이 많았지만, 퇴직하고 어려움이 있을 때에는 아는 사람들을 찾아 갔지만 만나지 못하고 외면당했다고 합니다. 이것이 우리가 사는 세상의 모습입니다.

2) 세상에서 내가 의지할 분은 오직 예수님 밖에 없습니다.
  자기 자신도 믿을 수 없습니다.
  ① 구약시대에도 유대인들에게 하나님은 약속하셨습니다.
  이것 역시 우리에게 한결같이 약속하신 말씀입니다. (사 41:10)함께 하시겠다고 약속해 주셨습니다. (사 7:14)임마누엘, 늘 함께하시는 하나님이십니다. (마 28:20)세상 끝 날까지 함께 하십니다.
  ② 왜 그렇습니까? 하나님의 자녀이기 때문입니다.
  (사 43:1)"야곱아 너를 창조하신 여호와께서 지금 말씀하시느니라 이스라엘아 너를 지으신 이가 말씀하시느니라 너는 두려워하지 말라 내가 너를 구속하였고 내가 너를 지명하여 불렀나니 너는 내 것이라(you are mine)." 물과 불 가운데 지날 때에도 함께하시겠다고 하셨습니다.

3. 예수님이 찾아와 주셨습니다.
  많은 병자들이 있는 틈에서 38년간 누워서 아무 소망 없이 지내던 이 환자에게 예수님께서 찾아와 주셨습니다. 죽는 것 밖에 다른 소망이 없는 사람이었습니다.

1) 38년 된 환자를 구원할 사람은 세상에는 없었습니다.
  소망이 없는 것은 곧 고통이요 죽음입니다. 그런데 하나님은 소망의 하나님이 되십니다(롬 15:13).
  ① 이럴 줄 알았다면 그때에 죄 짓지 말 것을 하면서 후회했던 사람이었습니다.
  이 사람이 이렇게 된 것은 죄 때문이었습니다. (요 5:14-)"더 심한 것이 생기지 않게 다시는 죄를 범하지 말라" 하셨음을 읽게 됩니다.

② 죄의 값은 무서운 것입니다.

　나면서 맹인(시각장애인)이 된 사람(요 9:1-)의 이야기와는 전혀 다른 사람이었습니다. 아담 안에서 모두가 죄인이기 때문이라고 말하는 보편적 죄의 개념이 아니라 특별한 죄를 지은 결과였습니다. 그러나 예수님 안에서는 모든 죄가 해결되고 사함 받게 되고 살게 됩니다(롬 4:25; 엡 2:1; 히 9:22).

2) 예수님이 찾아와 주셨습니다.
　내 곁에서 나를 긍정적으로 구원해 주실 분은 오직 예수님 밖에 없습니다.
　① 예수님이 찾아와 주셨습니다.
　(롬 5:8)내가 죄인 되었을 때입니다. (요 4:19-)그가 먼저 우리를 사랑해 주셨습니다. 이것이 하나님의 사랑입니다.
　② 이 환자는 38년 만에 병에서 해방되었습니다.
　예수님을 만나면 해결됩니다. 진리가 자유하게 하십니다(요 8:31). 38년간 깔고 있던 자리를 걷어서 어깨에 메고 걸어가게 되었습니다. '자유'(free)입니다. 은평교회 모든 성도들이 이러한 축복 받고 자유를 체험하게 되시기를 예수님 이름으로 축원합니다.

▶ 결론 : 예수님은 나를 도와주실 분입니다.

[예수님]

예수님 안에서 날마다 새롭게 살아야 합니다
(고후 4:16-18)

　지금 세상은 변화무쌍한 세상이라고 하는데, 하루가 다르게 계속 변하기 때문입니다. 날마다 변화하는 세상에 적응하지 못하면 낙오하게 되거나 낙심한 채로 남게 되기 때문에 성공할 수 없습니다. 변화된 세상을 따라서 계속해서 쉴 새 없이 살다보니 세월의 거울 앞에 비친 얼굴은 주름살이 가득하고 머리에는 하얀 백발만 보이기 때문에 낙심하는 사람들이 많이 있습니다. 그래서 세상을 '헛되도다'라고 외쳤습니다. (전 1:2)"헛되고 헛되며 헛되고 헛되니 모든 것이 헛되도다"("Meaningless! Meaningless!" says the Teacher. "Utterly meaningless! Everything is meaningless.") 했습니다. 그래서 청년의 때, 젊음의 때에도 하나님 말씀 안에서 바르게 살아야 합니다(전 11:9).

　이 지구촌 역시 지구가 가지고 있는 모든 에너지가 고갈되고 사람이 살 수 없는 곳으로 변할 때가 다가온다는 것입니다. 본문에서 사도 바울은 인생이 변하는 세상과 환경이지만 늙고 쇠퇴하는 가운데 낙심할 것이 아니라 하나님의 은혜 속에서 또 다른 세계를 바라보면서 새롭게 희망을 가질 것을 강조하였는바, 여기에서 은혜를 나누게 됩니다.

1. 하나님이 없는 인생은 가면 갈수록 절망적인 세상이 될 것입니다.
　지금은 살아있지만 미래를 보면서 생각해 보아야 합니다.

1) 절망적이고 실망적인 이유가 분명합니다.
　이것이 하나님 없는 인생의 불신앙자의 이야기입니다.

① 이기주의 세상으로 변하기 때문입니다.

세상의 모든 것이 고갈되어가면서 점점 이기주의화되고 점점 자기 밖에 모르는 인생을 쌓게 됩니다. 사랑, 나눔, 긍휼, 자비 등 남을 배려하는 마음이나 행동이 없게 됩니다. 개인주의뿐 아니라 집단이기주의로 황폐해지는 세상이 되었습니다. 성경은 분명히 이기주의가 아니라 이타주의요, 남을 배려하는 것으로 충만해야 할 것을 권면합니다(엡 4:1-31).

② 성도는 현재뿐 아니고 미래를 생각하며 살아야 합니다.

영원성을 생각해야 합니다. 그래서 과거에 묶여서도 안 되고 현재에만 안주해도 안 되며 미래의 밝은 내일을 생각해야 합니다. 유대인들은 2차 세계대전 때에 히틀러의 학살사건을 이야기할 때에 "우리는 그들을 용서한다. 그러나 잊지는 않는다."고 했습니다. 하나님 말씀이 우리 가는 길에 빛이 되게 해야 합니다(시 119:105).

2) 잠시 눈에 보이는 가시적인 일보다도 영원한 영혼 문제에 힘써야 합니다.

무엇을 위해서 심었느냐에 따라서 거두는 것이 달라지기 때문입니다(갈 6:8).

① 육체적 삶을 심는 자는 반드시 멸망하는 시간이 옵니다.

육체적 쾌락을 위해서 힘쓰고 심는 자들은 영혼이 망하게 됩니다. 유물주의 공산주의가 망하는 이유 중의 하나일 것입니다. 그것은 하나님이 없는 무신론적 인생관이기 때문입니다. 무신론적 삶을 살면 곤란합니다.

② 믿음의 사람은 겉과 속이 하나님 중심적인 사람이 됩니다.

겉사람도 믿음이요 속사람도 믿음입니다. 여기에는 매사에 잘됨이 따라서 오게 됩니다. 범사에 잘되기 때문입니다(요삼 1-4). 따라서 언제나 미래의 소망을 주시는 하나님 중심적인 삶이 중요합니다.

2. 믿음의 성도는 어떤 경우에도 낙심하지 말아야 합니다.

사람이 살다보면 올라갈 때도 있고 내려갈 때도 있는데, 어떤 때에도 낙심치 말아야 합니다. 기독교인은 현실적 문제 앞에서 낙심하지 않게 됩니다.

1) 낙심하지 않는 이유가 있습니다.
  문제 앞에서도 낙심하거나 실망하지 않습니다.
  ① 모든 것이 협력하여 선을 이루어 주시기 때문입니다.
  초대교회 성도들은 의식주 문제뿐 아니라 핍박자들 앞에서도 죽음에 초연한 자세로 살았습니다. 하나님께서 결국 선을 이루게 하시는데 주후 313년 드디어 로마까지도 기독교를 공인하게 되는 역사를 보게 됩니다.
  ② 우리의 육신도 같은 원리를 띠게 됩니다.
  현재 육체가 미래의 육체라고 착각하면 곤란합니다. 꽃다운 청춘이 계속 이어간다고 착각하면 곤란합니다. 허리가 굽어지고 머리가 파뿌리처럼 될 때가 온다는 사실을 기억해야 합니다. 그럼에도 믿음의 성도는 낙심치 말아야 합니다. 다윗과 같은 성군도 늙었을 때에 이불을 덮어도 따뜻하지 않은 시간들이 있었지만 낙심하지 아니했습니다(왕상 1:1; 시 71:9, 18). 이 세상 역사속에 속한 인생이기 때문입니다.

2) 이 모든 인생들이 가는 여정에 불과한 것입니다.
  나그네의 여정에서 벗어난 사람은 없습니다.
  ① 늙었지만 낡아지지 않았던 사람들이 있습니다.
  그리고 끝까지 사명적으로 살았습니다. (왕하 2:1-)다윗의 생애, (왕하 2:9-)엘리야의 생애, (왕하 13:16-)엘리사의 생애, (눅 2:36)안나 할머니의 생애에서도 보게 되는 교훈입니다.
  ② 믿음의 사람들은 언제나 믿음의 눈으로 보아야 합니다.
  바울의 마지막 고백은 아름답습니다. (딤후 4:5-7)아들과 같은 디모데에게 한 마지막 유언적인 고백은 최고로 아름다운 모습을 남겼습니다. 마지막 의의 면류관을 바라보면서 기다리는 모습입니다.

3. 현재의 일과 미래의 천국의 복은 비교할 수 없는 차이가 납니다.
세상 그 무엇과 천국의 것은 비교할 수 없는 것입니다.

1) 현재의 고난이 아무리 크다 해도 천국의 상급과는 비교할 수 없습니다.
 순교자들의 상은 더 말할 것도 없이 클 것입니다.
 ① 현재의 고난은 천국의 상과 비교해서 생각해야 합니다.
 거기에서 힘이 생기게 되기 때문입니다. (롬 8:18)"장차 우리에게 나타날 영광과 비교할 수 없도다" 했습니다.
 ② 세상의 것은 낡아지는 유한된 것이지만 천국의 것은 낡아지지 않는 영원한 것입니다.
 예수님께서 그를 믿는 모든 백성들을 위해서 준비해 주신 것이고, 오직 예수님 이름으로만 가는 곳입니다(요 14:1-6). 예수님의 이름으로 우리가 날마다 새롭게 살아야 하는 이유가 여기에 있습니다.

2) 물질적이고 물리적인 면에서 판단하거나 생각하지 말아야 합니다.
 보이는 것은 낡아집니다.
 ① 낡아지지 않고 늙지 않는 곳은 천국입니다.
 우리가 영원히 누리게 되는 천국의 모습니다. 그곳은 전혀 질병이 없는 안전한 곳입니다. 우리가 희망하고 날마다 바라보는 곳입니다(계 7:15-17).
 ② 영원히 천국이 내 것이기 때문에 실망하거나 낙심하지 아니합니다.
 바울은 지금 말씀을 통해서 그곳을 소개하면서 강조하며 전하고 있습니다. 우리 모두 날마다 그곳을 바라보면서 잠시 동안의 현실을 잘 극복해 나가는 성도들 되시기를 예수님의 이름으로 축원합니다.

▶ 결론 : 우리는 영원한 천국을 바라봅니다.

[예수님]

눈물을 흘리신 예수 그리스도
(요 11:33-39)

사람의 인체 활동 가운데 눈물은 매우 다각적인 의미가 있기 때문에 귀한 현상입니다. 다른 동물들도 눈물이 있어서 오래 키우던 소를 장에 내다 팔려고 할 때에 눈물을 흘리고, 개들도 눈물을 흘린다고 합니다. 사람은 자기 감정에 따라서 때때로 눈물을 흘리는데 슬픔과 즐거움 앞에서 흘리게 됩니다. 구약 성경에 등장하는 인물 가운데 삼손을 넘어지게 한 것도 들릴라의 눈물이었고(삿 16:15), 히스기야 왕의 눈물의 기도가 죽을 병에서 낫게 하였듯이, 눈물은 희비가 엇갈리게 하는 작용도 있습니다. (왕하 20:5)"내가 네 기도를 들었고 네 눈물을 보았노라"(I have heard your prayer and seen your tears) 하시면서 히스기야의 죽을 병을 치료해 주신 사건을 보게 됩니다. 그래서 눈물의 관한 성경기사는 많은 시대, 많은 사람들에 의해서 기록되어 있습니다(욥 16:20; 시 6:6, 39:12, 42:3, 56:8, 80:5, 102:9, 116:8, 126:6-; 렘 14:17; 렘애 1:2; 말 2:13). 마리아는 예수님께 눈물로 헌신했습니다(눅 7:38, 44). 바울은 눈물로 복음을 전하였고 호소했습니다(빌 3:18). 성도의 눈물을 닦아주실 때가 있다고 했습니다(계 7:17, 21:4).

본문에서 예수님이 나사로의 무덤 앞에서 흘리신 눈물을 보게 됩니다. 예수님은 육체로 계실 때에 육신적 모습을 보여 주셨는데, (마 8:24)주무시는 장면과 (요 21:13)잡수시는 장면과 (요 19:34)피를 흘리시는 장면 등입니다. 예수님은 우시기도 많이 하셨는데(눅 19:41; 히 5:7), 예수님의 눈물을 통해서 은혜를 받게 됩니다.

1. 평상시에 친했던 친구를 위한 눈물이었습니다.
친구가 죽은 무덤 앞에서 우셨습니다.

1) 예수님과 나사로의 사이는 특별한 관계였습니다.
 나사로와의 사이를 성경에서 보게 됩니다.
 ① 베다니에 사는 나사로였는데, 예수님과 특별한 사이였습니다.
 (3절)"사랑하시는 자가 병들었나이다"(the one you love is sick) 하였으니, 나사로는 예수님이 사랑하는 자였습니다. 사랑하는 자요, 친구였던 나사로였음을 여러 군데에서 밝히고 있습니다(요 11:5, 11, 36). 예수님은 전도 길에 피곤하실 때에는 나사로의 집에서 쉬기도 하셨습니다(눅 10:38).
 ② 이 친구를 위하여 우셨습니다.
 예수님의 친구 나사로가 죽었듯이 인간적인 친구와 사랑하는 관계 속에 있는 사람들이 영적으로 죽어서 무덤과 같은 지옥행으로 가고 있다면, 예수님은 슬퍼하실 것입니다. 따라서 우리는 사랑하는 자들의 영이 예수님을 떠나서 지옥으로 가는 현실을 슬퍼하며 눈물로 기도해야 할 것입니다. (요일 5:11-13)오직 예수님 안에서만 영적 생명이 있습니다.

2) 예수님은 우리의 친구가 되신다고 하셨습니다.
 그냥 친구가 아니라 생명까지도 내주시는 친구입니다.
 ① 참 친구이시기 때문에 어떤 희생도 하시는 주님입니다.
 참 친구는 이런 친구입니다. 어려움을 당할 때에 나 몰라라 하는 것은 참 친구가 아닙니다. 예수님은 우리를 구원하시되 십자가에서 죽으시기까지 하셨고 부활하시어 우리의 참 구세주가 되신 참 친구이십니다. 지금도 기도하고 계신 분입니다(롬 8:34).
 ② 예수님은 우리의 참 친구로서 웃고만 계신 것이 아니라 십자가의 희생까지 하셨습니다.
 예수님은 우리의 참 친구가 되신다고 예수님이 친히 말씀하시고 약속해 주셨습니다(눅 12:4; 요 15:13-14). 예수님은 나사로의 무덤에서뿐 아니

라 지금도 나를 위해 기도하시며 내가 무덤과 같은 곳에 있을 때에 지금도 슬퍼하시는 참 친구 되심을 잊지 말아야 하겠습니다.

2. 친구 나사로가 죽었고 벌써 무덤에서 냄새 나는 것을 보시고 우셨습니다.

제 아무리 용사요 천하장사라도 죽는 순간부터 육체는 썩어가기 시작합니다.

1) 그래서 우리가 믿는 하나님은 산 자의 하나님이 되십니다.
 (마 22:32)"하나님은 죽은 자의 하나님이 아니요 살아 있는 자의 하나님이시니라" 했습니다.
 ① 영혼이 떠나면 죽는 것과 같이 생명의 주님을 떠나면 죽은 사람입니다. 그래서 온갖 냄새가 나게 됩니다. (롬 3:10-)의인은 없나니 하나도 없기 때문에 영적으로 죽은 인간에게서 냄새나는 현상이 나타나게 됩니다. (마 15:11)입으로 들어가는 것이 더러운 것이 아니라 입으로부터 나오는 그것이 더럽다고 하신 교훈도 이 때문입니다.
 ② 예수님의 생명이 내 안에 있어 더럽게 죽은 자가 되지 말고 살아 있는 생명이 되어야 합니다.
 (요 6:63)"살리는 것은 영이니 육은 무익하니라" 했습니다. 예수님이 내 안에 계실 때에 내가 살아있는 영적 존재가 됩니다.

2) 교회에 나와서 앉아 있으면서도 예수님 생명이 내 안에 있지 아니하면 불행하게도 죽은 존재입니다.
 영적으로 죽은 자가 아니라 예수님 안에서 살아있는 자가 되어야 합니다.
 ① 영적으로 죽은 자는 하나님 말씀에 대해서 귀가 닫혀 있습니다.
 육적 귀는 밝아서 세상의 소리를 모두 듣는데 영적인 귀는 닫혀서 하나님 말씀을 듣지 못합니다. (계 3:6)"귀 있는 자는 성령이 교회들에게 하시

는 말씀을 들을지어다" 했습니다.
 ② 영의 입이 열리지 않고 닫혀있습니다.
 이것이 죽은 자의 특징입니다. 죽은 자는 기도가 없습니다. 찬송이 없습니다. 전도하는 것도 없고, 세상에 표현도 할 수 없습니다. 죽은 자는 말이 없기 때문입니다. 이렇게 되면 곤란합니다. 그래서 고린도교회에 대해서도 입이 열리고 마음이 열릴 것을 권면했습니다(고후 6:11).
 ③ 영의 눈이 감겨 있는 사람은 죽은 사람입니다.
 죽었다고 할 때에 '눈을 감았다'고 말합니다. 우리는 영적으로 눈이 감겨 있는 것이 아니라 살아서 눈이 떠 있는 성도들이 되어야 합니다. 맹인이 눈을 뜨듯이 떠야 하겠습니다(막 10:51; 요 9:41). 영적인 마음의 눈이 떠야 하겠습니다(엡 1:17; 행 26:18). 영적으로 살아있는 자가 되어야 가능한 일입니다.

3. 친구 나사로가 죽어서 묶인 채 매장된 것을 보시고 우셨습니다.
 장례식에서 입관(염)할 때에 모두 묶게 됩니다. 예수님이 친구 나사로를 보시고 우신 것입니다.

1) 매인 것을 보셨습니다.
 (44절)"죽은 자가 수족을 베로 동인 채로 나오는데 그 얼굴은 수건에 싸였더라" 했습니다.
 ① 죽게 되면 묶어서 관에 넣게 됩니다.
 예수님은 "풀어 놓아 다니게 하라" 하셨습니다. (눅 13:16)18년간 귀신에게 매여 있는 자를 풀어 자유케 하셨습니다.
 ② 예수님은 매인 자를 풀어 자유케 하십니다.
 죄와 사망의 줄로 묶인 우리를 살리시고 자유케 하셨습니다. (엡 2:1)죄와 허물로 죽었던 우리를 살리시고 자유케 하신 것입니다.

2) 예수님을 만나면 매인 것들이 풀어지게 됩니다.

이를 위해서 예수님이 이 세상에 오신 것입니다.

① 예수님이 하실 일에 대해서 성경에서 예언되었는데 그대로 되었습니다.
구약의 예언 성취들입니다. (사 61:1→눅 4:17)예수님은 풀어 자유케 하시기 위해서 오신 우리의 영원한 친구가 되십니다.

② 예수님 만나면 다시 살게 됩니다.
예수님은 살리시기 위해서 이 세상에 오신 것입니다. 따라서 이제부터 우리 모두는 예수님 안에서 언제나 살아있는 심령들이 되시기를 예수님의 이름으로 축원합니다.

▶ 결론 : 예수님은 지금도 눈물로 우리 위해 기도하십니다.

[예수님]
예수님의 탄생을 어디서 찾으시나요
(마 2:1-12)

    2016년을 보내면서 다시 한 번 성탄절을 즈음하여 우리 신앙의 본질적 생활을 뒤돌아보고 생각해 보기를 원합니다. 역사적으로는 과거에도 수많은 역경과 일들이 많았지만 그때마다 신앙으로 이기며 세계 속에 대한민국을 여기까지 오게 했습니다. 거기에는 교회가 역할을 한 것도 사실이고 그렇게 인정하는 것도 틀림없습니다. 그러나 산업발전의 뒤에서 보면 신앙적으로는 성경적 신앙과는 거리가 멀어져간 현실을 부인할 수 없습니다.
  성탄절에 우리는 예수님 당시에 바리새인들을 향하여 '화 있을진저'라고 책망하시는 주님의 말씀이 우리에게 해당되지 않도록 바로 서야 할 때라고 생각합니다(마 23장). 이제는 초림으로 오신 예수님이 아니라, 두 번째 재림하실 예수님을 맞이해야 할 때이기도 합니다. 세계 도처에서 일어나는 일들은 예수님의 재림의 징조로 보여지는데 "이런 일이 되기를 시작하거든 일어나 머리를 들라 너희 속량이 가까웠느니라 하시더라"(눅 21:28)고 했습니다.
  본문은 예수님이 탄생하셨을 때에 그 유명한 동방박사들이 멀리 페르시아에서 유대 예루살렘까지 별을 따라서 왔던 내용의 이야기입니다. 그들이 별을 따라 오다가 별은 안중에도 없고 지레짐작으로 헤롯 왕궁으로 찾아간 것이 화근이 되었습니다. 끝까지 별만 따라 갔었다면 그 큰 환란이나 베들레헴의 두 살 아래 아이들이 죽는 참극도 일어나지 않았을 것입니다.
  현대에 와서도 많은 사람들이 아직도 예수님을 왕궁에 계신 줄로 착각하고 살아가는데, 예수님은 왕궁에 계시지 아니했습니다. 본문에서 은혜와 깨닫는 시간이 되어야 하겠습니다.

1. 별을 따라가듯이 성경 말씀을 믿고 따라가야 합니다.

이것이 우리의 신앙이 되어야 합니다. 그렇지 아니하면 종말 때에 그릇된 신앙이 개혁자들에 의해서 개혁되었듯이 다시 개혁되어야만 하는 세상이 될 것이기 때문입니다.

1) 성경 말씀에서 멀어지면 바른 신앙이 될 수 없습니다.
 그래서 우리 신앙은 언제나 성경 말씀이 중심이 되어야 합니다.
 ① 성경에 귀를 기울여야 합니다.
 어떤 상식이나 유명인의 이야기도 아니며 시대의 흐름도 아닙니다. 하나님 말씀은 그 자체가 능력이 있습니다(히 4:2; 시 119:105; 마 4:4). 성경은 우리 인생의 모든 것이 기록되어 있습니다.
 ② 인생들의 모든 문제의 해답이 성경속에 있습니다.
 동방박사들은 별을 따라 오게 되었는데, 유대인들이 바벨론에 70년 동안 포로 생활 할 때에 별들의 이야기가 그들의 입에서 퍼지게 되었고, 큰 별이 나타나면 유대 땅에 큰 왕이 나타나게 될 것이라는 이야기가 회자되고 있었습니다. 이는 일찍이 성경에 예언된 말씀이었고(민 24:17; 사 60:3), 이를 기억했던 박사들이 별을 연구하다가 이상한 별이 나타나게 됨을 보고 별을 따라 왕께 경배하기 위해서 오게 된 것이었습니다. 별을 따라 가듯이 우리는 성경속에 모든 해답이 있음을 알고 말씀을 따라가는 신앙인들이 되어야 하겠습니다.

2) 말씀을 벗어나면 다른 길로 빠지게 됩니다.
 별을 따라가지 아니하고 다른 길로 가게 된 동방박사들에게서 얻게 되는 큰 교훈입니다. 만왕의 왕인 메시야를 만나기 위해서 예물까지 준비해 왔습니다.
 ① 다른 길로 가게 되면 예수님을 만날 수 없습니다.

다른 길은 예수님이 인도하실 수 없기 때문입니다. 예수님은 우리를 구원하시려고 오셨습니다. 예수님 외의 길은 절대 구원이 없습니다(요 14:6; 행 4:12). 이것이 말씀 안에서 예수님을 만나야 하는 이유입니다.
② 성경적 신앙을 가져야 합니다.
성경 말씀 안에서 예수님을 만나고 영생을 얻어야 합니다. 세상 어디에도 구원의 복음은 없습니다. 그런데 사람들은 예수님께서 지적해주신 것과 같이(요 6:26), 떡을 먹고 배부르기 위해서 예수님을 찾고 있습니다. 성탄절을 즈음해서 우리의 신앙을 성경적으로 회복하고 다시 찾아야 합니다. 우리의 신앙이 회복되기를 원합니다.

2. 동방박사들이 별을 놓치게 된 원인을 알아야 합니다.
끝까지 별만 따라갔으면 문제가 생기지 않았을 것입니다.

1) 왕이기 때문에 왕궁에서 태어났을 것이라는 관념이 있었습니다.
이것은 인간적이요 현실적인 생각입니다. 예수님은 왕궁에 태어나시지 아니했습니다.
① 마구간에 태어나셨습니다.
짐승이 먹고 자고 배설하는 더럽고 냄새나는 곳에서 태어나셨습니다. (마 20:28)예수님은 섬김을 받으려 오신 것이 아닙니다. 섬기려고 오셨습니다. (마 11:6-)예수님은 질문하셨습니다. "너희가 무엇을 보려고 광야에 나갔더냐" 하셨습니다. 왕궁이라도 예수님이 계시지 아니하시면 의미가 없습니다. (눅 2:44)동행중에 있는 줄 생각했던 요셉과 마리아와 같이 지금 우리도 내 안에 예수님이 계신지 확인해야 합니다.
② 예수님은 가난하게 오셨습니다.
하나님의 아들로서 이 세상에 가난하게 오셨습니다. 그렇다고 예수 믿는 사람들 모두가 가난해야 한다는 뜻이 아닙니다. 오히려 예수님 때문에 부유하게 됩니다(고후 8:9). 이를 위해서 예수님이 언약으로 오실 것을 성경은 예언했습니다(사 53:1-).

2) 동방박사들의 실수는 왕궁에 찾아간 것입니다.
 예수님은 화려하게 왕궁에 태어나지 아니했습니다.
 ① 예수님은 왕궁 생활을 하시지 않았습니다.
 (눅 15:1-)예수님은 비웃고 비아냥거리는 바리새인들을 위해 오신 것이 아니라, 천대받는 세리들과 죄인들의 친구로 오셨습니다. 그러면서 세 가지 비유 중에 예수님은 한 마리의 양을 찾으시는 비유로 말씀하셨습니다. 이제 우리는 성경으로 돌아가서 신앙의 모습을 바르게 찾아야 합니다.
 ② 아직도 한국교회는 예수님을 왕궁에서 찾아보려고 하는 추세입니다.
 아닙니다. 왕궁에 계신 것이 아닙니다. 이것이 다시 한 번 이번 성탄절에 기억해야 할 부분입니다. 교회는 규모가 크던지 작던지 왕궁이 아니라 마구간이 되어야 합니다.

3. 예수님은 유대 베들레헴에서 태어나셨습니다.
 지금의 베들레헴은 성지순례자들로 북적대는 거대한 도시가 되었지만 당시에 베들레헴은 작은 시골마을에 불과했던 곳입니다.

1) 예수님이 태어나신 곳은 거대한 도시가 아니었습니다.
 보잘 곳 없고 빈약한 작은 시골마을입니다.
 ① 성경에 예언될 정도로 작은 마을이었습니다.
 (미 5:2)미가 선지자는 예언했습니다. "베들레헴 에브라다야 너는 유다 족속 중에 작을지라도 이스라엘을 다스릴 자가 네게서 내게로 나올 것이라 그의 근본은 상고에, 영원에 있느니라" 했습니다. 작은 마을에 예수님이 오셨습니다.
 ② 오늘날 우리의 신앙개념은 예수님을 왕궁에서 찾으려고 합니다.
 예수님이 탄생하신 성탄절을 즈음해서 우리가 다시 생각하고 바른 의미를 회복해야 합니다. 예수님은 천국을 버리시고 이 땅에 오신 것을 생각해야 합니다.

2) 더 늦기 전에 베들레헴을 향해서 비추는 별을 따라가야 합니다.

한바탕 소동이 일어난 후에야 벌어진 사건입니다. 작금의 한국교회는 다시 정신을 가다듬어야 할 때입니다.

① 다행하게도 그 별은 계속 동방박사들을 인도해 주었습니다.

별을 따라가서 아기 예수께 경배하고 황금과 유향과 몰약을 예물로 드리게 되었습니다. 우리 은평교회는 다시 예수 안에서 믿음 소망 사랑을 회복하고 신앙생활을 해야 합니다(고전 13:13).

② 이젠 예수님을 왕궁에서 찾을 때가 아닙니다.

약한 자를 돌보고 병든 자들을 돌보며 본연의 자리에 서야 합니다. 산업혁명과 함께 경제적 규모에 따라서 성장지향으로 나아왔지만, 이제는 교회가 얼마나 크냐 물질이 얼마나 있느냐에 따라서 교회의 성패가 달라지는 것이 아니라는 사실을 깨달아야 합니다. 작은 시골교회나 섬에서 목회하면서 평생을 헌신하는 목회자나, 선교사로서 해외에서 언제 쫓겨날지도 모르는 곳에서 선교하시는 분들의 수고를 우리는 기억해야 합니다. 2016년 성탄절은 은평교회 성도들에게 베들레헴에서 예수님께 경배하는 축복의 시간들이 되시기를 예수님의 이름으로 축원합니다.

▶ 결론 : 베들레헴으로 가야 합니다.

[예수님]
십자가 선상의 하나님의 어린 양
(요 1:29-36)

　세상에 어떤 큰일이나 사건이 있을 때에는 반드시 거기에 따르는 대가와 희생이 따르게 됩니다. 이것은 지금까지의 역사에서 보게 된 결론이기도 합니다. 민주주의와 자유라는 이름이 현대사회에 공식화 된 것도 그냥 된 것이 아니라 수많은 곳에서 수많은 시간동안 수많은 사람들에게 불어 왔던 희생의 대가를 치르게 된 결과라는 사실은 잘 알려진 사실입니다. 세상의 가치 있는 일들에는 같은 원리가 따르게 됩니다.
　예수님은 말씀하셨습니다. (요 12:24)"내가 진실로 진실로 너희에게 이르노니 한 알의 밀이 땅에 떨어져 죽지 아니하면 한 알 그대로 있고 죽으면 많은 열매를 맺느니라"(I tell you the truth, unless a kernel of wheat falls to the ground and dies, it remains only a single seed. But if it dies, it produces many seeds.) 했습니다. 그래서 낙심하지 말아야 합니다(갈 6:9; 시 126:1-6). 고난주간에 다시 한 번 새겨야 할 영적 원리요 복음의 말씀입니다. (요 16:33)환난에서 담대할 것은 예수님이 이 세상을 이기셨기 때문입니다. 그리고 십자가로 세상을 이기셨습니다(골 2:15). 이 고난주간에 다시 예수님의 십자가 사건을 마음에 담게 됩니다.
　사도 요한은 본문에서 예수님을 이렇게 기록했습니다. "세상 죄를 지고 가는 하나님의 어린 양이로다"(29절). 그 결과로 우리가 속죄함을 받게 되었고 구원 받아 하나님의 자녀가 되었는데, 그 수를 헤아릴 수 없습니다(계 7:9). 여기에서 우리는 다시 한 번 은혜의 시간이 되기를 원합니다.

1. 예수님은 죄를 속하시기 위하여 희생 양으로 오셨습니다.

예수님이 이 세상에 오신 사건은 그 목적이 우리 죄를 없이하시고 구원하시기 위해서였습니다.

1) 대신 속죄하시기 위해 오셨기 때문에 '대속'이라고 말하게 됩니다.
 나의 죄 문제 때문입니다.
 ① 양(羊)으로 오셨습니다.
 양(羊)은 제물입니다. 구약에서 범죄했을 때에 양이나 소, 염소, 비둘기들이 속죄제물이 되었습니다(레 1-10장). 예수님은 허물이 없으신 분으로서 우리 죄를 속하시기 위해 오셨습니다. 죄가 없으신 분이시고(히 4:15, yet was without sin), 피 흘리시고 죽으신 것은 피가 죄를 속하기 때문입니다(히 9:22). 그리고 다 이루셨습니다(요 19:30).
 ② 부끄러움이 보이지 않게 해주셨습니다.
 예수님의 의가 내게 입혀져 있기 때문입니다. (창 3:1-)범죄하고 부끄러워서 동산 나무 밑에 숨어 있던 아담과 하와에게 가죽옷을 지어 입히셨습니다(창 3:21). 그런데 가죽옷은 반드시 짐승이 죽어야 하는바, 예수님은 양으로 오셔서 십자가에 죽으셨고 우리의 부끄러운 모든 것을 덮어주셨고 그의 의가 입혀지게 되었습니다. 고난주간에 이 은혜를 다시 한 번 확인하고 하나님께 영광 돌려야 하겠습니다.

2) 이제는 예수님 안에서 의롭다 하심을 얻게 되었습니다.
 예수님이 제물이 되셨고 죄를 속하여 주셨기에 이 사실을 믿는 자에게 주시는 의(義)가 됩니다.
 ① 예수님께서 선포해 주셨습니다.
 예수님 안에 있을 때에 정죄(定罪)함이 없습니다. (요 5:24)"내가 진실로 진실로 너희에게 이르노니 내 말을 듣고 또 나 보내신 이를 믿는 자는 영

생을 얻었고 심판에 이르지 아니하나니 사망에서 생명으로 옮겼느니라" 했습니다. 따라서 믿는 사람들에게는 심판이 제외되고 구원만 있습니다.
② 사도 바울을 통해서 주신 말씀에서도 봅니다.
사도 바울 역시 로마서에서 확실하게 말씀해 주고 있습니다. (롬 4:25) 예수님은 우리가 범죄한 것 때문에 내줌이 되고 또한 우리를 의롭다 하시기 위하여 살아나셨습니다. (롬 8:1-2)"그러므로 이제 그리스도 예수 안에 있는 자에게는 결코 정죄함이 없나니 이는 그리스도 예수 안에 있는 생명의 성령의 법이 죄와 사망의 법에서 너를 해방하였음이라" 했습니다. 법적으로 볼 때에 죄와 사망의 법(the law of sin and death)에 있는 우리가 생명과 성령의 법(the law of the Spirit of life)에 있게 된 것입니다. 이제는 구원이요 생명입니다.

2. 예수님은 대속제물이 되시기 위해서 아사셀 양이 되셨습니다.

인간의 가장 심각한 문제는 잘 먹고 사는 것이 아니라 바로 영적인 문제입니다. 프랑스의 파스칼(Pascal)은 "예수 그리스도를 떠난다면 인간은 악덕과 불행 속에 매일 수밖에 없다."고 했습니다. 따라서 기독교의 본질은 눈에 보이는 현실 문제 이전에 영적 문제에 두게 됩니다.

1) 예수님은 아사셀로 오셨습니다.
천국 보좌를 버리시고 이 땅에 오셨습니다.
① 이것을 '아사셀'이라고 부르게 됩니다.
(레 16:8)모세를 통해서 말씀해 주셨습니다. 백성의 죄를 짊어진 양(lamb)이나 염소(goats)를 무인지경 광야에 버리게 되면, 그 짐승들은 백성들의 죄를 지고 다른 육식동물들에게 잡혀서 희생하게 됩니다. 이 제도에서 보듯이 예수님은 십자가에서 우리 위해서 죽으셨습니다.
② 이 날은 대속일입니다.
이스라엘의 죄로 인해서 하나님과 분리 및 단절된 일들이 아사셀 양으로 인해서 다시 하나님과 화목케 되었습니다. 영문 밖 십자가 위에서 내팽겨

지다시피 되신 예수님은 짐승과 같은 희생의 모습입니다. 우리 구원의 완성을 위해서입니다.
2) 예수님이 십자가에서 외치신 가상칠언(架上七言)에서 보게 됩니다.
 십자가에서 하신 말씀들 중에 일곱 마디 말씀입니다.
 ① 외마디 절규의 예수님의 모습입니다.
 (마 27:46)"나의 하나님, 나의 하나님, 어찌하여 나를 버리셨나이까(엘리 엘리 라마 사박다니)" 많은 신학자들은 이 말씀을 인간의 죄 때문에 하나님과 끊어지는 아픔의 소리였다고 해석합니다. 예수님이 십자가상에서 당하신 그 아픔은 우리의 죄 때문에 하나님과 끊어지는 아픔이었습니다. 아사셀로서 죽으셨습니다.
 ② 이로 인해서 이제는 우리의 죄 문제가 해결되었습니다.
 죄 때문에 하나님과 나 사이의 커다란 담이 허물어지게 되었고 화평케 되었습니다. (엡 2:1-, 13-)죄와 허물로 죽은 우리가 살게 되었고 중간에 막힌 담이 무너지고 우리가 화평케 되었습니다. 이는 아사셀 양으로서 무인지경에서 피 흘려 희생하신 예수님의 공로입니다. 이제는 그리스도 안에서 자유입니다(요 8:31; 갈 5:1).

3. 이 모든 사실은 성령께서 내게 확증시켜 주십니다.
 따라서 기독교의 복음 역사는 성령께서 내게 역사하실 때에 확립됩니다. 내게 있지 아니하고 하나님의 성령의 역사로 이루어 주시는 은혜입니다.

1) 성령께서 내게 확인시켜 주시며 접목시켜 주십니다.
 중요한 것은 성령께서 내게 이 역사를 접목시켜 주신다는 사실입니다.
 ① 예수님은 성령을 약속하셨습니다.
 (요 14:16, 26)"보혜사"(παράκλητος)를 약속해 주셨고, "보혜사 곧 아버지께서 내 이름으로 보내실 성령 그가 너희에게 모든 것을 가르치고 내가 너희에게 말한 모든 것을 생각나게 하리라"했습니다. (요 1:33-34)성령으로 세례를 주시는 분이십니다. 모든 영적인 것이 성령의 역사하심에서

내게 접목됩니다.

② 속죄함을 비롯해서 회개의 역사가 성령의 역사하심 입니다.

성령께서는 약속하신대로 오순절 때 오셨고 베드로를 비롯해서 제자들에게 역사했습니다. (행 2:36-)그리고 회개와 함께 이 복음을 접목시켜 주셨습니다. 십자가 복음의 역사는 성령께서 역사하실 때에 이루어지게 됩니다.

2) 성령의 역사하심은 예수님의 피로 죄를 속하고 하나님의 자녀가 되는 것을 믿게 됩니다.

① 내가 예수님의 피로 구원 받아 자녀된 것입니다.

(요 1:12)믿는 자가 하나님의 자녀가 되고, (롬 8:15)아버지라 부르게 되고, (롬 8:16)성령께서 우리 영으로 더불어 증거하게 됩니다. 십자가와 부활의 사건에서 성령의 역사가 확인되어야 할 부분입니다.

② 예수 그리스도의 은혜가 이번에 확실하게 접목되어야 하겠습니다.

이와 같은 놀라운 역사들이 이번 고난주간에 예수님의 보혈과 성령의 역사로 확인되어야 하겠습니다. (마 14:31)믿음이 작아서 의심하지 말고 믿는 자가 될 때에 복이 있습니다. (요 20:29)이 세대에 구원의 역사는 예수님이 십자가에서 완성하신 구원의 역사를 성령을 통해서 믿고 영접하는데 있음을 믿고, 그 믿음 안에서 승리하게 되시기를 예수님의 이름으로 축원합니다.

▶ 결론 : 예수님만이 우리를 구원해 주십니다.

[하나님]

잃은 양 하나를 찾으시는 하나님

(눅 15:3-10)

　세상을 살아가다보면 한번쯤은 무언가를 잃어버린 경험이 있게 됩니다. 가치적으로 볼 때에는 그것이 비싼 것이든 그렇지 않든 간에 내 것을 잃어버렸다는 사실은 언제나 서운하게 됩니다. 기르던 강아지를 잃어버렸어도 그 여운이 오래가게 되는데 자식을 잃어버렸다면 그 안타까움은 평생 동안 가슴에 남게 됩니다. 지금도 이산가족을 찾는 방송을 보게 되는데 안타까운 마음이 들 때가 많이 있습니다. 하나님께서는 지금도 하나님의 백성들이 하나님의 품에 돌아오기를 기다리시고 계시는데 한시도 잊지 아니하시고 하나님의 손바닥에 새겨 놓으시고 기억하신다고 하셨습니다 (사 49:14-15).
　본문에서 예수님은 흰 생명이 하나님께 돌아왔을 때에 하나님께서 얼마나 기뻐하시는가를 세 가지 비유로 말씀에 주셨습니다. 오늘 새생명축제를 즈음해서 아직도 우리 주변에 돌아와야 할 하나님의 백성들이 많은바 본문을 통해 은혜의 시간이 되시기 바랍니다.

1. 잃어버린 한 마리의 양으로 비유하셨습니다.

　사람은 누구나 하나님 앞에서 집을 잃어버린 양과 같아서 각기 제 길로 가게 됩니다. 이사야 선지자도 주전 700여년 전에 이렇게 외쳤습니다. (사 53:6) "우리는 다 양 같아서 그릇 행하여 각기 제 길로 갔거늘 여호와께서는 우리 모두의 죄악을 그에게 담당시키셨도다" 했습니다.

1) 길을 잃어버린 양들이라는 것입니다.

집을 잃어버리면 맹수들의 먹이 감이 됩니다. "우리는 다 양 같아서 그릇 행하여 각기 제 길로 갔거늘"(We all, like sheep, have gone astray) 했습니다.

① 양들은 눈이 밝지 못하고 귀가 둔한 것으로 알려져 있습니다.

그렇다고 해서 맹수와 같이 싸울만한 능력이나 자체적으로 방어할 무기가 있는 것도 아닙니다. 따라서 양들은 목자가 있어야만 보호를 받게 됩니다. 일찍이 목동이었던 다윗은 하나님과의 관계를 목자와 양으로 비유한 찬송을 많이 했는데, 그중에 대표적인 것이 유명한 시편 23편입니다.

② 주님은 자신의 양을 끝까지 포기하지 않고 추적하고 찾으십니다.

어떤 일을 통해서든지 반드시 찾으십니다. 찾은 즉시 어깨에 메고 기쁨으로 돌아오게 되는 모습을 본문에서 볼 수 있습니다. 이 양은 목자의 음성을 들었기에 찾을 수 있었습니다. 주님의 양은 주님의 음성을 듣게 됩니다(My sheep listen to my voice; I know them, and they follow me, 요 10:27-28). 그리고 믿음은 들음에서 나게 됩니다(롬 10:17). 따라서 들을 귀가 열려 있어야 합니다.

2) 길을 잃은 양의 상태를 생각해 보게 됩니다.

왜 길을 잃었고, 목자를 잃어버리게 되었느냐는 것입니다.

① 여기에 나오는 양 한 마리는 틀림없이 병들었을 것으로 생각됩니다.

다른 양들은 활기차게 생활하는데 이 양은 병이 들어서 방치되었거나 어느 한 구석에서 잠을 자다가 주인 되는 목자를 잃어버리고 홀로 되었을 것입니다. 이런 양의 무리는 지금도 세상 어느 곳에서나 목격하게 됩니다. 육신적인 병보다 영적인 질병이 더 무섭습니다. 목자의 음성에 귀를 기울여야 살 수 있습니다.

② 길 잃은 양은 목자의 신호나 말을 소홀히 여기다가 길을 잃었고 무리에서 떨어지게 되었습니다.

세상 것을 모두 얻어서 성공했다고 해도 그 안에서 예수님을 잃어버린다면 영혼을 잃어버린 것이기 때문에 불쌍한 존재가 됩니다.

③ 목자는 잃은 양을 발견하고 기뻐했습니다.

지금도 예수님은 목자장이 되셔서 잃은 양을 계속해서 찾고 계십니다. 교회 밖에만 잃은 양이 있는 것은 아닙니다. 교회 안에서도 실망하고 낙심하고 갈 길을 잃어 헤매는 양들이 있는데, 다시 찾게 되는 회복이 있어야 합니다(요 14:27).

2. 잃어버린 한 드라크마를 찾는 비유로 말씀해 주셨습니다.

여기에서 드라크마는 유대인들의 혼수품으로 결혼전에 신랑과 신부가 주고받는 예물이었을 것이 분명합니다. 귀한 것이 틀림없습니다.

1) 귀한 것이기 때문에 반드시 찾아야 합니다.

① 사람들은 귀한 것을 잃어버리고도 모른 채 살아갑니다.

그래서 깨닫지 못하면 멸망할 짐승과 같다고 했습니다(시 49:20). 예수님을 잃어버리고 그냥 가면 곤란한 일이 발생합니다(눅 2:44).

② 더 늦기 전에 깨달아야 합니다.

그리고 늦기 전에 깨달아서 회복해야 합니다. 다행히도 이 여인은 등불을 켜들고서 빗자루로 구석구석 쓸면서 그것을 찾았습니다. 찾을 때까지 노력하는 모습도 보게 됩니다. 우리에게 이런 노력이 필요합니다.

2) 드라크마 10개에 대한 영적인 뜻을 생각하게 됩니다.

여기에 하나님의 뜻이 담겨 있습니다.

① 신랑 되시는 예수님께서 은전 10개와 같은 은사들을 우리에게 주셨습니다.

은사들을 잃어버리지는 않았는지 생각해 보아야 합니다. (갈 5:22-)성령의 9가지 은사들입니다(But the fruit of the Spirit is love, joy, peace, patience, kindness, goodness, faithfulness, gentleness and self-control. Against such things there is no law).

② 잃어버린 한 영혼을 상징하기 때문에 반드시 찾아야 합니다.

왜냐하면 한 영혼이 온 천하보다 더 귀하기 때문입니다. 이 세상에서 귀하지 않은 사람이 없습니다. 그래서 모두가 예수 믿고 구원 받아야 할 책임이 있는데, 그것은 본인에게도 있고, 먼저 구원받은 우리와 교회의 사명이기도 합니다.

3. 잃어버린 또 하나는 아버지의 집을 떠난 아들의 관한 비유입니다.

둘째 아들이 집을 떠나서 허랑방탕하다가 그 나라에 흉년이 들어서 돼지 농장에서 일하지만 먹을 것을 주는 이가 없는 신세가 되었고 다시 아버지 집으로 돌아갔을 때, 온 마을이 축제를 열게 되었습니다.

1) 아버지 집을 떠나면 슬픔과 고통이 찾아옵니다.
  집을 떠나면 개고생이라는 말도 있습니다.
  ① 배고픔이 고통입니다.
  너무나 배가 고픈데 채울 길이 없었습니다. 스스로 돌이켜서 말합니다. (17절)"이에 스스로 돌이켜 이르되 내 아버지에게는 양식이 풍족한 품꾼이 얼마나 많은가 나는 여기서 주려 죽는구나" 했습니다. 이 세상에서 서글픔은 배고픔인데 둘째 아들은 이제야 깨닫게 되었습니다.
  ② 이제는 아버지 집으로 돌아가리라 작정했습니다.
  아버지 집에 가서 자식이 아닌 품꾼으로라도 가야겠다는 겸손과 삶의 욕구가 그에게 있었습니다.

2) 하나님의 교회가 해야 하는 일들은 이와 같은 인생들을 찾아서 구원하는 일입니다.
  ① 이 탕자가 누구입니까?
  이것은 우리 자신들의 이야기요, 아직도 세상에서 방황하는 인생들의 진면목을 보여줍니다. 살길은 하나님 아버지께 돌아오는 길입니다. 이번 새생명축제(New Worship Festival)에 이러한 분들을 모두 초청해야 합니다.
  ② 무슨 일이 있어도 교회를 등지고 떠나면 소망이 없습니다.

지금도 주님은 하루가 천년 같이 천년이 하루 같이 기다리면서 돌아오기를 바라십니다(벧후 3:8-). 따라서 이번 기회에 주님의 음성을 듣고서 돌아오는 무리가 많아지게 되기를 주님의 이름으로 축원합니다.

▶ 결론 : 하나님께서 지금도 찾고 계십니다.

[하나님]

하나님 안에서 행복한 사람들

(신 33:24-29)

　세상을 살아가면서 행복을 느끼고 사는 것이 축복이라고 할 것입니다. 사람들이 살아가는 이유가 행복추구에 있다는 설문조사도 있습니다. 그런데 어떻게 하면 행복하게 되는지를 모르는 것이 현실이라 할 것입니다. 많이 배워서 학력 수준이 있고, 재산이 많아서 행복하다는 것은 아닐 것입니다. 사실상 신기루를 잡는 것 같아서 문제의 심각성이 큰 경우가 많습니다. 제일 가난한 국가들이 행복지수가 높은 경우도 있습니다. 대한민국의 경제수준이 세계 10위 안에 있는데 행복수준이 떨어지는 현상이 일어나고 있습니다. 홍수 속에 목마름이요, 군중 속에 고독한 현실입니다. (요 4:13)세상 물은 다시 목마르기 때문에 문제입니다. 진정한 평안은 예수님이 주시는 평안입니다(요 4:27). 타락이 판을 치고 동성연애자들이 있는 종말적 시대에 질병이 더욱 만연한 때가 되었습니다. 평안이나 행복이 없는 시대입니다. (신 10:13)하나님께서 우리에게 행복을 위하여 하나님의 말씀을 주셨습니다.
　본문에서 모세를 통하여 (29절)"이스라엘이여 너는 행복자로다"(Blessed are you, O Israel!) 하였는데 우리말로는 '행복'이지만, 영어성경(NIV)에서는 '축복'이라는 용어를 사용했습니다. 분명한 것은 행복은 축복이라는 사실입니다. 젖과 꿀이 흐르는 가나안을 약속하면서 행복자요 축복자라고 하신 말씀을 통해 은혜를 받게 됩니다.

1. 이스라엘은 하나님께서 능력을 주시는 백성이기 때문입니다.

　그냥 행복자가 아니라 거기에는 분명한 이유가 있습니다. (25절)"네가 사는 날을 따라서 능력이 있으리로다" 했습니다. 그날그날 살아가는 40년 동안 하나님의 역사하심을 보았고, 앞으로 가나안에 들어가서도 하나님의 능력 가운데서 살게 될 것입니다. 우리는 짧은 생애에 살면서 행복자라고 해야 할 이유가 여기에 있습니다.

1) 왜 행복합니까?

행복한 이유에 대해서는 개인이나 가정마다 또는 국가나 그 사회마다 분명한 이유가 있겠지만, 성경적인 행복한 이유는 분명합니다.

① 자녀가 많은 것에 대하여 행복하다고 했습니다.

당시는 씨족사회요, 부족사회이기 때문에 어느 사회든지 백성이 많아야 했습니다. 백성이 많은 것은 국가의 힘이 됩니다. 하나님은 창조할 때부터 생육하고 번성이 축복이라고 하셨습니다(창 1:28). 또한 자식들은 여호와의 기업이요 태의 열매는 그의 상급이며 젊은 자의 자식은 장사의 수중의 화살 같다고 했습니다(시 127:3-4). 또한 영적으로 많이 전도해서 천국 백성이 많이 생기게 하는 것도 축복이요 면류관이라고 했습니다(살전 2:19-20).

② 하나님의 능력 안에서 현재를 기쁘게 하는 이타주의 생활을 말씀하십니다.

사람이 살아가면서 받는 기쁨도 있지만 주는 것도 기쁨이요 행복입니다. 아셀지파는 형들에게 기쁨이라는 위치에 있었습니다. 이기주의 시대에 우리는 이타주의를 배워야 합니다. (눅 6:38)"주라 그리하면 너희에게 줄 것이니 곧 후히 되어 누르고 흔들어 넘치도록 하여 너희에게 안겨 주리라" 했습니다.

③ 하나님의 능력으로 "그의 발이 기름에 잠길지로다" 했습니다.

성경에서 기름을 붓는 것은 왕을 세우고, 선지자를 세우고, 제사장을 세울 때에 행한 의식입니다. 예수님은 메시야로서 이 세 가지 직을 가지고 오셨습니다. 따라서 그리스도 안에서 영적으로 일꾼 된다는 것은 기쁨이요 행복입니다. 영적인 엘리트의식이 행복과 기쁨을 가져오게 합니다.

④ 하나님의 능력으로 생활의 보금자리가 철과 놋 빗장처럼 견고하게 해 주신다고 했습니다.

생활의 보금자리가 바람에 낙엽처럼 떨어지거나 흔들리는 것이 아니라 철과 놋 빗장 같이 견고하게 축복해 주십니다. 이는 예레미야에게도 말씀하신 견고한 성 쇠기둥과 놋 성벽과 같게 지켜주시겠다는 약속의 말씀입니다(렘 1:18). 세상 끝까지 언제나 함께 하십니다(마 28:20).
⑤ 하나님의 능력으로 사는 날까지 언제나 지켜 주십니다.
축복이요 은혜요 행복이요 찬송할 수 밖에 없는 일입니다.

2) 은평교회 성도들이여! 성도들은 행복자입니다.
왜 행복한가를 분명하게 말씀해주십니다.
① 이스라엘은 하나님 안에 있듯이 우리는 예수 그리스도 안에 있는 백성들입니다.
"그리스도 안에"(ἐν τῷ Χριστός) 있기 때문에 모든 것이 믿음 안에서 보장됩니다.
② 행복자로서 기뻐해야 합니다.
생활을 초월해서 기뻐해야 할 이유가 여기에 있습니다. (빌 4:4)"주 안에서 항상 기뻐하라 내가 다시 말하노니 기뻐하라" 했습니다. 예수 안에서 행복한 사람들입니다.

2. 이스라엘은 하나님께서 보호하시고 언제나 인도해 주시기 때문에 행복한 민족입니다.

'여수룬'은 하나님께 복을 받은 상징이요 야곱의 애칭인바 행복자라고 했습니다.

1) 하나님께서 구별해 놓으신 백성입니다.
구별된 이유까지 말씀해 주셨습니다.
① 하나님께서 하나님의 백성이라고 선포해 주셨습니다.
(사 41:10)"나는 네 하나님이 됨이라 하셨고, 너를 도와주리라 너를 붙들리라" 하셨습니다. 분명히 행복자라는 것이 말씀을 통해서 약속되었습니다.
② 나를 보호하시는 하나님이십니다.

우리는 하나님께서 둘러싸시고 보호해 주시는 존재들입니다. (왕하 6:17) 도단성의 엘리사를 보호해 주시고, (신 1:31)광야 길에서 어린 아이를 안고 가듯이 하나님께서 이스라엘을 안고 가신다고 하셨는데, 광야와 같은 이 세상을 살아가면서 장막 칠 곳까지 인도하시는 하나님이십니다. 참으로 행복한 주의 백성들입니다.

2) 은평교회 성도들이여! 이 세대에서 하나님의 역사하심을 믿으시기 바랍니다.
　이것이 성경의 약속입니다. 하나님의 역사하심은 변치 않으시고 이루어지게 하십니다.
　① 시간과 공간을 초월해서 역사하실 때가 분명히 있습니다.
　이것이 성경의 약속입니다. (히 13:8)"예수 그리스도는 어제나 오늘이나 영원토록 동일하시니라"(Jesus Christ is the same yesterday and today and forever) 했습니다. 세상의 새것들은 시간이 지나면 모두 폐기품이 되는 때가 있어도 주님의 말씀은 영원히 계속 역사하십니다. 변함이 없습니다(히 1:12).
　② 예수 그리스도 안에 있는 사람들이 행복한 사람들입니다.
　세상 모든 것이 변해도 예수님 안에 약속된 것은 변하지 않기 때문입니다. (고후 4:16-18)"그러므로 우리가 낙심하지 아니하노니 우리의 겉 사람은 낡아지나 우리의 속사람은 날로 새로워지도다 우리가 잠시 받는 환난의 경한 것이 지극히 크고 영원한 영광의 중한 것을 우리에게 이루게 함이니 우리가 주목하는 것은 보이는 것이 아니요 보이지 않는 것이니 보이는 것은 잠깐이요 보이지 않는 것은 영원함이라" 했습니다. 분명한 행복자는 우리들입니다. 재물 가지고 형제들끼리 싸우는 사람들이 행복한 것이 아니라 진리 안에 있기 때문에 행복한 것입니다(잠 22:1).

3. 이스라엘은 하나님께서 구원해 주셨기 때문입니다.
　왜 행복하는가? 질문한다면 구원 받은 사람이기 때문입니다. 가장 중요한 이유가 됩니다.

1) 이스라엘을 구원해 주셨습니다.
'구원'(saved) 받았습니다.
① 애굽 종 되었던 곳에서 430년 만에 구원해 주셨고 해방시켜 주셨습니다(출 12장).
이것은 예표요 그림자입니다. 신약에 와서 그리스도 안에서 영원한 지옥 형벌 받을 곳에서 우리를 구원해 주셨습니다. 그리고 죄와 사망에서 해방시켜 주셨습니다(롬 8:1).
② 그리고 약속의 땅 가나안으로 이동하게 하셨습니다.
영원히 자자손손이 노예로 살았던 사람들을 독립국가 주권국가의 길을 가는 축복을 받게 하셨습니다. 축복이요 행복의 현장입니다. 여기에서 하나님의 강하신 능력의 손으로 인도해 주셨습니다(출 6:1).

2) 성도는 어느 시대나 행복자입니다.
예수 믿고 예수 안에서 구원 받은 자가 되었기 때문입니다.
① 구원의 조건은 오직 예수님뿐입니다.
(히 9장)유월절 어린 양의 희생과 더불어 애굽에서 나오듯이 예수님은 유월절 어린 양의 본체로서 우리를 구원해 주셨습니다. (요 1:12)하나님의 자녀입니다. (요 14:6)예수님 이름으로만입니다. (행 4:12)다른 길이 없습니다. (롬 8:15)아버지라 부르게 되었습니다. (빌 3:20)천국의 시민권자들입니다. 예수 믿는 성도들의 행복입니다.
② 의심하지 말고 행복자라고 믿어야 합니다.
의심하지 말고 믿어야 합니다. 여기에 행복이 있습니다. 여기에 축복이 있습니다. 은평교회 모든 성도들이 이 신앙으로 세상에서 승리하게 되시기를 주님의 이름으로 축원합니다.

▶ 결론 : 믿는 자는 행복한 사람들입니다.

[하나님]
마음 중심의 상석에 하나님이 계시게 하라
(출 20:1-6)

이 세상을 살아가는데 언제나 자리가 중요합니다. 자리에 따라서 위치와 분위기가 다르기 때문입니다. 국가 정상들의 국제회의에서도 중앙에는 미국대통령이 언제나 그 자리에 앉게 되는 것도 이런 이유입니다. (눅 14:9-11)예수님께서 잔치 집의 상석에 대한 말씀으로 교훈해 주신 것을 보게 됩니다. 상업주의 시대에 신문 1면에 나오는 광고는 비쌀 수밖에 없는 것입니다. 중요한 자리가 되기 때문입니다.

인생을 살아가면서도 중요한 원리가 있습니다. 내 인생의 마음 중심과 생활의 중앙에 누가 있느냐 하는 것입니다. 사도 바울은 우리가 하나님의 성전이며 성전 안에 하나님의 영이신 성령이 계신다고 했습니다(고전 3:16, 6:19; 고후 6:11; 엡 6:22). 하나님을 믿는 성도들의 마음과 생활 중앙에는 언제나 하나님께서 계시도록 해야 합니다.

본문에서 모세를 통하여 십계명을 주실 때에, 우리 삶에 오직 하나님만 섬기고 경배할 것을 말씀하시고 다른 우상을 만들지 말며 섬기지도 말 것을 분명하게 말씀하시는바 여기에서 은혜를 나누게 됩니다.

1. 우리 마음에 첫 자리에 하나님이 계셔야 합니다.

마음과 생활의 첫 자리에 하나님을 날마다 모시고 살아가는 것이 중요합니다.
1) 하나님은 내 인생의 첫 자리에 계실만한 권리가 있는 분이십니다.
이유를 성경에서 분명히 보게 됩니다.
① 하나님은 우리를 창조하신 창조주 하나님이십니다.
무에서 유를 창조하셨기 때문입니다. (창 1:1)"태초에 하나님이 천지를

창조하시니라"(In the beginning God created the heavens and the earth.) 했습니다. 우주 만물의 모든 존재(存在)들은 하나님이 창조하신 것들입니다. 인간 역시 하나님의 형상대로 창조하셨습니다(창 1:26-28). 따라서 모든 생활 중에 하나님이 중심에 계시게 해야 합니다.
② 창조하신 목적이 분명합니다.
(히 3:4)"집마다 지은 이가 있으니 만물을 지으신 이는 하나님이시라" 했습니다. 세상 모든 제품들은 공장이나 사람들의 손길에 의해 만들었기 때문에 존재합니다. 집, 자동차, 의류 등 모두 사람이 만들었습니다. 이렇듯 사람도 하나님이 창조하셨고, 우주 만물은 하나님이 하나님의 영광을 위해서 만드셨고, 또한 그것을 통해 영광 받으시기 원하십니다(사 43:21; 고전 10:31). 따라서 사람의 제일 되는 목적은 하나님을 영화롭게 하는 것과 영원하도록 그를 즐겁게 하는 것입니다(소요리문답 1문).
③ 죄와 허물로 죽었던 우리를 살리셨기 때문입니다.
(엡 2:1)십자가에서 피 흘려 죽으심으로 영원한 지옥에서 영원한 천국으로 구원해 주셨습니다. 따라서 구원 받은 성도들은 언제나 중심에 하나님이 계시게 해야 하며, 그 분에게만 영광을 돌려야 합니다.

2) 우상은 아무것도 아니기 때문입니다.
다른 신(神)은 없으며 오직 참 하나님 되시는 그분 밖에 없기 때문입니다.
① 열방의 우상은 사람이 만들어 놓은 수공물에 불과합니다.
모두가 사람들이 자기 편리를 위해서 만들어 놓고 섬기는 우상이요 헛것에 불과합니다(시 115:4-, 139:15-). 따라서 우상을 섬기면 허무하게 되고 결국 허망하게 망하게 될 것이 분명합니다. 오직 우리 인생의 제일 으뜸 자리에는 언제나 만군의 하나님 여호와 우리 주님이 계시도록 해야 합니다.
② 열방의 우상은 복이나 다른 것을 줄 수 없는 존재입니다.
열왕기상 18장에서 하나님을 섬기는 엘리야와, 바알과 아세라 우상을 섬기는 선지자 850명과의 대결에서 확실히 증명되었던 모습을 봅니다. 불로 응답하시던 엘리야가 섬기는 그 하나님은 지금도 믿는 자들 속에서 영광

을 받기를 원하시며 그를 믿는 모든 이들에게 역사하시는 하나님이십니다. 우리 생애 속에 하나님이 계시도록 해야 하겠습니다.

2. 인생 전체 속에 언제나 하나님을 나의 첫 자리에 모셔야 합니다.
태어날 때부터 죽을 때까지 언제나 하나님 중심이 되도록 해야 합니다.

1) 인생 전체 속에서 하나님이 내 인생의 중심이 되게 해야 합니다.
오직 하나님 영광을 위한 신본주의(神本主義) 인생이 되게 해야 합니다.
① 어릴 때부터 하나님을 섬기고 성장해야 합니다.
그래서 이 세대의 부모님들의 신앙교육이 무엇보다도 중요합니다. 무조건 오냐 오냐가 아니라 하나님 말씀을 중심한 신앙적 태도로 양육해야 합니다. 거기에 또한 축복이 분명합니다(삼상 2:26; 딤후 1:3-5). 따라서 어릴 때부터 자녀들이 하나님의 영광을 위한 존재가 되게 해야 합니다.
② 청소년기와 청, 장, 노년기까지 한평생 하나님 중심이 되게 해야 합니다.
하나님께서 우리를 창조하시고 구원해 주신 은혜 속에 살게 해야 합니다.

2) 하나님께서 이 모든 것을 심판하시겠다고 했습니다.
인생이 70~80이나 90세를 산다 해도 결국 하나님 앞에 설 때가 반드시 옵니다.
① 심판이 예고되어 있습니다(전 12:13-14; 히 9:27).
사는 것은 어떻게 살든지 자유요 자기 맘대로 살지만 반드시 하나님 앞에 서야 할 최후 순간이 반드시 옵니다.
② 오직 인생 목표가 하나님을 중심한 생애가 되게 해야 합니다.
지금까지 하나님을 섬기면서 살아 오셨다면 잘하셨습니다. 이제 더욱 하나님을 마음 중심에 모시고 살아야 하고 우상을 멀리해야 합니다.

3. 하나님을 내 안의 첫 자리에 모신 인생과 우상으로 얼룩진 인생의 차이는 영원한 축복과 멸망의 차이입니다.

하나님 모시고 예수 안에서 사는 것은 그 어느 것과도 비교할 수 없는 축복이요 영광의 길입니다.

1) 내 인생의 첫 자리에서 하나님이 영광을 받으시게 해야 합니다.
 평생을 살며 지켜야 할 길입니다.
 ① 살아가면서 제일 신경 써야 할 부분이 신앙적인 면입니다.
 중국이나 동남아시아로 여행하다보면 거리나 가정에 제일 좋은 위치나 중앙에 우상 신주들이 많이 있는데 이 모든 것은 어리석은 일입니다. 우리는 마음이나 가정에 하나님이 계시게 해야 합니다.
 ② 세상 모든 일들 중에서 으뜸 자리에 주님이 계시게 해야 합니다.
 직장이나 사업장이나 학교 교실에서도 언제나 주님이 으뜸 자리에 계시게 해야 합니다. 여기에 기도, 찬송, 감사, 믿음, 사랑, 예배, 말씀 등에 하나님의 영광이 가득하게 해야 합니다.

2) 하나님 중심의 인생과 우상주의는 결과가 반드시 다릅니다.
 영원한 생명과 영원한 길입니다.
 ① 우상주의에 빠지면 결과는 멸망의 길입니다.
 삼사 대가 망하면 일어날 수 없거니와 영원한 지옥 형벌이 더 무섭게 기다리게 됩니다. 따라서 세상적인 것의 유무를 떠나서 하나님이 없는 인생은 가장 불쌍한 존재입니다.
 ② 하나님을 중앙에 모시고 사는 인생은 영원히 복을 받게 되는데 천대까지 복을 받는다고 약속하셨습니다.
 믿음이 있는 사람은 믿음이 있는 아브라함과 함께 복을 받는데(갈 3:9) 복의 근원이 하나님이시기 때문입니다. 은평교회 모든 성도들은 생활 전선에서 언제나 중앙에 창조주 하나님, 구원의 주님을 모시고 영원히 복을 받기를 예수님 이름으로 축복합니다.

 ▶ 결론 : 인생 중앙에 하나님을 모셔야 합니다.

[하나님]

하나님을 바라보는 사람들
(미 7:1-9)

　세상을 살아가면서 무엇을 바라보느냐에 따라서 결과가 달라짐을 보게 됩니다. 살아가면서 목표를 바르게 세워야 하는 이유도 여기에 있습니다. 얼마 전에 고인이 되신 김영삼 전 대통령은 섬마을 바닷가에서 태어나서 중학교 때에 대통령이 되겠다는 꿈을 가졌다고 합니다. 본 설교자는 유치부 때부터 교회에 출석했고, 국민(초등)학교 때에 방언체험과 함께 공부할 수 있다면 주의 종이 되겠다고 했는데, 하나님께서 목사가 되게 하셨습니다. 꿈과 비전(Vision)도 분명해야 하지만 어떤 대상을 정하고 바라보는 것 역시 중요합니다.
　다윗은 시편에서(시 25:1) 이렇게 전했습니다. "여호와여 나의 영혼이 주를 우러러보나이다"(Of David. To you, O LORD, I lift up my soul;). 우리가 바라보는 대상은 어떤 다른 신이나 우상적인 것이나 재물이 아니라 하나님만이 우리의 바라보는 대상이요 목표가 되어야 합니다. 다른 길로 가면 그것이 하나님이 금하신 우상의 길이 됩니다(출 20:3). 절대적으로 하나님만 소망하고 바라보아야 하는 이유입니다. 여기에 승리가 있고 축복이 약속되어 있습니다. (삼상 17:45)다윗은 골리앗 앞에서도 하나님만 바라보고 나갈 때에 승리했습니다. (히 12:2)예수님만 바라보아야 하겠고, (마 14:30)베드로는 시야가 예수님으로부터 떨어지게 될 때에 물에 빠지게 되었습니다.
　오늘 본문에서 미가 선자는 부정부패와 우상과 향락과 행악의 시대에 무화과 열매가 없듯이 힘들게 되었을 때에 여호와만 바라보라고 하였는데, 왜 그랬는지를 본문에서 배우며 은혜를 받게 됩니다.

1. 오직 하나님만이 구원이시기 때문입니다.
나를 구원하실 분은 천하에 어디에도 없고 오직 하나님뿐입니다.

1) 우리가 바라봄의 대상은 오직 하나님뿐입니다.
 성경에서 바라본다는 뜻은 중대한 뜻인데 구원과 연결됩니다.
 ① 하나님을 바라본다는 것은 구원 받은 믿음과 그 뜻을 같이 합니다.
 왜냐하면 하나님을 바라볼 때 거기에 믿음이 생기고 믿음이 있을 때 구원이 있기 때문입니다. (민 21:9)광야에서 뱀에 물린 자들이 구리 뱀을 바라볼 때에 낫게 되었듯이, 십자가 위에 달리신 예수님을 바라보고 믿을 때에 구원받습니다.
 ② 놋 뱀은 예수 그리스도의 십자가에 달리신 사건의 예표요 그림자가 되었습니다.
 예수 그리스도를 바라보고 믿는 자는 구원이 있고 영원한 생명이 약속되었지만 믿지 아니하고 바라보지 아니하면 곧 하나님의 진노가 임하게 됩니다. (요 3:36)나면서 못 걷게 된 자가 낫게 될 때에 베드로와 요한은 "우리를 보라"("Look at us!")고 했습니다(행 3:4). 바라볼 때에 낫게 되어서 걷기도 하고 뛰기도 했습니다.

2) 바라본다는 것은 귀한 의미가 있습니다.
 그냥 무심코 바라보는 것이 아니라 사모하는 마음이 있다는 것입니다. 간청하고 사모하는 마음이 있다는 것입니다. 애원하는 마음이 있다는 것입니다. 뱀에 물린 자가 낫기를 바라고, 나면서 못 걷게 된 자가 무엇을 얻을까 하여 바라보는 심정입니다.
 ① 이것이 믿음입니다.
 믿음은 사모하는 마음이요, 간구하는 마음이요, 애원하는 마음이 됩니다. 이런 믿음 속에서 하나님께서 역사해 주십니다. (시 107:9)"그가 사모하는 영혼에게 만족을 주시며 주린 영혼에게 좋은 것으로 채워주심이로다" 했습니다. 우리는 믿음의 배고픈 심정이 되어야 하겠습니다.

② 문제는 이 세대 사람들이 하나님께 대한 사모하는 마음이 약화되었다는 점입니다.
 이스라엘 백성들이 하나님 없이는 살 수 없는데, 오늘 미가서를 통해서 주시는 메시지는 하나님 없어도 살 것 같다는 그릇된 모습입니다. 이 세대의 많은 사람들은 마음속에 세상 것으로 가득해서 하나님께 대한 영적인 필요(need)를 느끼지 못하고 사는 감각이 없는 영적인 나환자들이라는 것입니다. 이런 때에 더욱 사모하는 마음, 믿음으로 주를 바라보아야 합니다.

2. 하나님께서 모두 보시고 들으시기 때문입니다.
 하박국 시대에도(합 1:13), 이사야와 같은 시대인 호세아나 미가 시대에도(사 1:1; 호 1:1; 미 1:1) 죄악으로 가득했습니다.

1) 하나님은 모두 모시고 계십니다.
 하나님은 '무소부재'(無所不在) 하시고 어디든지 모두 보시고 계십니다.
 ① 하나님 백성들이 하나님께 대하여 어떻게 하는 것을 모두 보십니다.
 지금은 어디든지 CCTV 카메라가 있기 때문에 숨김없이 모두 찍히게 되는데 하물며 하나님께 대한 우리의 모습을 생각해야 할 때입니다. (계 1:14)"그의 눈은 불꽃같고"(and his eyes were like blazing fire)라고 했습니다. 각 교회마다 주시는 말씀이 "내가 알고"라는 표현입니다(계 2-3장).
 ② 불신자들의 그릇된 모습도 모두 알고 계십니다.
 (욥 11:11)"하나님은 허망한 사람을 아시나니 악한 일은 상관하지 않으시는 듯하나 다 보시느니라" 했습니다. 악한 자의 악함도 선한 자의 믿음의 행위도 모두 보시고 계시기 때문에 숨길 자가 없습니다. 오직 우리는 하나님만 바라보고 믿고 나아가야 합니다.

2) 하나님은 모두 들으시기 때문입니다.
 모두 보실 뿐 아니라 들으시고 계십니다.

① 불신앙적인 언사도 모두 듣고 계십니다.
따라서 언사에 항상 조심해야 합니다. 옛말에 "벽에도 귀가 있다."고 했는데, 지금은 감청장치가 잘 되어 있어서 모두 녹음되는 시대입니다. 하나님이 모두 들으셨습니다(출 16:8).
② 찬송과 기도하는 소리도 모두 듣고 계십니다.
(창 21:17)하갈과 이스마엘의 소리도, (왕하 25장)히스기야 왕의 기도도 들으셨습니다. 따라서 우리는 하나님의 은혜와 축복을 사모하는 소리를 내야 하겠습니다.

3. 하나님은 빛이 되셔서 앞을 밝혀 주시기 때문입니다.

옛날 아테네의 도시에서 디오게네스는 "대낮에 등불을 켜들고 더듬거리며 세상이 어둡다."고 했는데, 지금 세상은 죄악으로 어둔 세상입니다.

1) 이런 때에 하나님께서 빛이 되어 주시겠다고 하셨습니다.
"일어나라 빛을 발하라"라고 하셨습니다(사 60:1).
① 하나님께서 빛이 되셔서 죄악 세상이지만 비추어 주십니다.
(8절)여호와께서 나의 빛이 되십니다. (9절)주께서 나를 인도하사 광명에 이르게 하신다고 하셨습니다(He will bring me out into the light). 다윗도 고백했습니다. "여호와는 나의 빛이요 나의 구원이시니 내가 누구를 두려워하리요"(시 27:1).
② 빛이 있기 때문에 넘어지지 않게 됩니다.
빛으로 밝게 비추어 주기 때문입니다. 밤이 되면 어두워서 아무것도 할 수 없게 됩니다(요 9:4). 그런데 하나님은 그의 백성들에게 밝은 빛이 되어주십니다.

2) 주의 백성들의 축복은 하나님께서 함께 하신다는 것입니다.
밝은 빛 안에 있는 것도 이런 차원에서 축복입니다.
① 밝은 빛 가운데 있기 때문에 다른 곳에 실족하지 않도록 해주십니다.

금연 광고 가운데 이런 문구가 있습니다. '폐암 2갑 주세요.', '뇌졸중 1갑 주세요.', '후두암 주세요.' 그런데 그 사람의 미래는 다른 윤리관에서 "안 돼", "피우지마" 하면서 반대하지만 그것을 깨닫지 못합니다. 왜 그럴까요? 어둠에 있기 때문입니다. 그러나 하나님의 백성들은 깨닫게 되고 그런 길로 가지 않습니다.

② 내가 하나님을 바라보면 하나님의 인도하심을 받게 됩니다.

성경시대만이 아니라 지금도 하나님의 백성들은 하나님을 바라보아야 합니다. 하나님을 바라보면서 빛 아래서 이 어두운 세대 가운데에서도 승리하는 성도들이 모두 되시기를 예수님의 이름으로 축원합니다.

▶ 결론 : 하나님만 바라보아야 합니다.

[하나님]

하나님을 사랑하십니까
(눅 10:25-28)

하나님께서 인간을 창조하실 때에 인간은 누군가를 사랑하고 무엇인가를 좋아하며 살도록 지으셨습니다. 사람뿐 아니라 살아 있는 생명체는 제각기 사랑하며 좋아하며 살도록 유전자(DNA)를 심어 놓으셨습니다. 심지어 보잘것없는 곤충이나 벌레에서도 이 유전자가 그 몸속에 있음을 봅니다. (잠 30:15)"거머리에게는 두 딸이 있어 다오 다오 하느니라"(The leech has two daughters. 'Give! Give!' they cry) 했습니다. 아프리카의 맹수들도 사랑이 있어서 자기 새끼를 사랑하게 됩니다. 더욱이 하나님께서 창조하실 때에 인간에게는 감정을 주셨습니다. 우리 인간에게 사랑하도록 지으셨기 때문에 예수님 안에서 살아가는 성도들은 사랑의 회복이 중요합니다. "하나님은 사랑이시라" 했습니다(요일 4:8, 16). 고린도전서 13장은 이른바 사랑장인데 온갖 은사들이 많고 능력이 있다 해도 사랑이 없으면 아무것도 아니라고 했습니다. "제일 좋은 길"(the greater gifts)이라고 했습니다(고전 12:31). 에베소교회는 일은 많이 했지만 처음 사랑을 잃어버렸기 때문에 책망을 받았습니다(계 2:4). 오늘 본문을 통해 하나님의 사랑을 다시 한 번 알고, 우리에게 일깨워 주시는 바 은혜를 받기 원합니다.

1. 하나님 사랑의 은혜는 예수 그리스도를 통하여 주셨습니다.

우리는 하나님의 은혜 속에 살게 되는데, 하나님의 은혜가 아니면 살 수 없습니다.

1) 예수님을 우리에게 보내신 하나님의 사랑입니다.
　그냥 사랑이 아니라 십자가의 대속적 죽으심의 실천적인 사랑입니다. 그냥 말로만 하는 형식적인 사랑이 아닙니다.
　① 독생자 예수님을 제물로 주신 사랑입니다.
　(롬 5:8)"우리가 아직 죄인 되었을 때에 그리스도께서 우리를 위하여 죽으심으로 하나님께서 우리에 대한 자기의 사랑을 확증하셨느니라" 했습니다. 하나님의 사랑으로 우리가 구원을 받게 되었습니다(요 3:16, 1:12). 선한 사마리아 사람같은 행실과 사랑은 예수님이 주셨고 우리가 구원을 얻게 되었습니다. [우화적 해석의 창작자인 오리겐(Origen)의 해석입니다.]
　② 이 사랑은 하나님께서 이스라엘 백성에게 먼저 보여 주셨던 사랑입니다.
　이스라엘 백성들은 요셉을 선두로 해서 애굽에 심겨지고 430년간 애굽에서 살게 되었는데, 모세시대에 와서 10가지 재앙을 내리므로 애굽에서 해방 될 때에 '유월절'(Passover) 어린 양이 죽게 되었고, 그 어린 양이 피를 문과 문설주에 바른 집은 구원이 임하였듯이 예수 그리스도 안에서 구원 받은 축복과 사랑을 신약에서 보여 주셨습니다.

2) 참 이스라엘은 하나님을 사랑해야 합니다.
　갚을 수 없는 사랑으로 구원을 받았기 때문입니다.
　① 본문에서 율법교사가 예수님께 질문했습니다.
　"무엇을 하여야 영생을 얻으리이까"(25절). 그때에 예수님은 구약을 인용해서 말씀하십니다. 하나님을 사랑하고 그 계명을 지키라는 것입니다(신 6:5). 애굽에서 구원 받은 이스라엘이 하나님을 사랑하고 그의 계명을 지켜야 했듯이, 구원받은 하나님의 백성은 하나님을 사랑하고 계명을 지켜야 합니다.
　② 구원 받아 하나님의 백성이 되었기 때문입니다.
　애굽의 바로 왕에게 종노릇 하였듯이 마귀에게 이끌려 종노릇하던 우리를 구원하여 주셨고 하나님의 백성이 되게 하셨습니다(요 1:12; 롬 8:15;

엡 2:1). 찬송가 304장(통 404)을 작사 작곡한 레만(Frederick. M. Lehman)은 이렇게 찬송했습니다. "그 크신 하나님의 사랑 말로 다 형용 못하네/ 저 높고 높은 별을 넘어 이 낮고 낮은 땅 위에/ 죄 범한 영혼 구하려 그 아들 보내사/ 화목제로 삼으시고 죄 용서하셨네"했습니다. 우리는 깊이 깨달아야 할 줄 믿습니다.

2. 예수 그리스도로 말미암아 주신 이 사랑은 세상 그 무엇으로도 끊을 수 없는 사랑입니다.

이 사랑은 누가 그 무엇으로도 끊거나 단절시킬 수 없습니다.

1) 세상의 사랑은 끊을 수 있습니다.

남녀 간의 사랑이나 형제, 부모 등의 사랑도 물리적으로 끊어지게 되는 것을 보게 됩니다.

① 하나님의 사랑은 정죄되거나 끊을 수가 없습니다.

이 사실을 로마서에서 우리에게 깊이 새겨줍니다. (롬 8:1-)정죄할 수 없고 그 사랑을 끊을 수 없는 것은 성경이 분명히 보여주고 있습니다. "누가 우리를 그리스도의 사랑에서 끊으리요" 했습니다.

② 하나님의 사랑은 끊어지는 사랑이 아닙니다.

오히려 "우리가 넉넉히 이기느니라" 했습니다. 사망, 생명, 천사, 권세자들, 현재 일, 장래 일, 능력, 높음, 깊음, 어떤 피조물이라도 그리스도 예수 안에서의 사랑을 끊을 수 없다고 확증했습니다.

2) 하나님의 사랑은 영원히 변질되지 않는 사랑입니다.

세상의 모든 것은 녹슬거나 변질되는 것이 그 성질입니다. 그러나 하나님의 사랑은 변질되거나 녹슬지 않습니다.

① 하나님의 사랑이기 때문입니다.

세상에서 제아무리 새 것이라도 시간이 지나면 헌 것이 됩니다. 새 차가 헌 차가 되고, 새 집이 헌 집이 되고, 물건들도 헌 것으로 변질되어 가는 것이 세상입니다.
② 하나님의 사랑은 영원합니다.
쇠퇴해 가지 않습니다. 세상의 모든 제품들은 유효기간이 있지만 하나님의 사랑은 유효기간이 없습니다. 그래서 알파(A)와 오메가(Ω)요 처음과 나중이요 시작과 끝이 되시는 하나님이십니다(계 1:8, 21:6, 22:13). 현실적으로 어렵다고 해도 우리는 이 하나님의 사랑 가운데서 세상을 이겨야 합니다.

3. 이제 그 하나님을 사랑해야 합니다.

이 사랑을 입었기 때문입니다. 그런데 말세에는 사랑도 식고 믿음도 약해지고 모이기도 싫어하게 되고 모두가 영적인 잠을 잡니다(눅 18:8; 마 24:12; 히 10:24; 마 25:1).

1) 하나님을 사랑해야 합니다.
본문에서 분명히 보여주는 강조점입니다.
① 마음을 다하여 사랑해야 합니다.
나를 사랑하시기 때문에 목숨까지 버리시고 사랑해 주셨습니다.
② 목숨을 다하여 사랑해야 합니다.
우리는 죄에서 구원 받았기 때문입니다. 정성을 다하여 사랑해야 합니다.
③ 힘을 다하여 사랑해야 합니다.
전심전력(全心全力)을 다해서 하나님을 사랑해야 합니다.
④ 뜻을 다하여 하나님을 사랑해야 합니다.
내 뜻은 모두 접고 하나님의 뜻에 따라서 살아가야 합니다. 은평교회 성도들이여! 신앙생활은 부업이 아니고 본업이란 사실을 잊지 말고 하나님의 뜻대로 살아야 하겠습니다.

2) 하나님을 사랑하는 성도는 나타나는 현상이 있습니다.
사랑하기 때문에 나타나는 현상입니다.
① 보이는 형제를 사랑합니다.
이웃 형제를 사랑합니다. (요일 2:9-)살아가는 현실에서 사랑이 나타나게 해야 합니다.
② 주님의 교회를 사랑합니다.
주님의 교회 가족들은(church member) 사랑합니다. 예수님이 말씀해 주셨습니다. "이르시되 가서 너도 이와 같이 하라"(Jesus told him, "Go and do likewise."). 이론이 아니라 실천과 행동입니다. 어떻게 해야 할까요? 변함없이 사랑해야 합니다(엡 6:24). 심지가 견고해야 합니다(사 26:3). 은평교회 성도들이 이렇게 되시기를 예수님의 이름으로 축원합니다.

▶ 결론 : 사랑을 받았으니 사랑해야 합니다.

[하나님]

전능하신 하나님이십니다
(사 60:15-22)

　하나님의 피조물 된 인간이 창조주 되시는 하나님에 대하여 모두는 알 수 없는 것이 사실입니다. 그러나 우리는 예수 그리스도 안에서 구원 받아 하나님의 자녀가 되었고, 하나님께 대한 주어진 계시를 통해서 하나님을 알 수 있도록 해주셨습니다. 조직신학에서 신론(神論)이라 부르게 되는데, 하나님께서 주신 계시 내용 안에서 연구하는 학문입니다 성부, 성자, 성령, 삼위일체 하나님이시요, 전능하신 하나님이시요, 무소부재(無所不在) 하신 하나님이십니다.
　(출 3:14)스스로 계신 영원하신 하나님이시라고 했습니다(God said to Moses, I AM WHO I AM). (출 6:1)"강한 손으로 말미암아 바로가 그들을 보내리라" 하셨습니다. 10가시 재앙으로 바로가 항복하게 하셨습니다. (출 14:2)홍해가 갈라졌습니다. (출 15:25)쓴 물이 단 물로 바뀌게 하셨습니다. (출 15:27)엘림으로 인도하셨습니다. (출 17:10)아말렉을 무찌르게 하셨습니다. (민 11:23)하나님의 손이 짧아지지 않는 전능하신 손이라고 하셨습니다. (민 20:11)반석에서 생수가 나오게 하셨습니다. (출 40:36)불기둥과 기름 기둥으로 인도해 주셨습니다. 여호수아에게도 가나안을 정복하게 하셨습니다(수 1:4). 하나님이 약속하셨습니다. (수 3:15)요단강이 갈라지게 하셨습니다. (수 6:16)여리고 성이 무너지게 하셨습니다. (수 8:23)아이 성이 무너지게 하셨습니다. (수 10:12)태양이 멈추고 달이 지체되게 하셨습니다. (삼상 17:44)다윗의 손끝에서 골리앗이 무너지게 하셨습니다. (왕하 19:35)앗수르 왕이 참패하게 되었습니다.
　신약에 와서 나환자가 일어나고, 고창병이 낫고, 중풍병자가 일어서며,

나면서 못 걷던 병자가 걷고 뛰었습니다. 귀신이 나가고 죽은 자가 살아나며 오병이어의 기적과 맹물이 제일 좋은 포도주로 바뀌게 되었습니다. 예수님은 물 위로 걸으시며, 풍랑을 잔잔하게 하시고, 무덤에서 삼일 만에 생명의 부활을 나오시고, 우리에게 부활의 소망을 주셨습니다.

본문에서 이사야를 통해서 이스라엘 백성에게 "나 여호와는 네 구원자, 네 구속자, 야곱의 전능자인 줄 알리라"하셨는데 여기에서 우리가 이 시대에 은혜의 시간이 되시기를 원합니다.

1. 하나님의 은혜와 축복을 바르게 알아야 합니다.

어렵고 힘든 세상이지만 말씀을 자세히 보면 힘과 용기와 살 길이 열리게 됩니다.

1) 고통을 당할 때에 여러 가지 유형의 태도가 나옵니다.
고통을 당하는 자의 여러 가지 반응들입니다.
① '왜 내가 이런 문제를 당해야 하느냐?'라는 질문입니다.
내가 다른 사람들보다 죄가 없는데 내게 왜 이런 문제가 생기느냐는 것입니다. 누구에게나 문제가 생길 수 있다는 것은 사실입니다. 몸 안에도 각기 다른 세균들이 있는데 그 중에 잘못 걸리면 중병이 되듯이 누구에게나 가능한 일들입니다. 원죄나 자범죄로 얼룩진 인간이기 때문입니다. (벧전 5:7)"너희 염려를 다 주께 맡기라 이는 그가 너희를 돌보심이라"했습니다. 하나님께 맡기는 사람들이 복됩니다.
② '왜 하필 우리에게 이런 문제가 발생하느냐?'라는 질문입니다.
개인을 떠나서 어느 가정, 단체, 국가에 해당되는 부분이 '우리'라는 것입니다. (출 14:11-)홍해 앞에서 원망하던 이스라엘 백성들의 '우리'라는 개념입니다. "우리를 바다에 수장시키려느냐"라고 했습니다. 그러나 깨닫지 못했기 때문에 이런 사실이 일어나게 되었으니 깨닫는 것이 복이 됨을 알아야 합니다(시 49:20).

2) 전능하신 하나님의 은혜와 축복 속에 살아간다는 것을 잊지 말아야 합니다.

이제까지 산 것도 앞으로 살 것도 모두 하나님의 은혜입니다.

① 언제까지 이렇게 어려움을 당해야 하느냐고 원망하지 말고, 믿음 가운데 주님을 바라보아야 합니다.

이것이 하나님의 은혜와 축복을 받는 길입니다. 시편 기자는 그래서 이렇게 찬송했습니다. (시 121:1-8)"지금부터 영원까지 지키시리로다"

② 성도는 하나님의 말씀을 믿어야 합니다.

사람이 살아가는 세계는 신비가 가득한 세상입니다. 이 신비로운 세계를 창조하시고 통치하시는 분은 하나님이십니다. 그 우주적 존재이신 하나님 앞에서 우리는 겸손해야 합니다. 그리고 그 앞에 순종해야 합니다.

2. 우리에게 은혜와 축복을 주시는 주체는 하나님이십니다.

누가 내 곁에서 함께 하시느냐 입니다. 그 분은 하나님이십니다.

1) 인류 역사의 운영자는 하나님이십니다.

역사의 주관자요 통치자가 되십니다.

① 사람이 하는 일에 대해서 역사하는 것이 아닙니다.

모든 주체가 하나님이십니다. 예컨대 우리가 잘나서 경제활동을 하고 과학을 발전시키고 하는 것이 절대 아니라는 것입니다. 그래서 사람은 하나님 말씀으로 살 것임을 말씀해 주셨습니다(신 8:1-).

② 모든 것은 하나님께서 주체가 되시므로 역사하시는 것입니다.

(신 8:17)경제활동이라도 하나님께서 함께하셨기 때문에 얻는 것이지 내 손의 힘으로 얻은 줄로 착각하지 말아야 합니다. 이러한 일을 알지 못하고 교만하기 때문에 우상주의로 나가게 되고 범죄하게 되는 것입니다.

2) 하나님의 역사는 미래 지향적입니다.

과거도 현재도 역사하시지만 미래 또한 하나님께서 인도해 주십니다. 여기에 발전이 있고 축복이 따르게 됩니다.

① 하나님의 축복과 은혜의 역사는 언제나 미래에 소망을 주시는 것입니다.

미래가 밝아져야 합니다. 그래서 하나님은 절망의 하나님이 아니라 소망의 하나님이 되십니다(롬 15:13). 어떤 환경 가운데서도 우리에게 소망(hope)을 주시는 하나님이심을 믿어야 합니다.

② 하나님 말씀 중심으로 살아보세요.

하나님 중심으로 생각하고 말하고 생활해보세요. 여기에 축복과 은혜가 있습니다. 어려운 세상에서 우리가 의지할 분은 오직 하나님이신데 나의 힘이 되시기 때문입니다(시 18:1-). 다윗이 그 시대에 이 신앙으로 승리했습니다.

3. 하나님의 은혜 속에 살아가는 성도는 종말론적 인식도 잊지 말아야 합니다.

세상이 영원하지 않으며 또한 세상에서 영원히 살아가는 존재가 아니라는 사실입니다.

1) 세상에는 개인 종말이 있고 전체적 종말이 있습니다.

① 인간은 태어날 때부터 이 종말을 향해 가도록 태어났습니다.

개인과 전체의 종말도 오게 되는데, 이 역사는 하나님이 주관하십니다. (벧전 1:25)"모든 육체는 풀과 같고 그 모든 영광은 풀의 꽃과 같으니 풀은 마르고 꽃은 떨어지되 오직 주의 말씀은 세세토록 있도다" 했습니다.

② 신앙적으로 종말 때에 복된 자가 누구인지 알아야 합니다.

출세하고 성공했다 해도 전능하신 하나님이시고 창조주인 하나님을 잃어버린 인생은 불쌍합니다. 심판이 기다리고 있기 때문입니다. (전 12:14-) 다음 세상은 천국이냐 지옥이냐가 기다리고 있습니다.

2) 우리에게 능력 주시는 분은 하나님이십니다.

 이 세상은 내 생각대로 다 된다고 착각하지 말아야 합니다. 전능하신 하나님을 바라보아야 합니다. 이것이 인생의 본분입니다(전 12:13).

 ① 하나님이 구원적으로 주신 믿음이 능력입니다.

 세상을 이기고 죄악을 이기며 어려운 환경을 이기는 능력입니다. 이 믿음은 하나님께서 주셨으며(엡 2:8), 이 믿음으로 세상을 이겨 나가게 되며(요일 5:4), 그 능력 주시면 모든 것을 할 수 있습니다(빌 4:13).

 ② 하나님 없는 인생은 소리만 나는 빈 깡통과 같은 인생으로 비유됩니다.

 본문에서 권면하시는 말씀을 깨닫고 믿음 안에서 하나님의 능력으로 승리하는 성도들이 모두 되시기를 축복합니다.

▶ 결론 : 하나님 안에서 살아야 합니다.

[신앙생활]

묵은 땅을 기경해야 합니다
(마 13:24-30)

세상을 살아가는 모든 원리(原理)는 심을 때가 있고 거둘 때가 있다는 것입니다. 봄에는 심고 가을에는 거두는 원리입니다. 겨울에 심거나 묵은 땅에다 곡식을 파종할 수 없다는 것입니다. 새로운 땅으로 갈아엎어서 씨앗이 잘 자라도록 땅을 만들어 주어야 합니다.

마태복음 13장에는 예수님께서 천국 비유를 7가지로 설명해 주셨습니다. 그 첫 번째가 네 가지 밭에 관한 것으로 길가와 같은 밭과 돌짝밭, 가시떨기 밭과 잘 가꾸어진 옥토 밭(good soil)이 있는데, 오직 옥토 밭에서만 곡식을 거두게 되는바 30배, 60배, 100배의 결실을 한다는 사실입니다. 이 말씀은 자연적인 농사에서뿐 아니라 영적 세계인 신앙세계에서도 똑같이 역사하게 됩니다. 가장 급선무는 물과 성령으로 거듭나서(요 3:1-11) 새롭게 된 마음이 되는 것입니다. 물과 성령으로 거듭나지 아니하면 하나님 나라에 들어갈 수가 없습니다(Jesus answered, "I tell you the truth, no one can enter the kingdom of God unless he is born of water and the Spirit.").

씨 뿌리는 비유는 구약에서도 강조하셨는데, 이 인용구들이 신약의 씨 뿌리는 말씀의 교훈입니다(호 10:12). 묵은 땅을 기경하라고 하셨는데, 여기에서 은혜의 시간이 되어야 하겠습니다.

1. 때가 늦지 않도록 묵은 땅을 기경해야 합니다.

농사에는 때가 있기 때문에 늦지 않도록 해야 합니다.

1) 기경의 때를 잘 알아야 합니다.

　계절적인 봄이 있듯이 영적인 봄도 있습니다. 정치적 봄도 있어서 과거에 공산독재 시절에 '프라하의 봄'(Praha spring)이라는 것이 유명한 때가 있었습니다.

　① 언제나 지금이 영적으로 기경할 때입니다.

　"지금이 여호와를 찾을 때니" 했는데 '지금'(is the time)이라는 시간입니다. 다음으로 미루거나 하면 때가 그냥 지나쳐 버리는 경우가 많습니다(고후 6:1-). 은혜 받는 것도 언제나 지금입니다. 그래서 (엡 6:16)"세월을 아끼라"고 했는데, 여기서 아끼라는 것은 '세월 속에서 기회를 사야 한다'는 것이고, 그 기회를 사서 내 것으로 삼아야 하는 뜻입니다.

　② 밭을 갈 기회가 있을 때 밭을 갈아야 합니다.

　기경의 때를 놓치거나 기경하지 못하면 문제가 되어 추수 때에 어려움을 당하게 됩니다. 거둘 때에는 구걸할지라도 얻지 못합니다(잠 20:4). 게으르지 말고 일해야 하는 이유들입니다(잠 19:24, 29:16; 롬 12:11). 따라서 언제나 우리는 깨달아서 바른 신앙 가운데 살아야 합니다.

2) 농사철에 기경할 때를 알았으면 실행에 옮겨야 합니다.

　속담에도 "구슬이 서말이라도 꿰어야 보배다."라는 말이 있습니다. 신앙생활의 도리도 마찬가지입니다. (약 2:26)"영혼 없는 몸이 죽은 것 같이 행함이 없는 믿음은 죽은 것이니라" 했습니다. 알았으면 실천해야 합니다.

　① 신앙은 행하는 데 있습니다.

　거기에서 열매가 맺기 때문입니다. 농사철에 열심히 각 가정에서 농기구들을 챙기며 손질하고 밭을 갈고 하는 행위가 신앙생활에도 똑같이 적용될 때에 신앙의 열매를 맺게 됩니다. 기경하고 갈아엎는 일은 농사의 초보와 같은 이치입니다.

　② 영적이고 신령한 신앙생활 역시 같은 원리입니다.

　하나님 말씀을 들었으면 깨닫게 되고, 깨닫게 되었으면 실천해야 합니다. 회개할 때에 회개하고 찬송할 때에 찬송하며 기도할 때에 기도해야 합니다. 신앙성장과 열매가 맺는 일은 다른 정도(正道)가 없고 실천할 때에 가능한 일입니다.

2. 때가 늦지 않도록 적당할 때에 씨를 뿌려야 합니다.

기경할 때와 씨를 뿌리는 때는 기한이 있습니다. 이제는 씨를 뿌리는 일이 남았습니다.

1) 씨를 뿌릴 때에는 씨 뿌리는 일에 힘써야 합니다.
① 일반적인 자연 생태계에서도 씨는 나게 되어 있습니다.
무엇을 심었느냐에 따라서 심은 것이 나게 됩니다(갈 6:7-). 그리고 씨를 뿌릴 때에는 눈물과 수고가 있지만 거두게 될 때에는 기쁨으로 거두게 되는 것이 원리입니다(시 126:5-6).
② 따라서 우리는 상황이나 형편에 관계없이 씨 뿌리는 일에 힘써야 합니다.
씨를 뿌리고 물을 주며 거름을 줄 때에 자라서 열매를 맺게 되는데 영적으로도 같은 원리가 작용을 하게 됩니다. 그래서 지금은 힘들어도 밭을 갈고 씨를 뿌리는 작업이 다 열매를 맺게 되는 일의 기본이 됩니다.

2) 씨 뿌리는 과정에서의 교훈은 심은 만큼 거두게 된다는 원리입니다.
벌레를 잡아주고 잡풀을 제거해 주는 노력과 함께 열매는 맺게 되어 있습니다.
① 종자 역시 심은 종자가 나게 됩니다.
벼를 파종했는데 옥수수가 나지 않습니다. 말씀 따라서 순종하며 나아갈 때에 축복이 있게 됩니다. 이는 모세를 통해서 신명기 28장 1-14절에서 분명히 축복의 원리를 밝히셨습니다. 하나님 말씀이 우리 신앙의 기준이 됩니다.
② 심은 만큼 거두게 됩니다.
수확의 차이는 조금씩 다를 수 있겠지만 예를 들어 200평에 심었으면

200평만큼 거두게 되는 원리입니다. 사도 바울을 통해서 분명하게 밝혀 주셨습니다. (고후 9:6-)"이것이 곧 적게 심는 자는 적게 거두고 많이 심는 자는 많이 거둔다 하는 말이로다"고 했습니다. (전 11:1)"너는 네 식물을 물 위에 던지라 여러 날 후에 도로 찾으리라"(Cast your bread upon the waters, for after many days you will find it again) 했습니다.

3. 성장하게 하시고 열매를 맺게 하시는 분은 하나님이십니다.

부지런히 갈고 씨를 뿌리는 일은 사람이 하지만 열매를 맺게 하시는 분은 하나님이십니다.

1) 하나님이 하시는 일이 있습니다.
하나님의 역사를 사람이 어찌 할 수 없습니다.
① 자라게 하십니다.
사도 바울은 전했습니다. (고전 3:6)"나는 심었고(복음을) 아볼로는 물을 주었으되(당시 목회자) 오직 하나님께서 자라나게 하셨나니"(I planted the seed, Apollos watered it, but God made it grow) 했습니다. 영적인 일도 하나님의 주권에 의해서 달라지게 됩니다.
② 인생사에서 매사에 하나님께서 인도해주십니다.
하나님께서 하시는 일에 대해 욥에게 질문하면서 교육하시는 말씀을 배우게 됩니다(욥 38-41장). 자연적인 일에도 원리가 있듯이 영적인 일에도 회개와 더불어서 열매 맺는 단계에 이르기까지 모두가 하나님의 말씀대로 이루어집니다.

2) 사람이 할 수 있는 일은 극히 제한되어 있습니다.
사실 따지고 보면 사람이 할 수 있는 것은 거의 없습니다.
① 피곤하게 되면 자게 되고 잠잘 때에 원수가 와서 가라지를 덧뿌리고 가게 됩니다.
그래서 여기에서 시험거리가 생겨나게 되고, 신앙생활에 여러 가지 문제

들이 발생하게 됩니다. 그러나 이것들은 추수하기 전에 뽑아서 모두 불태우게 된다고 하셨습니다. 이것이 또한 추수의 법칙입니다(law of harvest). 우리는 추수의 법칙 가운데 살아가는 사람들입니다.

② 추수의 법칙대로 추수가 이루어지게 됩니다.

정성을 들인 만큼 수확이 나게 됩니다. 알곡은 창고에 들이지만 쭉정이들은 불구덩이에 넣게 됩니다. 은평교회 성도들은 모두가 알곡이 되어서 영원한 천국창고에 입성하게 되시기를 주님의 이름으로 축원합니다.

▶ 결론 : 영적으로 기경을 잘해야 합니다.

[신앙생활]

인생을 착각하지 말고 살자

(막 12:1-12)

　세상을 살다보면 어떤 일이나 사건에 대하여 올바른 정석에 서지 못하고 잘못 판단하여 망치는 경우가 종종 있습니다. 요즈음은 도로건설 토목공사 가운데 터널의 길이가 매우 긴 굴(tunnel)들이 많습니다. 터널공사 할 때 양쪽에서 뚫어오다가 가운데에서 만나게 되는데 이때 측량이 정확하게 이루어지지 않으면 서로 빗나가서 큰 문제가 발생할 수 있습니다. 한번 엎질러진 물은 다시 담을 수 없게 되고 지나간 시간은 되돌릴 수 없게 됩니다. 계류장에 서있는 비행기도 활주로에서 앞을 향해 날아오르지만 뒤로는 갈 수 없게 제작되었듯이, 인생의 길이 이러하기 때문에 내일 일을 자랑하지 말고 바르게 살아야 합니다. (잠 27:1)"너는 내일 일을 자랑하지 말라 하루 동안에 무슨 일이 일어날는지 네가 알 수 없음이니라" (Do not boast about tomorrow, for you do not know what a day may bring forth.) 했습니다. 그래서 성경에는 어리석은 인생들의 이야기를 말씀하면서 우리에게 교훈해 주셨습니다(눅 12:20-21; 약 4:13-14). 사람은 자동차처럼 시간적으로 뒤로 후퇴할 수 있는 기능이 없기 때문에 순간순간마다 바르게 살아야만 합니다.

　본문에서 예수님은 포도원 농장의 비유로 교훈해 주셨습니다. 오신다고 예언된 예수님을 급기야 죽이게 된 사건의 비유입니다. 악한 종들은 예수님의 종들을 죽였고 예수님만 죽이면 모두 끝날 것이라고 착각했습니다. 그러나 그 생각은 잘못되었고 그릇되었음을 분명히 보여 주셨습니다. 여기에서 교훈을 얻게 됩니다.

1. 주인은 먼 타국에 계시기 때문에 현지의 일을 전혀 모를 것이라는 착각이 오판이고 잘못된 것이었습니다.

주인이 현장에 계시지 않다고 해서 악을 저지른 것은 착각이요 오판입니다.

1) 이것이 인생들의 착오요 오판이요 실수입니다.

본문에서 농부들의 행위는 씻을 수 없는 범죄행위였습니다.

① 주인은 종들을 보내었습니다.

하나님께서는 주인으로서 수없이 종들을 보내셨습니다. (렘 25:3-)유다 나라에도 수많은 선지자들을 보내셨는데 들으려고도 하지 않았다고 했습니다. 결과적으로 바벨론에게 포로 되어 70년간 고난의 시간을 보내게 되었습니다. 하나님의 일은 언제나 주의 종들을 통해서 예고하고 진행하셨습니다(창 18:17; 계 10:7). 종들은 심부름하는 일에 불과합니다. 그래서 성경에는 "사도"('아포스톨로스' ἀπόστολος)와 "종"('둘로스' δοῦλος)이라는 말이 많이 나오는데, 모두가 심부름 하는 일꾼입니다. 이들의 말을 들어야 합니다.

② 사람들의 눈에는 보내심을 받은 종들만 보였고, 보내신 주인은 눈에 보이지 아니했기 때문에 범죄하게 된 것입니다.

영적인 눈을 뜨지 못하면 악을 행하고도 깨닫지 못하게 됩니다. 교도소에 있는 사람들 중에는 혹시 억울한 사람들도 있겠지만, 대부분은 죄에 대한 억제력이 부족한 경우가 많습니다. 성경은 죄를 다스리라고 했습니다. (창 4:7)"죄가 너를 원하나 너는 죄를 다스릴지니라"(it desires to have you, but you must master it.) 했습니다.

2) 눈에 보이지 않는다고 해서 주인이 없는 것이 아닙니다.

지금 당장 눈에 보이지 않는다고 할지라도 주인이 엄연히 계시며 모두 지켜보고 계신다는 사실입니다.

① 무신론자들의 이야기입니다.

사실 유대인들은 무신론자들이 아니라 유신론자들 중에서도 유실론자들이었습니다. 그들의 생활은 하나님을 제외하고 무슨 일을 한다는 것은 생각조차 못할 정도였지만 하나님 앞에 범죄하게 되었습니다. 이것이 이른바 신앙인의 불신앙인적 모습입니다.

② 어리석은 자는 하나님이 없다고 합니다.

(시 14:1, 53:1-)어리석은 자는 하나님이 없다고 합니다. "의인은 없나니 하나도 없다"(롬 3:10-). 그러므로 하나님은 악인의 악도 모두 보시고 계심을 기억해야 합니다(욥 11:11).

2. 주인으로부터 포도원을 잠시 동안 위임 받은 청지기란 사실을 잊어버리고 착각하게 된 사실입니다.

우리 모두가 여기에 속하게 되는바 우리는 청지기들입니다(벧전 4:10-11).

1) 농부들은 주인에게 위탁 받은 청지기들입니다.

내가 가지고 관리한다고 해서 내 것이라는 것은 착각이요, 오판입니다. 우리는 청지기라는 사실을 망각하지 말아야 합니다.

① 무슨 재능이 있든지 그 재능(talent) 대로 주셨습니다.

영화 속에서 각각 등장하는 인물들이 각본에 따라서 연기하듯이 우리는 청지기들입니다. 집을 지을 때에도 설계를 하고 그 설계대로, 일꾼들이 각 분야별로 맡은 일들을 하는 것과 같습니다.

② 우리는 주인이 아니고 심부름꾼입니다.

그런데 본문에 나오는 이 농부들은 자기들이 주인 행세하며 주인의 또 다른 종들을 핍박하고 가혹행위까지 행하였으며 급기야 그 아들까지 죽였습니다. 이것이 이스라엘의 역사요, 모든 인생들의 행로임을 보여줍니다.

2) 이 세상을 살아가면서 내 것은 하나도 없습니다.

다만 청지기로서 내가 관리하는 것뿐입니다.

① 내 몸도 내 것이 아닙니다.

내가 태어나고 싶어서 자의적으로 태어난 것도 아니고, 또 환경이나 가문 등 내가 선택한 것은 하나도 없습니다. 그 주인은 하나님이십니다. 하나님의 영광을 위한 목적입니다(고전 10:31; 롬 14:7; 빌 1:20).

② 청지기는 무엇을 가지고 있든지 간에 주인이 위탁해 주신 것입니다.

엉뚱하게 내 것인 것처럼 착각하지 말아야 합니다. 건강한 육체도, 머리 좋은 두뇌(brain)도, 좋은 학교 학벌도, 노력해서 얻었든지 물려받은 유산이든지 많은 재물도(신 8:17-18) 모두가 그 주인은 하나님이십니다. 아나니아와 삽비라가 착각한 것 역시 이 부분인바 성경에서 베드로의 입을 통해서 하시는 말씀이었습니다. 팔기 전에도 팔은 후에도 네 것이 아니라는 것이었습니다(행 5:4). 청지기는 주인에게 충실해야 합니다. 잘한 청지기를 찾고 계시고(시 101:6; 잠 25:13) 그에게 약속하신 상급이 있습니다(마 25:31; 계 21:10, 22:12).

3. 이 종들은 설마하고 '종국'(end line)이 있음을 잊어버리고 큰 착각을 하게 되었습니다.

칭찬할 자는 칭찬을, 책망할 자는 책망을 받는 종국이 반드시 옵니다.

1) 매사에 시작이 있으면 끝이 있게 마련입니다.

(전 3:1) "범사에 기한이 있고 천하만사가 다 때가 있나니 날 때가 있고 죽을 때가 있으며" 했습니다.

① 태어날 때가 있으면 죽을 때도 한번 오게 됩니다.

이것이 인생인데 좀 더 오래 사는가 아니면 조금 짧게 사는 것일 뿐입니다. 이것이 인생의 정해진 이치요 심판의 이치입니다(전 11:9). 하나님은 선악 간에 심판하십니다(전 12:13-14).

② 우리 모두는 미래의 종착역이 있습니다.

그것은 개인적으로 부르심을 입든지, 전체적으로 예수님이 재림하시든지 간에 반드시 오게 됩니다. 과학적으로도 지금은 지구의 수명을 논할 때입니다. 종말이 임박해 오는 현실에서 다시 한 번 생각하며 살 때입니다.

2) 사람들은 설마하며 그냥 지나치기 쉬운 때입니다.
　설마하지 말고 주인을 찾을 때입니다.
　① 지금은 주인을 기다리는 때가 되어야 합니다.
　주인을 기다리는 사람은 매사에 준비해 놓고 기다리게 됩니다. 이것이 주님의 당부였습니다(마 24:45-).
　② 지금은 주인 되시는 하나님 말씀을 믿고 순종하며 행할 때입니다.
　이런 종들에게 칭찬이 약속되었기 때문입니다. 은평교회 모든 성도들이 바른 신앙관 가운데에서 승리하시기를 주님의 이름으로 축원합니다.

▶ 결론 : 인생을 착각하지 말아야 합니다.

[신앙생활]

뒤로 후퇴하지 말아야 합니다
(히 10:35-39)

사람들이 세상을 살다보면 실수도 있고 길을 잘못 갈 수도 있습니다. 그러나 사람이 들의 풀이나 미물보다 다른 것은 깨달음이 있고 회개가 있다는 것입니다. 빨리 깨닫고서 수정하거나 뉘우치고 바른 길로 가는 것이 사람입니다. 그래서 시편에 (시 49:20)"존귀에 처하나 깨닫지 못하는 사람은 멸망하는 짐승 같도다" 했습니다. '멸망하는 짐승'(beasts that perish)은 되지 말아야 합니다. 어느 시대든지 세상을 살아가면서 어렵지 않은 시대는 없지만 그 중에도 신앙을 지키며 산다는 것은 더욱 어렵습니다. 그러나 어렵다고 해도 믿음 하나만큼은 끝까지 지켜 나가야 하기 때문에 어떤 일이 있든지 믿음을 잃지 않도록 힘써야 합니다. 초대교회는 박해가 공식화된 시대였지만 그래도 끝까지 믿음을 굳게 지켰기 때문에 순교자적인 신앙에 의해서 교회가 여기까지 올 수 있게 되었습니다.

사도 베드로는 분명히 전했습니다(벧전 1:1-4). 예수 그리스도의 사도 베드로는 본도, 갈라디아, 갑바도기아, 아시아와 비두니아에 흩어진 나그네들에게 썩지 않고 더럽지 않고 쇠하지 아니하는 유업을 하늘에 간직하여 잇게 하셨기 때문에 금과 같은 믿음을 굳게 지킬 것을 권면했습니다. 이것이 초대교회 신앙인바 오늘 본문에서 은혜의 시간이 되어야 하겠습니다.

1. 뒤로 후퇴하지 말고 담대하게 나아가면 상을 얻게 된다고 약속하셨습니다.

모질게도 핍박받은 초대교회 성도들에게 주님의 격려요 힘을 얻게 하는 말씀입니다.

1) 무슨 일이든지 뒤로 물러가지 말아야 합니다.

초대교회 성도들이 그랬듯이 이 시대에도 주님의 성도들은 진리에 굳게 서있어야 합니다.

① 구원의 은혜에 감격했기 때문입니다.

이렇게 신앙을 지킬 수 있었던 것은 구원 받은 감격이 있었기 때문입니다. 참된 성도들은 앞으로 어떠한 환란이나 핍박이나 이질적인 문화가 온다고 해도 믿음을 사수해야 합니다. IT기술 발달로 앞으로는 베리칩 시대가 온다고 하는데, 믿음을 더욱 굳게 지켜야 합니다. 이것이 짐승 표 시대일 수도 있기 때문입니다(계 13:15-18).

② 세상에 동조하지 아니하고 예수 믿는 진리를 고집하게 되면 문제가 되는 시대가 미래 시대입니다.

그래서 예수 믿는 이유 때문에 고난당하는 시대가 초대교회 시대(히 10:34)뿐만 아니고 마지막 시대에도 그런 때가 오겠지만 "더 낫고 영구한 소유가 있는 줄 앎이라"(because you knew that you yourselves had better and lasting possessions.)고 했습니다. 이렇게 성경은 우리에게 분명한 믿음의 이유를 강조해 주고 있습니다.

2) 믿음이 아니면 극복해 나갈 수 없기 때문입니다.

(요일 5:4)믿음만이 세상을 이길 수 있다고 했습니다.

① 앞으로의 세계는 우리의 믿음을 더욱 돈독히 해야 할 시대입니다.

예수님도 인자가 올 때에 세상에서 믿음을 보겠느냐고 하셨습니다(눅 18:8). 히브리서 11장과 연계해서 볼 때에 믿음의 사람들은 세상을 믿음으로 이겼습니다. 또한 믿음이 있을 때에 하나님을 기쁘시게 합니다(히 11:6).

② 여기에 상급이 약속되어 있음을 기억해야 합니다.

여기에서 상급은 잠시 잠깐이면 없어지는 상급이 아닙니다. 빼앗기고 수모당해도 예수 믿는 믿음 안에서 영원히 간직한 상급이 분명하게 준비되어 있습니다. 세상에 어떤 상보다 귀하고 영원한 상이 준비되어 있기 때문에 믿음을 굳게 지켜야 합니다. 영원한 기업입니다.

2. 뒤로 물러서지 아니하고 인내하게 되면 약속이 반드시 이루어질 때가 옵니다.

이는 하나님의 변치 않는 약속입니다. 따라서 믿음을 굳게 지키고 말씀을 따라서 가는 것이 성도의 가는 길이 되어야 합니다.

1) 하나님의 자녀들은 인내로 무장해야 할 때입니다.
  끝까지 인내하며 기다리는 것이 열매 맺는 신앙입니다(갈 5:23).
  ① 인내가 없으면 성공할 수 없습니다.
  따라서 언제든지 인내하며 기다리는 사람이 성공하듯이 영적이고 신앙적인 일에도 인내는 중요합니다. 그래서 요즈음 젊은이들에게 취약점이 된 요소가 인내이기 때문에 중요하게 생각할 문제입니다.
  ② 인내의 끝은 반드시 있게 됩니다.
  미래를 지고가야 할 젊은이들이기 때문에 여기에는 반드시 인내가 따라야 합니다. 미래의 교회, 미래의 국가 역시 젊은이들에게 있는바 인내로써 신앙을 굳게 지킬 때에 가능한 일입니다. 플라톤(Platon)의 철학에서 이데아의 세계를 보면 유리로 된 동굴에서 안에서 살펴본 동굴 밖을 모르는 세계를 말하고 있는데, 이것이 플라톤의 이데아(정신세계)입니다. 미래를 위해서는 젊은이들이 인내로써 믿음을 굳게 해야 합니다. 또 다른 세계가 있기 때문입니다.

2) 인내하고 참지 못하게 되면 뒤로 물러가는 꼴이 됩니다.
  신앙생활에서 뒤로 물러가게 되면 하나님은 절대로 기뻐하시지 않습니다.
  ① 신앙을 쉽게 포기하거나 쉽게 시험에 들기 때문입니다.
  소위 '시험'(test period)은 왜 듭니까? 인내가 부족하기 때문입니다. 그래서 플라톤(Platon)은 다른 사람보다 자기 밖에 모르는 '에고이즘'(egoism)을 유

리 동굴로 이야기 하고 있습니다. 또는 자격지심도 위험합니다. 좀 더 넓은 세상이 있음을 보아야 합니다.

② 본문에서도 인내로 너희 구원을 이루어야 한다고 권면했습니다.

세상에서 사는 동안에 받은 축복도 그러하지만 영원한 천국의 영생과 상급 역시 인내로써 싸워 나가야 할 결과입니다. 마치 군대에서 훈련 받을 때는 힘들지만 훈련이 끝나면 행복감이 찾아오듯이 하나님 나라 상급은 영원하게 기다리고 있습니다.

3. 앞으로 전진하는 신앙을 하나님이 기뻐하시고 그에게 상을 주십니다.

(38절)뒤로 물러간다는 말은 헬라어로 '휘포스텔로'(δοῦλος)인데, '물러난다', '뒷짐 진다', '피한다'의 뜻으로 비겁한 상태를 말할 때에 쓰는 용어입니다.

1) 뒤로 물러가는 신앙은 하나님이 절대로 기뻐하시지 않습니다.

하나님의 거룩하신 뜻이기 때문입니다. 하나님이 기뻐하시는 신앙은 성도들이 십자가를 지고 가는 신앙입니다.

① 뒤로 물러가면 약속이 없습니다.

믿음이 뒤로 물러가면 영생의 약속도 천국의 상급도 없다는 것을 기억해야 합니다. 영생과 영원한 상급은 끝까지 십자가를 지고 인내하면서 승리할 때에 주어지는 약속입니다.

② 뒤로 물러서든지 뒤를 돌아보면 문제가 됩니다.

종말 때에 살아가는 성도들이 생각해야 할 문제입니다. 롯의 처와 같이 뒤돌아보면 문제가 생기기 때문입니다(창 19:17). "롯의 처를 기억하라"(Remember Lot's wife!)고 경고하셨습니다(눅 17:32). 또한 남쪽에서 올라온 선지자에게서도 교훈을 주고 있습니다(왕상 13:14).

2) 신앙생활은 끝까지 지체하지 말아야 합니다.

심장 박동이 멈추면 죽듯이 우리의 신앙은 날마다 역동적이 되어야 합니다.

① 최종적인 목적지는 천국입니다.

애굽에서 나온 이후에 모든 백성이 가나안에 들어간 것이 아닙니다. 쓴 물의 사건(출 15:27)을 비롯해서 큰 문제들도 있었는데 그때마다 승리한 사람들은 여호수아와 갈렙처럼 하나님 중심의 믿음이 있던 사람들입니다.

② 최종적으로 주님만 바라보아야 합니다.

(히 12:2)믿음의 주요 또 온전하게 하시는 이인 예수님을 바라고 나가야 합니다. 이 세대에 세상을 보고 상황을 보고 나아가는 것이 아니라 예수님만 바라보아야 합니다. 말세 때에 은평교회 모든 성도들이 이렇게 되시기를 예수님의 이름으로 축복합니다.

▶ 결론 : 앞으로 전진하는 신앙을 가져야 합니다.

[신앙생활]

항상 기뻐할 수 있는 생활의 비법
(빌 4:4-9)

　세상에서 어떤 일을 하게 될 때에 '노하우'니 또는 '비법'이니 하는 말들을 자주 하게 됩니다. 그 일에 대한 특수한 기술을 뜻하는 말입니다. 어느 음식점에서 특별하게 만드는 음식의 비법이라든지, 어느 제품의 대한 특별한 기술을 뜻하는 바가 많이 있습니다. 세상적인 일에는 모두가 그렇게 비밀이니 하면서 '닫혀'(closed)있지만 성경에서 비밀은 모두 열려(opening) 있습니다. 천국 가는 방법이나, 축복 받는 방법이 중요한 일인데 모두 열려져 있다는 사실입니다. 그래서 천국 가는 일이나 축복 받는 일이나 모두 하나님 말씀인 성경 속에 모두 기록되었기 때문에 성경적으로 살게 되면 모두 내 것이 되는 것입니다.
　하나님은 창조 때부터 축복을 이미 약속하셨습니나(창 1:28). 그래서 하나님 말씀은 이슬과 같고 내리는 비와 같다고 비유로 말씀해 주셨습니다(신 32:1). 그러나 악한 자가 잘되는 것은 잠시 잠깐입니다(신 37:1; 전 8:13). 하나님이 없는 저들은 헛될 뿐이니라는 것입니다. 예수 그리스도 안에서 누려야 할 복 가운데 '희락'(cχαρα), 기쁨의 복이 있습니다. 이것은 예수님이 주시는 것입니다(요 4:13, 14:27). 비록 옥중에 있지만 기뻐하라고 외치는 바울의 신앙의 비법이 무엇인가를 깨닫고, 우리 또한 예수 그리스도 안에서 기쁨을 배우고 기쁨이 충만한 복을 받아야 하겠습니다.

1. 기쁨의 비법은 예수 안에서 살아갈 때에 체험하게 됩니다.
　천하의 모든 것을 누린다고 해도 타락된 마음에는 평강이나 기쁨이 없습니다.

1) 예수님 안에서의 희락입니다.
예수님은 우리 믿는 성도들의 영원한 기쁨이 되십니다.
① 영원한 죄의 권세에서 해방된 기쁨입니다.
이것이 기쁨의 기초이고 기본입니다. 아담 안에서 죽었던 인생입니다(창 2:17; 고전 15:22). 그 죄의 결과는 사망입니다(롬 6:23). 그러나 이제는 죄의 종이 아니라 의의 종이 되었습니다(롬 6:18). 믿음으로 말미암아 이 기쁨이 기본적으로 날마다 있어야 합니다.
② 죄를 짓게 하는 마귀에게서 해방된 기쁨입니다.
죄가 없는 사람이 없고, 그 죄 때문에 파괴되어서 평화가 깨어지고 마귀가 조종하는 대로 살다가 지옥형벌을 받게 되었지만, 이제는 예수 그리스도 안에서 해방되었고 지금은 기쁨뿐입니다(엡 2:1; 갈 5:1; 요 8:31). 성도들에게 이 기쁨($\chi\alpha\rho\alpha$)이 늘 충만해야 합니다.

2) 자유하게 되는 것은 물론이요 영원한 생명을 얻게 되었습니다.
부정적이고 세상적인 기쁨이 아니라 예수님 안에서 영원하게 주시는 기쁨이요 화평입니다.
① 구원 받았고 영생을 얻었습니다.
영원히 멸망의 사람이 아니라 영원히 사는 생명의 사람이 되었습니다. 생명 되시는 예수을 믿으면 영생입니다. (요 5:11-12)사도 요한은 분명하게 증거해 주었는데 예수님 안에서 생명이요, 영생입니다. (요 3:16)예수 믿는 믿음 안에서 주시는 영원한 생명의 복, 영생입니다.
② 따라서 영원한 천국 시민권자들이라는 기쁨을 누리는 것인데, 외형적인 조건에서가 아니라 내부적 심령에서 샘솟듯이 하는 영적 현상입니다.
(빌 3:20)우리의 시민권은 하늘에 있다고 했습니다. 이것이 바울이 옥중에서도 누리는 기쁨이요, 현대 교회들이 가져야 할 기쁨의 본질이 되어야 합니다. 세상적 조건에서 이 기쁨이 있는 것이 아니라는 것입니다. 이 축복 받으시기를 주님의 이름으로 기원합니다.

2. 참 기쁨의 비법은 내가 용서 받는 것처럼 내가 남에게 관용하고 용서하는 데 있습니다.

우리는 영원히 지옥 갈 사람들인데 천국 가는 백성이 된 것은 예수님의 공로로 용서 받았기 때문입니다. 용서의 기쁨입니다.

1) 기쁨의 비법은 용서의 신앙에 있습니다.

(5절)"너희 관용을 모든 사람에게 알게 하라 주께서 가까우시니라"(Let your gentleness be evident to all. The Lord is near.) 했습니다.

① 이 용서하는 신앙생활이 항상 기뻐하는 생활이 됩니다.

용서하면 나에게 기쁨이 돌아옵니다. 바울은 자신을 괴롭히고 대적했던 배신자들이 있었음에도 원망하거나 악한 감정을 가지고 대한 것이 아니라 용서하게 될 때에 오히려 기쁨이 오게 되었습니다(빌 1:17). 여기에 진정한 기쁨이 있습니다.

② 내 마음에 기쁨이 있게 하기 위해서는 용서의 신앙이 있어야 합니다.

용서가 없으면 자신이 괴롭게 됩니다. "주께서 가까우시니라"고 했습니다. 주님 만나는 시간이 다가오고 있고, 재림의 시간이 언제인지는 알 수 없습니다. 교회 안에서는 믿음의 성도들이 용서하고 관용하는 신앙으로 승리해야 하겠습니다. 여기에 기쁨이 있습니다.

2) 성경의 교훈을 보겠습니다.

성경에는 많은 교훈들이 있습니다.

① 베드로의 질문을 통한 교훈입니다.

(마 18:21-)베드로가 예수님께 질문하기를 "형제가 내게 죄를 범하면 몇 번이나 용서하여야 합니까?" 말할 때에 예수님은 일곱 번을 일흔 번까지라도 용서해야 한다 하시고, 만 달란트 빚진 자의 탕감과 백 데나리온 빚진 자에게 행하였던 일을 말씀하시며 형제를 진심으로 용서하라고 말씀하셨습니다(마 18:25).

② 예수님은 주기도문의 짧은 기도문에서도 용서의 신앙을 분명히 보여주셨습니다.

(마 6:12)"우리가 우리에게 죄 지은 자를 사하여 준 것 같이 우리 죄를 사하여 주시옵고"입니다. 2차 세계대전이 끝나고 미국이 일본에게 항복문서를 받는 자리에서 맥아더 장군은 연설 중에 주기도문의 이 한 부분을 연설하였는데 명연설이라는 평판을 얻게 된 것은 유명한 일화입니다. 나 자신 밖에 모르는 이기주의 시대로 치닫는 때에 말씀을 바르게 보아야 합니다.

3. 항상 기뻐하며 사는 생활의 비법은 아무것도 염려하지 말고 기도하는 생활입니다.

내가 할 수 있는 것은 하나도 없습니다. 하나님께서 역사해 주셔야 가능합니다. (마 6:27)"염려함으로 그 키를 한 자라도 더할 수 있겠느냐"(Who of you by worrying can add a single hour to his life?) 했습니다.

1) 아무것도 염려하지 말고 기도하라고 했습니다.

기도 외에는 없습니다(막 9:29). 이것이 기쁨의 비법입니다.

① 믿고 기도하는 것입니다.

기도는 능력이 있습니다. (약 5:15)병자가 치유됩니다. (왕상 18:44)42개월 만에 비가 오게 되었습니다. (창 19:29)롯의 가족을 구원하기도 했습니다. 기도의 위력이 나타나게 될 때에 기쁨은 배나 더하게 됩니다.

② 기도할 때에는 될 것을 믿고 기도해야 합니다.

(막 11:24)받은 줄로 믿어야 합니다. (눅 18:8)말세 때에 믿음이 약화되기 때문입니다. 믿음으로 기도하게 될 때에 응답이 있고 기쁨이 충만하게 됩니다. 창조주 하나님을 믿기 때문입니다.

2) 인생사가 복잡하지만 기뻐해야 합니다.
"하나님의 평강이 너희 마음과 생각을 지키시리라"(7절) 했습니다.
① 걱정이나 염려하지 말라고 했습니다.
들의 피는 백합화를 하나님께서 입히시고, 새들은 하나님이 먹이십니다. 먼저 그의 나라와 그의 의를 구할 때에 기쁨이 있게 됩니다.
② 믿음의 사람은 무슨 일이든지 맡길 곳이 있습니다.
하나님께서 소원을 이루어 주십니다(시 37:4-5). 그리고 맡기라고 하셨습니다. 이는 주께서 권고해 주시기 때문입니다(벧전 5:7). 성도들의 행복과 기쁨은 무엇이든지 맡길 곳이 있기 때문입니다. 영원한 영생의 문제도 맡아 주십니다. 따라서 언제나 어디서나 주 안에서 기뻐하는 신앙생활이 되시기를 예수님의 이름으로 축원합니다.

▶ 결론 : 기쁨의 비밀을 알아야 합니다.

[신앙생활]
승리하는 신앙생활이 되게 하라
(계 3:21:22)

　이 세상을 살아간다는 것은 태어날 때부터 전투요 싸움인바 이 싸움에서 반드시 이겨야 합니다. 하나님의 사랑을 받은 축복의 사람 야곱은 태어날 때부터 에서의 발꿈치를 잡고 나왔습니다(창 25:26). 전쟁은 반드시 이겨야 하는바 국가와 국가 사이의 전쟁도 이겨야 하자만 영적 전쟁에서도 이겨야 합니다. 다윗은 어디를 가든지 이겼다(The LORD gave David victory everywhere he went.)고 했습니다(대상 18:6, 13). 또 "전쟁에 능한 여호와시로다"(the LORD mighty in battle)라고 했습니다(시 24:8). 칼빈은 지상교회는 '전투적 교회'라고 하였는데, 우리의 싸움은 영적 전쟁입니다(엡 6:10-17).
　영원히 망하지 않는 나라(단 2:44)가 임할 때까지는 계속적인 영적 전쟁인바 그 왕으로 오실 예수님이 소아시아 일곱 교회 가운데 마지막 교회인 라오디게아 교회를 통하여 교훈해 주시는 말씀인 본문에서 은혜를 받고자 합니다.

1. 예수 그리스도의 역사(History)는 승리의 역사입니다.
　예수님은 누가 보더라도 승리의 역사를 보여주셨습니다.

1) 십자가로 승리하셨습니다.
　어떤 사람들은 그릇된 시각으로 예수님이 실패하였다고 오인했지만 예수님은 분명하게 십자가로 승리하셨습니다(골 2:15).
　① 예수님이 희생의 피 흘림으로써 구원이 있게 되었기 때문입니다.

죄가 사하여졌고, 죄악의 담벼락이 무너지게 되었으며, 하나님과 믿는 자 사이에 화평이 주어지게 되었습니다. 이것이 예수님이 이 땅에 오신 목적입니다(엡 2:12-16). 이제는 예수를 믿음으로써 하나님의 자녀요(요 1:12), 구원이요(요 3:16), 하나님을 아버지라 부르고(롬 8:15), 하나님 나라에 시민권자(빌 3:20)가 되었습니다.
② 예수님은 모든 것을 완성하셨습니다.
예수님이 십자가에 죽으실 때에 모두 이루셨습니다. (요 19:30)"다 이루었다"(Jesus said, "It is finished.") 하셨습니다. 우리의 구원이 완성되게 했습니다. 이는 이사야 선지자의 예언과 같습니다(사 53:4-). 대속물로 주려고 오셨습니다(마 20:28). 따라서 예수님은 목적을 이루셨고 승리하셨습니다.

2) 예수 그리스도의 역사는 우연히 발생한 것이 아니라 영원 전부터 계획하신 '하나님의 예정', '하나님의 계획'(plan of God)이었습니다.
① 구약의 역사 속에서 모두 예언되었습니다.
예언된 대로 이 세상에 오셨습니다. 예언된 대로 모두 이루셨습니다. 약속대로 무두 이루셨고 이제 왕권을 가지고 다시 재림하실 일만 남겨 놓은 상태입니다. 우리가 살아가는 역사 선상에서 이루어지게 될 약속입니다(행 1:11; 계 1:7). 왕권을 가지고 재림하실 예수님을 우리는 기다리며 준비해야 할 때입니다(계 22:20). 속히 오시게 될 사건이기 때문입니다.
② 예수님은 '알파'와 '오메가'가 되십니다.
'알파'(A)와 '오메가'(Ω)는 처음과 나중이 되신다는 뜻입니다(계 1:8, 21:6, 22:13). 구약과 신약을 통해서 완성하시고 교회사를 통해서 우리에게 구원해 주실 주님이 이제는 승리자로서 곧 왕권을 가지고 다시 오시게 될 것인데, 온 천하는 그분을 맞이할 준비를 해야 할 시점에 와 있습니다.

2. 예수님이 세우신 교회역사(History of Church)는 승리의 역사입니다.
왜냐하면 예수님이 이기셨기 때문에 그를 믿는 역사적 교회도 이기게 됩니다. 교회 역사에서 수많은 핍박과 어려움이 있었지만 승리해 왔습니다.

1) 반석 위에 세워진 교회이기 때문입니다(마 16:16-18).
 이 중심에 우리 교회도 서 있습니다.
 ① 어떤 세력도 하나님의 교회를 무너뜨릴 수 없습니다.
 예수님 당시에도 그랬지만 예수님이 승천하신 이후에도 사탄 마귀는 세상의 권세를 이용해서 교회를 무너뜨리려고 수단과 방법을 가리지 아니하고 방해했지만 주님의 교회는 세워져 왔습니다. 로마의 네로(Nero) 황제와 같은 세력이 그 대표라 할 것입니다. (마 16:18)"음부의 권세가 이기지 못하리라"(and the gates of Hades will not overcome it.) 했습니다.
 ② 교회를 무너뜨리려고 시도한 세력이나 사람들이 많았습니다.
 헤롯 왕의 경우입니다(마 2:6; 행 12:1-3). 로마의 황제와 정치세력들입니다. 17세기의 무신론자인 볼테르(Voltaire)나 진화론의 주창자인 찰스 다윈과 추종세력들입니다. 공산주의자들입니다. 모두가 어리석은 사람들입니다.

2) 하나님의 교회 역사는 패배의 역사가 아니라 승리의 역사입니다.
 예수님이 이기셨기 때문입니다.
 ① 요한계시록에서 우리에게 보여주는 것은 이기는 자가 될 것을 말씀하여 주셨습니다.
 사탄 마귀와 싸워 이겨야 합니다. 마귀가 쳐 놓은 온갖 술책에서 이겨야 합니다. 예수님이 이기셨기 때문에 이길 수 있습니다.
 ② 이기는 자에게는 상이 약속되어 있습니다.
 세상에서도 경기에서 이기게 되면 상이 주어주듯이 천국에서도 이기는 자에게 상이 약속되어 있습니다. 요한계시록이 우리에게 말씀해 주는 것은 세상에서 이기는 자가 될 것을 강조하고 있습니다. 이기는 자가 천국의 상이 있기 때문입니다. 세상나라가 잠깐 이기는 것 같지만 최후 승리는 예수 그리스도의 왕국의 것입니다.

3. 지상교회에서 생활하는 모든 성도들은 싸워야 할 대상을 바르게 알아야 합니다.

무엇과 싸워야 하는지는 싸움의 대상이 분명하기 때문입니다.

1) 죄와 불법이 싸움의 대상입니다.
 ① 성경은 분명히 싸워야 할 대상이 죄와 불법이라고 했습니다.
 (요일 3:4)"죄를 짓는 자마다 불법을 행하나니 죄는 불법이라"(Everyone who sins breaks the law; in fact, sin is lawlessness.) 했습니다.
 ② 영적 싸움에서 이겼던 사람들을 보겠습니다.
 교회사 가운데는 마틴 루터(Martin Luther)나 요한 칼빈(J. Calvin)을 비롯해서 수많은 주의 백성들이 이겼던 역사가 담겨 있습니다. 주기철 목사님도 세상을 이긴 승리의 목사님이셨습니다.

2) 영적 싸움은 힘들고 어렵지만 싸워야 하고 이겨야 합니다.
 이것이 칼빈(J. Calvin)이 말한 것처럼 지상교회이기 때문입니다.
 ① 피 흘리며 싸워야 하기 때문에 힘이 듭니다.
 (히 12:4)"너희가 죄와 싸우되 아직 피 흘리기까지는 대항하지 아니하고"라고 했습니다. 빙겔(Bingel)은 권투시합을 비유로 해석했는데 우리의 영적 싸움에서 치열함을 보여주는 대목이기도 합니다.
 ② 이 싸움은 성령의 능력을 힘입어야 합니다.
 내 힘으로 싸워서 이기는 싸움이 아닙니다. 성령께서 역사하시고 힘주실 때에 이기게 됩니다. 예수님은 겟세마네 동산에서 피땀 흘리며 기도하실 때 천사가 힘을 더했다고 했습니다(눅 22:43). 세상의 어떤 힘이 아니라 성령의 권능으로만 이길 수 있음을 알고, 기도 가운데 성령 충만으로 현실을 극복하고 이기는 성도들이 다 되시기를 예수님의 이름으로 축원합니다.

▶ 결론 : 이기는 교회, 이기는 성도가 되어야 합니다.

[감사]

하나님이 기뻐하시는 감사
(눅 17:11-19)

세상의 모든 일에는 그 일에 대한 핵심이 있고 부수적인 일이 있게 됩니다. 기독교 신앙에는 여러 가지 중요한 용어들이 있는데, 그 가운데 하나가 '감사'(thanks)라는 용어입니다. 신앙이 '좋다', '나쁘다' 또는 믿음이 '크다', '작다'라고 평가할 때가 있는데, 이 또한 감사하는 신앙이 아니면 그 신앙은 문제가 많은 것입니다. 성경에 기도에 대한 교훈이 많이 있는데, 기도는 언제나 '감사'로 해야 합니다. (골 4:2)"기도를 계속하고 기도에 감사함으로 깨어 있으라"(Devote yourselves to prayer, being watchful and thankful)고 했습니다.

성경에는 두 차례 감사절을 명하셨습니다. 하나는 '맥추감사절'이고, 또 하나는 '추수감사절'입니다(출 23:16). 유대인들은 '유월절'(Passover)과 함께 3대 절기로 지켰습니다. 신약교회는 지금까지 감사절을 지켜 왔는데 이는 범사에 감사하는 일이며 하나님의 뜻이기도 합니다(살전 5:16). 본문에 보면, 나병환자 10명이 모두 낫게 되었지만, 예수님께 와서 감사한 사람은 사마리아 사람 한 사람뿐이었습니다. 예수님은 "그에게 이르시되 일어나 가라 네 믿음이 너를 구원하였느니라" 하셨는데, 여기에서 은혜의 시간이 되시기를 바랍니다.

1. 예수님은 어떤 일보다 먼저 감사하는 일을 기뻐하셨습니다.

본문에서 배우는 감사의 모습입니다. 사마리아 사람은 최우선적으로 예수님께 와서 감사했습니다. 누구를 찾아가기 전에 예수님께 먼저 왔습니다.

1) 사마리아 사람은 모든 일보다 우선적으로 예수님께 와서 감사했습니다.
 ① 흉악한 질병에서 고침을 받게 되었습니다.
 사사로운 일에서 해결된 것이 아닙니다. 예수님이 아니면 치료받을 수 없는 병에서 치료받았습니다. 나병환자는 당시에 정상인과 50m 이내에서 살 수 없는 상황이었습니다. 50m 안에 들어오면 돌에 맞아 죽게 됩니다. 지금의 암 말기환자보다 더 지독한 질병에 속하는 병입니다. 그 병에서 낫게 되었으니 예수님께 감사했습니다.
 ② 다른 어떤 일보다 감사는 하나님께서 기뻐하시는 일입니다.
 나머지 아홉은 어디론가 행방불명이었으나 사마리아 사람은 최우선적으로 예수님께 나아왔습니다. 우리의 신앙생활은 언제나 하나님이 기뻐하시는 위주로 해야 합니다. 시편 136편 감사장에서 보여 주듯이 성도의 생활은 언제나 하나님께 감사하는 생활이 중요합니다. 원망과 불평의 생활은 신앙이 절대 아닙니다.

2) 감사하는 일은 세상에 어떤 일보다 가장 먼저 해야 합니다.
 다른 아홉 명은 감사를 우선순위에 두지 않았습니다.
 ① 즉시 감사해야 합니다.
 다른 일보다도 우선적으로 예수님께 와서 감사하게 될 때에 예수님이 기뻐하셨습니다. 《벤허》라는 책과 영화에서도 나오듯이 벤허의 어머니와 누이가 나환자 굴에서 지내는 모습은 끔찍했듯이, 이 사마리아 사람도 끔찍했었는데 예수님이 고쳐주셨고 여기에 빠른 감사는 당연한 일입니다.
 ② 그리스도인들은 언제나 감사 속에서 살아야 합니다.
 주님은 나환자가 사는 곳보다 더 끔찍한 죄에서 우리를 구원해 주셨기 때문입니다. 영원한 지옥 형벌에서 구원해 주셨습니다. 무슨 일이 있든지 최우선적으로 이 감사가 풍성하게 되시기를 바랍니다.

2. 예수님은 언제나 겸손한 마음으로 감사하는 이들을 기뻐하셨습니다.
 신앙의 사람은 언제나 겸손한 마음으로 감사하면서 모든 일을 해야 합니다. 기도하는 것도 교만하게 되면 큰 문제가 됩니다. (눅 18:9-14)"자기를 높이는 자는 낮아지고 자기를 낮추는 자는 높아지리라"(and he who humbles himself will be exalted)고 하셨습니다.

1) 매사에 겸손해야 합니다.
 기독교 신앙의 중심적 요소는 겸손입니다. 겸손이 은혜와 축복의 길입니다.
 ① 감사를 비롯해서 기도할 때에도 겸손해야 합니다.
 감사 속에서 하는 겸손한 기도는 자기 마음을 찢으며 회개하는 기도입니다(삼상 7:6-; 느 9:1-; 시 51:17).
 ② 주님의 일을 할 때도 무슨 일을 하든지 감사와 겸손이 중요합니다.
 교만하거나 감사가 메마른 가운데 하면 은혜와 축복이 없습니다. 마땅히 할 일을 했다는 자세가 중요합니다(눅 17:10).

2) 하나님 앞에 드려지는 감사 역시 겸손한 자세로 해야 합니다.
 ① 베풀어 주신 은혜에 대한 감사의 표시입니다.
 내가 잘나서 그렇게 한 것이 아니기 때문입니다. 전적인 하나님의 은혜와 축복입니다. 아이자크 왓츠(Isaac Watts, 1674~1748)는 "몸 밖에 드릴 것 없어 이 몸 바칩니다"라고 찬송을 했습니다.
 ② 사마리아 사람은 예수께 엎드려 감사했습니다.
 "발아래에 엎드리어 감사하니"(He threw himself at Jesus' feet and thanked him-)라고 했습니다. 참으로 겸손한 자세요, 감사의 표본입니다. 이번 감사절에 우리는 예수님께 무릎 꿇고 감사해야 합니다. 겸손은 감사드리는 표본입니다. (빌 2:6)이것이 또한 예수님의 마음이요 우리가 가져야 할 신앙입니다.

3. 예수님은 최선을 다한 감사에 기뻐하셨습니다.
 매사에 그러하지만 우리는 감사하는 일에 최선을 다해야 합니다. 다른 일에도 그러하겠지만 감사하는 일에 인색하든지 억지로 하면 곤란합니다.
1) 영적인 일에는 언제나 최선을 다해야 합니다.
　신앙생활의 전체 상대가 사람에 대하여가 아니고 하나님이시기 때문입니다.
　① 감사 예배생활 역시 최선을 다해야 합니다.
　이것이 또한 믿음입니다.
　가인과 아벨의 차이는 믿음에 있었습니다(창 4:1-; 히 11:4). 감사절 역시 믿음 따라서 지키되 최선의 노력과 정성이 필요합니다. 여기에 하나님께서 받으시는 역사가 나타나게 됩니다.
　② 주님의 교회 일은 모두가 주님의 일이기 때문에 역시 감사 속에서 최선을 다해야 합니다.
　이것이 또한 천국에 쌓여지는 상급이 되는데, 주님께서는 다시 오실 때에 행한 대로 갚으신다고 하셨습니다(마 16:27; 계 22:12). 그래서 농부가 밭에 씨들(seeds)을 심듯이 해야 합니다.

2) 사마리아 사람은 예수님께 와서 최선을 다한 감사를 드렸습니다.
　최선을 다한 감사가 있는가 하면 나머지 아홉 명은 나타나지도 않았습니다.
　① 다른 사람에게 병이 치료되었다고 이야기하기 전에 먼저 예수님께 왔습니다.
　이것이 본받아야 할 감사의 자세입니다. 하나님께 영광이 되기 때문입니다. 그리스도인들은 매사에 이런 자세가 중요합니다.
　② 마음뿐 아니라 행동과 물질까지도 주님께 드리는 감사절이 되어야 합니다.
　구약시대 사람들은 하나님께 나아올 때에 흠이 없는 제물들을 가지고 왔습니다(레 1-10장). 그렇지 못할 때에 책망이 따라왔습니다(사 1:11-14; 말 1:6-10). 금년에 맞이하는 맥추감사절에 우리의 감사가 하나님께서 기뻐하시는 감사절이 될 수 있기를 예수님의 이름으로 축원합니다.

▶ 결론 : 하나님이 기뻐하시는 감사 생활이 되어야 합니다.

[감사]

바울의 감사에서 감사를 배웁니다

(살전 3:8-13)

해마다 그러하듯이 금년에도 가을 추수를 끝내고 풍성한 곡식들을 보면서 하나님께 감사를 하게 됩니다. 금년에는 태풍과 홍수, 가뭄 등을 극복하였고, 중동호흡기증후군(메르스)로 인하여 온 나라가 어려움에 있었지만 그마저도 잘 극복했습니다. 오늘 추수감사절을 맞이해서 성경에 나오는 바울 사도의 감사하는 모습을 통해 감사를 배우게 됩니다. "항상 기뻐하라 쉬지 말고 기도하라 범사에 감사하라"(살전 5:16-18)는 말씀은 신앙의 본질적 생활을 가르쳐 주는 귀한 말씀입니다.

일반적인 감사는 어떤 일이 있을 때만 감사하게 되지만, 성경이 말하는 '범사'라는 용어는 모든 일들 가운데 '감사'하라는 뜻입니다. 이것이 바울이 사도로서 하나님께 감사한 내용이고 신앙이기 때문에, 이 세대에 우리가 본받아야 할 감사 신앙입니다. 말세 때에 사람들에게 고통당하는 원인 18가지 가운데 하나가 감사하지 않는 것(딤후 3:2)이라 했습니다. 감사가 없기 때문에 고통이 온다는 것이라면, 우리는 바울의 감사 신앙을 배우면서 고통이 아니라 평안과 기쁨을 얻어야 하는데 본문에서 몇 가지 은혜를 받고자 합니다.

1. 사도 바울은 영적이고 신령한 일에 감사했습니다.

살아가면서 어떤 일이 잘 될 때에 감사하는 것은 누구나 가지는 심리(心理)이겠지만, 바울은 그런 육신적인 조건에 따라서 하는 감사의 차원이 아니었습니다. 인간 욕구의 만족함에 따라 감사하는 것이 아니라 보다 신령한 신앙적 차원에서 감사하라는 것입니다.

1) 바울의 감사는 보다 영적인 문제에 대한 것이었습니다.
 세상적인 것이 아니라 신령한 감사였습니다.
 ① 뭇 사람들이 복음으로 인해 영혼이 잘 될 때에 하나님께 드리는 감사였습니다.
 로마서에서부터 빌레몬서까지 13 서신을 기록한 내용들에서 바울의 감사 신앙이 배어 나오게 되는데, 모두가 신령한 복음적 감사에 속하는 내용들입니다. 예컨대 누가 부자가 되었기 때문에 감사하고, 어떤 일이 잘 되어서 감사한 것이 아니라 영혼에 관한 문제로 감사했다는 사실입니다. 이것이 바울의 신학의 감사의 기조(基調)가 됩니다. (행 16:25; 빌 4:4)옥에 있든지 밖에 있든지 감사가 변치 않았습니다.
 ② 이것은 믿음의 선진들이 가지고 있던 감사의 기조(基調)이기도 합니다.
 예컨대 사도 요한은 사랑하는 가이오가 하나님 말씀 안에서 행한다는 것에 감사와 칭찬을 했고(요삼 3-4), 다니엘은 바벨론 70년간 포로 중에 있었지만 사자 굴에 들어갈 줄 알면서도 하루에 세 번 예루살렘을 향하여 문을 열어 놓고 기도하며 감사했습니다(단 6:10). 이와 같은 감사의 기조들은 우리가 배워야 할 감사의 차원들입니다.

2) 바울은 지금 본문에서 데살로니가 교회를 보고 감사하고 있습니다.
 데살로니가 교회를 볼 때에 감사했고 찬송했습니다.
 ① 데살로니가 교회는 어렵게 개척한 교회였습니다.
 마치 산모가 난산해서 생명을 출산한 그런 교회였습니다. 이 사실은 사도행전 17장 1절 이하에 기록된 상황입니다. 원주민들뿐 아니라 유대인들 핍박의 원정대가 거기까지 와서 핍박하였고 교회가 세워지지 못하게 방해했습니다. 급기야 바울은 베뢰아 지역으로 피신했습니다. 그러나 바울이 전한 복음은 헛되지 아니하고 교회가 모범적으로 세워지게 되었으니 감사가 나오게 됩니다.
 ② 척박한 땅과 같은 곳이요 불모지와 같은 곳이지만 올바른 신앙으로 성장해 주었습니다.

복음을 전하고 그 복음이 자라나게 될 때에 큰 기쁨이 되었습니다. 이것은 비단 데살로니가 교회뿐 아니라 로마 교회를 향한 바울의 마음도 마찬가지였습니다(롬 1:11). 바울의 감사는 언제나 영적이고 신령한 세계에 대한 것이었습니다. 우리는 다시 한 번 바른 감사 신앙을 회복해야 하겠습니다.

2. 사도 바울은 데살로니가 교회의 신앙 내용을 보면서 감사했습니다.

감사 내용이 현대인들과 같이 장사가 잘 되거나 좋은 대학에 입학한 것 때문이 아니었습니다.

1) 데살로니가 교회는 신앙이 든든했는데 여기에 대한 바울의 감사 신앙을 보게 됩니다.

(살전 1:2)"우리가 너희 모두로 말미암아 항상 하나님께 감사하며 기도할 때에 너희를 기억함은"이라고 했습니다.

① 믿음의 역사가 있는 교회였습니다.

믿음에는 역사가 따라야 합니다. 이것이 산 믿음(living faith)입니다. 말세에는 믿음이 없는 시대라고 예수님이 지적해 주셨기 때문에(눅 18:8) 우리는 경청해야 합니다.

② 사랑의 수고가 있는 교회였습니다.

바울이 전한 복음은 사랑입니다. (고전 13:1-13)사랑이 없으면 아무것도 아니라고 했습니다. 그런데 데살로니가 교회는 사랑을 실천하는 교회였습니다. 개척자 바울로서는 무한한 감사가 나올 수 밖에 없었습니다.

③ 소망의 인내로써 무장한 교회였습니다.

현재 핍박이 일어나고 환란이 있어도 소망(hope)이 있기 때문에 견디게 됩니다. 성도들이 세상을 이기는 원동력은 환난 가운데에서도 소망을 든든히 가지는 것입니다.

④ 하나님 말씀을 올바르게 듣고 붙잡게 되었습니다.

(살전 2:13)사람의 말로 받지 아니하고 하나님 말씀으로 듣게 될 때에

역사가 나타나게 되었는데, (롬 10:17)믿음은 들음에서 나게 되기 때문에 이는 매우 중요한 일입니다.

2) 데살로니가 교회를 본받아야 하겠습니다.
그 신앙은 어느 시대에 어디에 있든지 본받아야 할 신앙의 모범입니다.
① 데살로니가 교회 성도들의 영적 상태를 본받아야 합니다.
이 교회는 요즘과 같이 자유도, 신식 건물도, 좋은 시설도 없었지만 모범적인 신앙으로 나아가게 되었습니다.
② 지금도 그 신앙은 말해주고 있습니다.
마치 그가 죽었으나 그 믿음으로써 지금도 말하고 있듯이(히 11:4, And by faith he still speaks, even though he is dead), 은평교회가 이런 신앙 속에서 감사의 조건이 풍성해야 하겠습니다.

3. 사도 바울과 데살로니가 교회 성도들의 관계 속에서 우리는 감사를 배우게 됩니다.

어렵고 힘든 환경이었지만 좋은 교회로 부흥하며 좋은 신앙으로 성장하게 되었습니다.

1) 바울과 성도들과의 관계입니다.
디모데의 보고를 통해서 끈적끈적한 그들의 관계를 전해 듣게 되었고 감사가 저절로 나오게 되었습니다.
① 바울은 언제나 이와 같은 관계에서 감사를 표시했습니다.
(빌 1:3)빌립보교회에도, (엡 1:16)에베소교회에도, (롬 1:8)로마교회에도 마찬가지였음을 보게 됩니다.
② 바울이 교회들과 성도들에게 감사한 것은 사사로운 육적인 일 때문이 아니었습니다.
보다 영적이고 신령한 의미에서 볼 때에 감사하지 않을 수 없었습니다.

이것은 오늘날에도 목회자로서 같은 마음이라고 생각됩니다. 성숙한 성도, 성숙한 신앙, 성숙한 감사를 바울을 통해 배울 수 있습니다.

2) 우리는 보다 성숙한 감사생활을 해야 합니다.
 지금까지는 육신적인 일과 물질로 감사했으면 영적인 일로 감사할 줄 알아야 합니다.
 ① 이것이 영적이고 신령한 감사입니다.
 아이들의 성장을 키로 재어 보이듯이 우리는 말씀을 인해서 우리의 영적 성숙을 재어 보이는데, 바로 감사하는 신앙이 성숙한 신앙입니다. 이 감사가 회복되기를 바랍니다.
 ② 감사하고 성숙한 신앙은 상급과 축복이 따르게 되어 있습니다.
 어렵고 힘들 때에 기도하고 감사한다면 그것은 분명히 좋은 신앙이요, 좋은 감사인 동시에 축복과 상급도 약속되어 있습니다.
 2015년 추수감사절에는 언제든지 이 감사 속에서 승리해야 하겠습니다. 목회자로서 성도로서 이 감사를 회복하는 추수감사절이 되시기를 예수님의 이름으로 축원합니다.

▶ 결론 : 올바른 감사가 회복되어야 할 때입니다.

[감사]

감사할 줄 아는 신앙인들

(골 3:12-17)

　감사하는 마음은 사람이 해야 할 일이지만 하나님을 경외하는 신앙인이라면 더욱 힘써야 할 덕목입니다. 만약 감사해야 할 일에도 감사가 없다면 '인면수심(人面獸心)'(감사 부재면 인면수심)이라 하였는데, '마음에 감사가 없을 때 얼굴은 사람의 얼굴이지만 마음은 짐승의 마음'이라는 뜻입니다. 더욱이 신앙인이라면 감사는 더욱 힘써야 할 덕목입니다. 예배에는 여러 가지 요소들이 있어서 예배 시에 행하게 되는데, 찬송, 기도, 말씀 등 순서 순서마다 중요한 감사의 요소들이 반드시 내포되어 있어야 합니다. (시 50:14)"감사로 하나님께 제사를 드리며"하였고, (시 50:23)"감사로 제사를 드리는 자가 나를 영화롭게 하나니 그의 행위를 옳게 하는 자에게 내가 하나님의 구원을 보이리라"했습니다. "감사로 제사를 드리는 자"(He who sacrifices thank offerings honors me)입니다.
　신약에 와서 사도 바울은 이 부분에서 더욱 강하게 전해 주고 있습니다 (골 4:2; 살전 5:16). "기도를 계속하고 기도에 감사함으로 깨어 있으라"(Devote yourselves to prayer, being watchful and thankful) 했습니다. 범사에 감사하는 것은 하나님의 뜻이기 때문이라고 했습니다. 오늘 성경 본문은 소위 옥중서신입니다만, 옥중에서도 감사를 강조하였기에 더욱 중요합니다. 본문에서 사랑, 평강, 말씀, 범사에 감사를 넘치게 하라고 하였는데 여기에서 다시 한 번 맥추감사절을 즈음해서 감사를 배우게 됩니다.

1. 감사절의 유래를 통해서 감사해야 할 이유를 배우게 됩니다.

성경에서 보면 이스라엘 백성들은 애굽에서의 430년간 노예생활에서의 해방과 광야 40년 생활에서 감사를 배우게 됩니다.

1) 초막절의 감사입니다.

430년만의 해방과 광야 40년의 생활을 계속 전하면서 감사했습니다.

① 광야 생활이지만 인도하여 주시고 이끌어 주신 하나님께 감사했습니다.

광야생활에서 농사를 짓거나 옷감을 짜지 아니했지만 하나님이 인도해 주셨습니다. 구름 기둥 불기둥의 역사(출 13:21), 반석에서 물이 터지게 되었고(민 20:11), 만나와 메추라기를 먹었으며(민 11:21), 장막 칠 곳까지 인도하셨고(신 1:33), 어린아이를 안고 가듯 인도하셨습니다(신 1:31). 광야생활 40년 동안 의복이나 신발이 해어지지 아니하였고 발이 부르트지 아니했습니다(신 8:4, 14:4). 대적들을 무찔러 주셨습니다(출 17:11). 십자가 복음의 예표인 놋 뱀의 치유의 역사도 봅니다(민 21:6; 요 3:14).

② 시편에서 이때의 일을 다시 한 번 상기시켰습니다.

(시 136:10-)출애굽의 역사를 이루신 여호와께 감사하라고 했습니다. 애굽에서의 해방부터 시작했습니다. 그리고 맥추절을 지키라고 했습니다(출 23:16). 구원받은 백성이 마땅히 해야 하는 것이 감사신앙입니다.

2) 교회사에서 감사절이 있습니다.

이는 성경을 중심으로 해서 교회가 지켜온 감사절입니다.

① 청교도들의 감사절입니다.

오늘날의 미국인들이 신대륙을 발견하고 나서 국가를 세우면서 지키고자 했던 절기가 감사절입니다. 그들이 국가를 세운 건국이념은 시편 127편 1절인바 그들의 감사신앙을 배우게 되는 부분이기도 합니다.

② 오늘날 교회의 감사절입니다.

성경역사 속에서 교회사를 배우게 되었고, 오늘날까지 지켜온 축복의 신앙이 감사절입니다. 형식적이고 요식적인 절기로 끝나는 것이 아니라 진정으로 구원의 날개를 저으며 감사가 나오는 신앙이 되도록 해야 합니다. 따라서 이번 맥추감사절은 감격적인 감사가 되도록 해야 하겠습니다.

2. 감사절이 우리에게 주는 큰 뜻과 의미가 분명히 있습니다.
 이 감사절의 뜻을 명심해야 합니다. 하나의 행사로만 끝나는 것이 아니라는 사실입니다.

1) 하나님께서 주신 은혜와 사랑을 깨달아야 합니다.
 깨닫는 것이 중요합니다.
 ① 감사는 하나님의 은혜를 아는 것이요 깨닫는 것에서 시작합니다.
 감사가 없는 신앙은 진정한 신앙이라고 할 수 없기 때문입니다. 그래서 광야에서 멸망당한 사람들이 여기에 속하게 됩니다(히 4:2-). 말세 시대에도 감사가 없기 때문에 고통이 옵니다. (딤후 3:2)"감사하지 아니하며" 했습니다.
 ② 감사하지 아니하면 있는 축복과 상도 빼앗기게 됩니다.
 하나님의 은혜에 감사할 때에 더 큰 축복이 임하게 되지만 감사가 메마를 때에는 문제가 생기게 됩니다. (삼상 31:4-)사울 왕의 패망에서 배우는 교훈이 중요한 부분입니다. 감사가 없을 때에 불순종의 죄를 짓게 되기도 합니다.

2) 감사하는 마음과 생활이 더욱 축복을 받게 합니다.
 따라서 성도의 생활은 무조건 감사할 줄 아는 신앙 가운데 서야 합니다.
 ① 감사하게 될 때에 생활이 더욱 빛이 나게 됩니다.
 생활하는 환경과 배경은 수시로 언제든지 변할 수 있습니다. 따라서 환경이나 배경이 변함에 따라서 신앙생활이 변한다면 문제가 됩니다. 모든 것을 초월해서 감사할 줄 아는 범사에 감사하는 신앙이 중요합니다. 하나님과의 관계에서 중요한 일입니다.

② 구원 받은 하나님의 백성들이기 때문입니다.
언제나 감사가 일관되어야 합니다. 그 만큼 은혜와 축복을 받았기 때문입니다. 그래서 찰스 웨슬리(Charles Wesley)는 '만 입이 내게 있으면 그 입 다 가지고 내 구주 주신 은총을 늘 찬송하겠네'라고 찬송했습니다.

3. 감사하는 신앙에서 더욱 축복이 약속되었습니다.

감사는 아무나 하는 것이 아닙니다. 구원 받고 축복 받은 사람들이 하는 것입니다. 여기에 더욱 큰 축복이 약속되었고 바라보게 됩니다.

1) 감사는 축복을 받게 합니다.
이미 구원 받은 일부터 시작해서 축복을 확실하게 합니다.
① 감사해야 할 이유가 여기에 있습니다.
반대로 감사가 없다는 것은 마귀가 주는 마음에 속하는 생활입니다. 따라서 참 된 그리스도인들은 감사에 익숙해 있어야 합니다. 이것이 하나님께 영광이 되기 때문입니다.
② 시대적으로 볼 때에 감사해야 할 일들이 많이 있습니다.
하나님께서 역사하시는 섭리론(攝理論)에서 볼 때 과거, 현재, 미래 모두가 하나님께서 역사해 주시는 것입니다. 현재 어렵고 힘들어도 하나님의 섭리를 믿기 때문에 감사하게 되는 것입니다. 이스라엘 백성에게는 은혜 속에서도 감사가 없었습니다. 그리고 우상숭배와 함께 죄만 지었습니다. 이것이 그들이 광야에서 엎어진 이유입니다(고전 10:1-).

2) 감사하고 축복 받는 사람이 되어야 합니다.
주신 은혜에 감사하는 일입니다.
① 열 명의 나병환자 사건에서 주님께 감사했던 한 명의 사마리아 사람입니다.
(눅 17:11-19)그 지긋지긋한 나병에서 치료 받고 감사했더니 구원까지 받게 되었습니다. "가라 네 믿음이 너를 구원하였느니라" 했습니다. 우리

는 아홉 명에 속하지 말아야 하겠습니다.

② 다니엘이 위기에서도 감사했던 신앙에서 배우게 됩니다.

(단 6:10)사자 굴에 던져질 것을 알고도 계속 기도하면서 감사하게 될 때에 기적이 나타나게 되었습니다. 사자들의 입이 봉해지게 되었고, 모함하는 자들이 모두 사라지게 되었습니다. 이 세대의 모든 그리스도인들이 감사를 회복해야 합니다. 은평교회 모든 성도들이 이번 맥추감사절을 즈음해서 감사가 회복되는 축복이 있게 되기를 예수님의 이름으로 축원합니다.

▶ 결론 : 감사로 영광을 돌려야 합니다.

[감사]

감사절에 생각하는 감사

(시 50:14-15)

　기독교 생활에서 빼놓지 못할 중요한 용어들이 있는데, 그 중에 하나가 '감사'라는 말입니다. 하나님의 크신 은혜 중에 살아가면서도 감사할 줄 모르는 시대에 매년마다 우리에게 주신 감사 절기는 감사 신앙을 회복하게 하는 계기가 됩니다. 감사는 정신뿐만 아니라 육신의 질병까지도 치료해 주는 역할을 하고 있습니다. 미국의 실업가 중에 '스탠리 탠'(Stanley Tan)이라는 사람은 사업을 해서 회사를 크게 세우고 돈을 많이 벌어서 유명하게 되었는데, 1976년에 갑자기 척추암 3기라는 진단을 받았습니다. 당시 척추암은 수술이나 약물로도 고치기 힘든 병이었습니다. 이 사실이 알려지자 사람들은 그가 절망 가운데 곧 죽을 것이라고 생각하였는데, 몇 달 후에 그가 병상에서 자리를 툭툭 털고 일어나 다시 출근했다고 합니다. 사람들이 어떻게 병이 낫게 되었냐고 물어보니 "하나님께 감사했더니 낫게 되었다."고 간증했습니다.
　세계 최고의 암전문 병원인 미국 텍사스주립대 MD앤더슨 암센터에 31년간 봉사한 김의신 박사는 신앙이 암 치료에 실제적인 효과가 있다고 소개하면서, 교회 성가대원들과 일반인들을 비교해보니 성가대원들의 면역세포(일명 NK세포) 수가 일반인보다 몇 십 배도 아닌, 무려 1,000배나 많은 것으로 측정되었다고 합니다. 감사로 찬양하며 사는 것이 면역계를 강화하며 에너지를 높이고 치유를 촉진한다고 합니다. 1998년 미국 듀크대학 병원의 헤롤드 쾨니히와 데이비드 라슨 두 의사가 실험 연구한 결과에 의하면, 매 주일 교회에 나와 찬양하고 감사하며 예배를 드리는 사람들은 그렇지 않은 사람보다 평균 7년을 더 오래 산다는 사실을 밝혀냈습니다.

존 헨리 박사(Dr. John Henry)도 "감사는 최고의 항암제요 해독제요 방부제이다."라고 말했습니다. 그래서 감사는 어느 제약회사의 귀한 약보다 치료약이 됩니다. 우리는 감사를 회복해야 합니다. 한국 경제가 10위권인데도 우리는 감사가 메마른 시대에 살고 있습니다.

1. 왜 감사해야 하는지를 알아야 하겠습니다.
감사하는 이유가 있습니다.

1) 구원받은 하나님의 백성의 삶은 하나님께 영광이 목적이기 때문입니다.
남달리 모든 죄악에서 구원 받아 하나님의 백성이 되었습니다.
① 영적 신분증을 내어 보세요.
영적인 신분증이 반드시 필요합니다. 우리는 이 세상에서 신분이 확실해야 합니다. 성도들은 신분이 확실하게 확인됩니다. (요 1:12)하나님의 자녀요, (롬 8:15)하나님이 아버지가 되십니다. (빌 3:20)천국의 시민권자입니다. 이 신분만 생각해도 감사할 소지가 충분합니다.
② 우리는 신분이 확실하기 때문에 하나님의 영광의 존재들입니다.
감사해야 하는 확실한 중요한 증거요, 이유입니다. 이유가 분명하기 때문에 감사해야 하는 것은 당연한 사실입니다. (고전 10:31)"그런즉 너희가 먹든지 마시든지 무엇을 하든지 다 하나님의 영광을 위하여 하라" 했습니다. 본문에서도 "감사를 하나님께 드리며"(Sacrifice thank offerings to God)라고 하였고, "네가 나를 영화롭게 하리로다"(you will honor me)라고 했습니다. (시 50:23)"감사로 제사를 드리는 자가 나를 영화롭게 하나니" 했습니다. 감사의 회복이 앞당겨져야 하겠습니다.

2) 감사를 통하여 영광을 받으시기 때문입니다.
예배의 요소들이 많이 있습니다만, 그 가운데 필수는 감사입니다.
① 올바른 예배는 감사이기 때문입니다.
감사 예배는 반드시 거기에 따르는 가치가 따라 와야 합니다. (요 4:24)

영과 진리로 드려지는 예배입니다. (삼상 24:24)값 있는 예배입니다. (골 4:2)기도할 때에도 감사가 필수입니다.

② 우리의 예배생활에서 언제나 하나님의 영광이 가득하시기 바랍니다.

(창 15:11)아브라함에게는 예배 때문에 문제가 생겼습니다. 후손들이 이 방의 객이 되어서 사백삼십 년 만에 돌아오게 되었습니다. 2016년에 은평교회 성도들에게 감사가 풍성하시기 바랍니다.

2. 어떻게 감사해야 하는지를 보여주셨습니다.

언제나 감사와 예배가 드려져야 하는데, 성경은 어떻게 드려야 하는지와 무엇으로 드려야 하는지를 분명히 밝혀 주었습니다.

1) 먼저 '무엇으로' 드려야 합니까?

무엇으로 드려지든지 감사가 분명해야 합니다.

① 먼저 몸으로 드리는 예배가 되어야 합니다.

죄악에서 구원받아 하나님 백성이 된 신분에서 자녀로서 몸으로 드리는 예배가 되어야 합니다. (롬 12:1)"그러므로 형제들아 내가 하나님의 모든 자비하심으로 너희를 권하노니 너희 몸을 하나님이 기뻐하시는 거룩한 산 제물로 드리라 이는 너희가 드릴 영적 예배니라"(this is your spiritual act of worship) 했습니다. 이것이 영적 예배입니다. 몸으로 드리는 청결한 예배생활이 중요합니다.

② 준비된 예물을 드려야 합니다.

감사에는 언제든지 예물이 따르게 되는 바 미리 준비된 예물이 중요합니다. 여기에는 정성이 필요합니다. 사도 바울은 (고후 9:10-15)고린도 교회에 보낸 말씀에서 풍성, 열매, 감사, 은사라는 용어로 말씀을 전했습니다. 미리 준비된 예물이 중요합니다.

2) '어떻게' 드려야 합니까?

예배의 모든 요소들이 어떻게 드려지는지 성경에 원리가 모두 있습니다.
① 감사와 믿음으로 드려야 합니다.
　추수를 기념해서 드리는 감사요, 예배요, 예물입니다. (창 4:1-)가인과 아벨의 예배에서 보고 배우게 됩니다. 가인과 그 예물은 받지 않으셨으나, 아벨과 그 예물은 받으셨는데 히브리서 11장 4절에서 다시 말씀하셨듯이, 그것은 믿음이었습니다. 믿음의 예배를 하나님께서 기뻐하시고 받으셨습니다.
② 영적으로 드려야 합니다.
　육적 생각이나 육신적 방법에 의해서 드려지는 것은 하나님께서 기뻐하시지 않으셨습니다. (요 4:23-24)예수님은 분명히 예배하는 자들이 영과 진리로 예배를 드려야 한다고 말씀해 주셨습니다. 예배하는 자의 마음과 생활과 생각까지 모두 말씀하신 것으로 해석됩니다. 예배에 있어서는 영과 진리로 드려지는 예배가 되어야 하겠습니다.

3. 감사 예배를 바르게 드리면 큰 축복이 약속되어 있습니다.

　하나님께 드려지는 예배에서 축복이 약속되었고, 그 축복은 그 후손에 이르기까지 계속해서 이어집니다. 영적이고 신령한 축복의 유전인자(DNA)가 이어가는 가문이 되도록 힘써야 하겠습니다.

1) 기도 응답의 축복입니다.
　감사 생활하는 사람들이 기도하게 될 때에 그 응답이 빠른 것은 분명합니다.
① 기도 응답의 축복을 받으세요.
　(15절)"환난 날에 나를 부르라 내가 너를 건지리니 네가 나를 영화롭게 하리로다"(and call upon me in the day of trouble; I will deliver you, and you will honor me.) 했습니다. 필요하고 요긴하게 될 때에 기도응답은 큰 축복입니다(렘 33:1-2; 창 21:14-; 왕하 20:5). 감사 생활에서 오는 축복이라고 믿습니다.

② 환난 날에 부르짖는 것은 환난과 어려움을 겪을 때에 기댈 수 있는 언덕임을 분명히 말씀해 주셨습니다.

소도 언덕이 있어야 비빈다는 속담이 있는데, 성도가 어려울 때에 기대는 곳은 오직 하나님께 기도하는 것입니다. 진짜 어려울 때에 기도가 하나님께 응답 받는 것은 축복인바 평상시에 감사 생활이 중요합니다.

2) 감사를 통해서 하나님께서 영광을 받으십니다.

이것은 모든 그리스도인들의 삶의 목적이 됩니다(고전 10:31).

① "네가 나를 영화롭게 하리라" 하셨습니다.

감사 예배가 이루어지게 되고, 어려울 때에 기도하면 하나님께서 응답하시는 현장은 기쁨이요, 하나님께 큰 영광이 됩니다. 미국인들이 미대륙에 건너가서 첫 번째 지킨 감사절이 오늘 현대교회 감사절의 유래가 되었는데 축복받은 후손들이 되었습니다.

② 감사로 예배드리는 사람에게 "하나님의 구원을 보리라" 하셨습니다.

(23절) "그의 행위를 옳게 하는 자에게 내가 하나님의 구원을 보이리라" 했습니다. 하나님께서 놀랍게 주시는 축복의 약속입니다. 하나님께 영광을 돌리며 축복의 약속이 감사절의 역사입니다.

이번 추수감사절에 하나님의 놀라운 축복의 약속이 현실화 되는 은평교회 성도들 모두가 되시기를 예수님의 이름으로 축복합니다.

▶ 결론 : 감사절 예배는 축복입니다.

[구원]

절대로 지옥 가지 마시오

(계 19:19-21, 20:15)

　사람들은 세상을 살아가면서 어려운 지경에 있을 때 '지옥'이라는 말을 곧 잘 사용합니다. 어려운 상황이 마치 지옥과 같다느니, 훈련이 얼마나 힘든지 '지옥훈련'이라고 하면서 이야기하게 됩니다. 그러나 불행한 것은 미래의 영원한 지옥이 그런 곳이 아니라는 점입니다. 누구도 견딜 수 없는 상상 이상의 고통스러운 곳이 지옥의 세계입니다. 지옥의 세계는 육체를 가지고는 견딜 수 없는 환난의 장소요(마 24:21-22), 죽고 싶으나 죽음이 그들을 피해가는 환난이요(but death will elude them. 계 9:6) 고통의 장소입니다. 육체는 죽는 시간이 있지만 지옥에는 죽음도 없습니다. 예수 그리스도 안에서 속죄의 은혜만이 오직 살 길이었는데 사람들이 이 길을 외면했기 때문입니다. 사람들은 오랫동안 살고자 해도 100살 내외이지만 지옥은 영원한 세계입니다. (마 25:4)저주받은 자들이 예수님을 떠나서 마귀와 함께 가는 곳이 영원한 불못입니다.
　따라서 무슨 일이 있든지 우리는 예수님 안에서 예수 잘 믿고 살아가는 천국 백성으로서 천국에 입성할지언정 절대로 지옥에는 가면 안 되겠기에, 본문에서 이를 다시 확인하며 은혜 받고자 합니다.

1. 지옥에 대해서 알고 살아야 합니다.
한번 태어나서 살아가면 그것이 끝이 아닙니다.

1) 지옥이 있는데 그 지옥이 어떤 곳인지를 질문해봅니다.
지옥에 대한 성경적 시작과 의미에서 생각하게 됩니다.

① 유대인들은 지옥을 '힌놈' 또는 '힌놈의 골짜기'라고 부르기 시작했습니다.
(수 15:8; 왕하 23:10; 렘 7:31; 대하 28:3, 33:6; 렘 19:2, 6, 32:35)힌놈의 골짜기, 또는 '힌놈의 아들 골짜기'라는 칭호가 구약에서 계속 나오고 있음을 봅니다.
② 이 힌놈의 골짜기에는 늘 태우는 연기가 가득했습니다.
우상을 섬기는 자들이 자기의 아들을 태우고 온갖 재물을 태울 뿐 아니라 쓰레기를 태우는 소각장과 같은 곳이었습니다. 따라서 언제나 이곳에는 하얀 연기가 부풀어 오르고 냄새가 진동할 뿐 아니라 불이 꺼지지 않는 곳이 되었습니다. 네팔(Nepal)에 가면 화장터가 강변에 늘어서서 시체 태우는 냄새와 연기로 가득한데 아주 참고 견디기 힘든 곳임을 느끼게 됩니다. 힌놈의 골짜기와 같이 지옥은 불이 뜨겁게 타오르며 연기가 자욱한데 영원히 그곳에서 죽지도 않고 고통만 받는 곳이 지옥임을, 유대인들은 성경에서 분명히 보여주고 있는 것입니다. 절대로 지옥에 가면 안 됩니다.

2) 지옥에 대한 것을 예수님의 말씀을 통해 보겠습니다.
① 지옥에 대해서입니다.
(마 5:22)지옥 불(the fire hell), (마 25:41)마귀와 그 사자들을 위해서 예비한 영원한 불, (막 9:43)지옥 꺼지지 않는 불, (마 13:32)풀무 불, (계 19:20)유황 불이라고 했습니다. 상징적으로 마치 힌놈의 골짜기에서 우상숭배자들과 쓰레기로 인한 불이 끊어지지 않듯이, 지옥 불은 실제 존재하며 무서운 불구덩이기 때문에 절대로 가서는 안 되는 곳이 지옥이라는 사실입니다.
② 이 지옥 불은 영원히 꺼지지 않고 장작불같이 사그라지지도 않는 불입니다.
계속적으로 타오르는 지옥 불입니다. 영원한 불구덩인데 죽지도 않고 고통만 있는 곳입니다. (막 9:48-49)"거기에서는 구더기도 죽지 않고 불도 꺼지지 아니하느니라 사람마다 불로써 소금 치듯 함을 받으리

라"(Everyone will be salted with fire.) 했습니다.
   ③ 그 곳은 유황불입니다.
   (20절)유황불이 타오르듯 뜨거운 곳입니다. 사람이 만든 불도 무서운 불입니다. 그러나 지옥 불은 더 무서운 곳입니다.
   ④ 지옥은 물 한 방울 없는 곳입니다.
   그곳에는 '자비나 긍휼'이라는 단어가 없습니다. (눅 16:26)부자가 지옥에 들어가 불 속에서 물 한 방울이 없어서 고통당하는 곳임을 보여 주었습니다.
   ⑤ 또한 한 번 들어가면 영원한 형벌의 곳이 지옥입니다.
   올 수도 없고 갈 수도 없는 곳입니다(눅 16:26). 절대로 지옥 가지 말아야 하는데, 예수 믿는 길 밖에는 다른 길이 없습니다.

2. 성경은 지옥 가는 대상자들을 보여 주셨습니다.
   즉 '누가 지옥 가는 사람인가?'라는 것입니다. 인간은 자기가 지옥으로 가는 줄도 모르고 살다가 지옥으로 갑니다.

1) 지옥 가는 대상자로 살지 말아야 합니다.
   언제나 자기 자신을 살펴야 합니다.
   ① 예수 믿지 않으면 지옥 갑니다.
   하나님께서 독생자를 주시는 사랑을 보여 주셨는데, 그래도 믿지 않을 때에는 지옥 가는 길이 열리게 됩니다. 예수 믿으면 영생 천국입니다(요 1:12, 3:14-16, 31; 요일 5:12). 자연을 통해서도 하나님을 알도록 계시해 주셨습니다. 믿지 않으면 멸망입니다(롬 1:20).
   ② 따라서 생명책에 기록되지 못한 사람들이 지옥 갑니다.
   이는 세상에 호적 같아서 예수 믿을 때만 천국의 생명책에 기록됩니다. (요 3:1-)거듭난 사람입니다. (계 20:15)"누구든지 생명책에 기록되지 못한 자는 불못에 던져지더라" 했습니다. 생명책에 기록되지 못하면 세상에서 누구며 무슨 일을 했든지 간에 지옥행입니다. (창 2:17)아담 안에서 이미 죽었기 때문입니다.

2) 부정적인 측면에서 누가 지옥 가는지를 밝히 알아야 합니다.
왜 지옥 가는지도 알아야 합니다.
① 거짓 선지자들입니다.
(계 19:20)짐승과 거짓 선지자가 들어가게 되는데 여기에서 짐승은 동물 짐승이 아니라 상징적입니다. 하나님을 모르고 사람 같지 않은 인생들을 상징적으로 보여 주신 것입니다. 이들이 산 채로 유황불에 던져지게 됩니다(벧후 2:1; 계 19:20).
② 거짓말과 온갖 죄상들이 기록되었습니다.
(계 21:8)"두려워하는 자들과 믿지 아니하는 자들과 흉악한 자들과 살인자들과 음행하는 자들과 점술가들과 우상 숭배자들과 거짓말하는 모든 자들은 불과 유황으로 타는 못에 던져지리니" 했는데, 이곳이 지옥이며 지옥가는 대상자들입니다. 따라서 지옥 가는 자 되지 말고 고넬료의 가정과 같이 온 가족이 예수 믿고 천국 가야 하겠습니다(행 10:1).

3. 절대로 지옥 가지 않는 길이 있습니다.
늘 자기 자신을 확인해야 합니다.

1) 하나님께서 지옥 가지 않고 천국 가는 길을 성경에 제시해 주셨습니다. 하나님이 주신 길입니다.
① 예수 그리스도를 구주로 영접하고 믿어야 합니다.
이 길 외에는 다른 사는 길이 절대로 없습니다(요 14:6; 행 4:12; 딤전 2:5). 예수님 외에는 다른 길이 전혀 없습니다.
② 예수 믿는 믿음에서 흔들리지 말아야 합니다.
교회에 나와서도 확신이 없다면 곤란한 일입니다. (마 13:20-21)네 가지 밭에 관한 비유에서 결실하는 밭은 옥토(good soil)입니다. 따라서 우리 마음 밭이 모두 옥토가 되어야 합니다.
③ 정상적인 하나님의 교회를 중심한 신앙이어야 합니다.
세상에는 이단이나 이상한 집단들이 많기 때문입니다. 이단에 빠지면 멸

망입니다(벧후 2:1). 정상적인 믿음을 가진 교회 안에서의 구원이 전제입니다.
④ 성경과 말씀으로 충만한 생활입니다.
날마다 성령과 말씀으로 충만한 심령이 되기 위해서 힘써야 하겠습니다.

2) 지옥은 절대로 가면 안됩니다.
영원히 멸망이요 저주의 곳이기 때문입니다.
① 이 세상에서의 지위나 위치나 어떤 자리에 있었는지 그것이 문제가 되지 않습니다.
마귀에게 속지 마세요. 그는 거짓말쟁이입니다(요 8:44). 예수 안에서 믿음 위에 서야 합니다(요 1:12; 롬 8:15; 요 3:16; 빌 3:20).
② 천국 백성으로 살기 바랍니다.
짧은 세상에서 예수 잘 믿고 영원한 천국의 주인공이 될지언정 지옥 가는 사람들이 하나도 없게 되기를 주의 이름으로 축원합니다.

▶ 결론 : 천국 백성으로 삽시다.

[구원]

살 길은 하나님을 찾는 길입니다
(암 5:4-15)

사람들이 살아가면서 이용하는 길이 있고, 짐승이나 곤충들, 심지어 물속의 어류들에게도 각각의 길이 있습니다. 욥이 어려움을 당할 때에 욥을 향하여 공격하는 사람들이 하는 말이 (욥 8:11) "왕골이 진펄 아닌 데서 크게 자라겠으며 갈대가 물 없는 데서 크게 자라겠느냐" 했습니다. 모든 생명체는 제각기 처한 환경 가운데서 살아가며 그 발자취를 남기게 됩니다. 나무들은 박토한 땅에서는 아주 작은 바위틈이나 돌담 사이에서도 뿌리를 내리는 현상을 보게 됩니다.

지금처럼 죄악이 가득해서 노아의 심판 때와 같고, 소돔과 고모라의 때와 같은 시대에 성도들은 세상을 향하여 어떻게 살아야 하는지를 바로 깨달아야 합니다. 북쪽 이스라엘은 앗수르에 의해서 남쪽 유다는 바벨론에 의해서 망하게 되는데, 이때가 B.C 586년입니다. 그 시대가 오기 전에 하나님은 아모스를 통해서 분명하게 말씀해 주셨습니다. "너희는 나를 찾으라 그리하면 살리라"(Seek me and live, 암 5:4). 과거의 어느 때보다 정치, 경제, 사회, 문화, 학문이 발달한 시대이지만 인간의 살 길은 오직 하나님을 찾는 길인바, 본문에서 은혜 받는 시간이 되시기 바랍니다.

1. 아모스를 통하여 이 말씀을 주시는 배경을 알아야 합니다.

어느 시대든지 하나님 말씀이 임하게 될 때에는 그만한 이유가 분명히 있음을 보게 됩니다.

1) 아모스 시대의 상황은 여러 가지로 어려운 시대였습니다.

어렵지 않은 시대는 없었지만 아모스 때는 정말 어려운 시대였습니다.
① 정치적으로 심히 부패한 시대였습니다.
　따라서 정치적으로 부패가 심하므로 백성들은 혼란에 빠지게 되었습니다. 어느 시대든지 정치가 바로 서야 백성들이 편안해집니다. (암 2:6-)은을 받고 의인을 팔며 신 한 켤레를 받고 가난한 자들을 파는 시대였습니다. 그릇된 정치로 백성들이 고통을 당하게 됩니다.
② 경제적으로 어려운 때였습니다.
　정치가 바르게 서지 아니했기 때문에 경제도 따라서 추락하게 되었던 시대였습니다. 조선시대에도 보면 소론노론하면서 당파싸움 할 때에 백성들은 굶어 죽게 되었고, 살았다 해도 '초근목피'(草根木皮)로 살아가는 것을 사극이나 책을 통해서 보게 됩니다. 이스라엘 백성들이 그릇 가게 될 때에 심지어 자기 자식까지 잡아먹는 비참한 기사를 성경에서 읽게 됩니다 (왕하 6:28). 이것은 그전부터 예언되었던 말씀이기도 합니다(레 26:29; 신 28:53, 57; 겔 5:10). 이런 일들은 지금도 북한 땅에서 일어나고 있는 슬픈 현상입니다. (신 8:17)재물도 하나님이 주신 것임을 깨달아야 합니다.
③ 종교적으로 암흑기였습니다.
　캄캄한 때였습니다. 제사장들은 영적으로 타락하여 아무것도 할 수 없는 시기였습니다. 이때에 뽕나무를 재배하며 양 치던 아모스를 부르셔서 선지자가 되게 하셨습니다(암 7:14). 그리고 백성들도 영적으로 바르게 이끌도록 하셨습니다.

2) 하나님은 유대 백성이나 이스라엘에게 소망을 주시기 위해서 선지자로 세우셨습니다.
　① 하나님은 심판 전에도 마지막까지 소망을 주십니다.
　(벧후 3:8-)하루가 천 년같이 기다리시면서 역사하십니다. (렘 5:1-)"의로운 사람 한 사람이라도 찾게 되면 바벨론에 팔지 않겠다"고까지 하셨습니다.
　② 그러므로 이 시대에 그리스도인들이 깨달아야 할 말씀입니다.
　업신여김을 받지 아니하시면서 끝까지 지켜보십니다(갈 6:7). 하나님을 찾을 때입니다. 그래야 살 길이 열리기 때문입니다.

2. 시대 시대마다 위기가 오는 원인을 알아야 합니다.

왜 위기가 와서 고통과 잔인한 문제들이 생기게 되는지를 밝히 알아야 합니다.

1) 죄 때문입니다.

죄들도 여러 가지 내용이 있는데 죄를 멀리해야 합니다.

① 교만한 죄입니다.

그 시대에도 보면 물질이 얼마나 있느냐, 그것이 교만의 계기가 되었습니다. 졸부들의 이야기를 이 사회에서도 자주 듣게 됩니다. (딤전 6:10-12)"돈을 사랑함이 일만 악의 뿌리가 되나니 이것을 탐내는 자들은 미혹을 받아 믿음에서 떠나 많은 근심으로써 자기를 찔렀도다 오직 너 하나님의 사람아 이것들을 피하고 의와 경건과 믿음과 사랑과 인내와 온유를 따르며 믿음의 선한 싸움을 싸우라 영생을 취하라" 했습니다. 돈 때문에 하나님을 떠나면 망하게 됩니다.

② 탐심입니다.

욕심에 눈이 어두워서 돈 때문에 곤두박질치게 됩니다. 여기에서 공평함을 잃게 되었습니다. 아모스 시대는 특히 이 부분이 약했습니다. (골 3:5-6)"탐심은 우상 숭배니라 이것들로 말미암아 하나님의 진노가 임하느니라" 했습니다.

③ 향락이 온 세상에 가득했습니다.

온 백성들의 머릿속에는 언제 죽을지 모르니 소유한 것을 가지고 먹고 마시고 즐기자는 생각으로 가득하게 되었는데, 이런 생각과 향락은 결국 심판입니다. 이것이 또한 노아의 시대요, 소돔과 고모라의 시대였고, 말세 때라고 하셨습니다(마 24:37). 목회서신인 디모데전서에도 (딤전 5:6) "향락을 좋아하는 자는 살았으나 죽었느니라" 했습니다.

④ 온 세상이 우상으로 가득했습니다.

하나님 계실 자리에 다른 우상들로 가득하게 되었는데, 우상숭배는 망합니다. (출 20:5-6)삼사 대가 망하게 된다고 하셨습니다.

2) 우리는 기도해야 합니다.
 이런 죄악들이 마음과 생활에 뿌리 내리지 못하게 하기 위해서 기도해야 합니다. 그리고 우리 자신이 바르게 살아야 할 때입니다.
 ① 죄악의 성을 쌓지 않도록 기도해야 합니다.
 (수 6:20)여리고 성이 무너지고, (수 8:19)아이 성이 무너지듯이 죄악의 성은 무너지게 됩니다. 그곳에서 빨리 나와야 합니다(계 18:2).
 ② 이런 때에 누가 나서야 하겠습니까?
 아모스를 세우신 하나님은 이 시대의 모든 그리스도인들이 바르게 서기를 원하십니다. 지금은 온 교회가 일어서서 기도해야 할 때입니다. 요나의 외침을(욘 3:1-) 잊지 않아야 하겠습니다. 그래야 이 나라에 소망이 있기 때문입니다.

3. 살 길은 하나님을 찾는 길입니다.
 결국은 하나님의 심판이 있기 때문입니다.

1) 하나님을 찾는 길을 알아야 합니다.
 심판이 다가오고 있기 때문에 하나님을 찾아야 할 때입니다.
 ① 문제는 자기 앞에 당면한 문제를 모르고 살아가는 것입니다.
 하나님을 찾아야 하는데 하나님을 모르고 위기를 모르기 때문에 찾지 않는 것입니다. 오히려 더 강퍅해지는 가인과 같은 시대입니다(창 4:7).
 ② 하나님 말씀에 굳게 서서 영혼이 바르게 서야 합니다.
 인간은 육신으로만 되어있는 것이 아닙니다. 영혼이 분명히 있습니다. 영혼이 사는 길은 하나님 말씀으로 양식을 삼아야 합니다(마 4:4). 그리고 자신을 깨끗하게 해야 합니다(고후 7:1-).

2) 하나님을 찾아야 합니다.

피동적으로 억지로가 아니라 능동적으로 부지런히 찾아야 할 때입니다.

① 일상생활에서 언제나 하나님 중심으로 살아야 합니다. 매 순간순간마다 가능한 믿음 위에 자기를 건축해 나가야 합니다(유 1:20).

② 매사에 하나님을 찾아야 합니다.

어려운 때에도, 문제가 많을 때에도, 위기 때에도, 평안할 때에도, 잘 살 때에도 하나님을 찾아야 합니다. 그리고 마지막 숨을 거둘 때에도 하나님을 찾고 천국으로 입성하는 성도가 되어야 합니다. 모든 성도들이 언제나 하나님을 찾고 나가게 되시기를 예수님의 이름으로 축원합니다.

▶ 결론 : 하나님을 찾아야 삽니다.

[기도]
기도하는 것 이상으로 축복받고 이긴 싸움
(에 4:13-17)
(광복 70주년 기념주일)

　이 세상을 말할 때에 생존경쟁이요 전쟁터 같다고들 하는데, 이 싸움은 태어날 때부터 시작해서 죽을 때까지 계속되는 전투와 같다고 할 것입니다. 그런데 이 모든 싸움은 이겨야 하는 숙제가 있는데, 전쟁에서 이기고 지는 승패는 매우 중요한 일이 됩니다. 성경에서 다윗은 이길 수 없는 싸움에서 이긴 용장이 되었습니다. 골리앗과 싸워서 이기게 되었던바 그의 고백은 유명합니다. (삼상 17:47)"전쟁은 여호와께 속한 것인즉 그가 너희를 우리 손에 넘기시리라"(for the battle is the LORD'S, and he will give all of you into our hands.) 하고 승리했습니다. 다윗은 어디로 가든지 이기게 되있는데 하나님께서 싸워주셨고, 다윗은 하나님을 사랑하였고 승리했습니다(대상 18:6, 13; 시 35:1, 18:1).

　1976년 중동 1차 전쟁에서 이스라엘은 6일 만에 대승하게 되었습니다. 그 당시에 사령관이었던 모세 다이얀(Moshe Dayan) 장군은 시편 3편을 병사들에게 읽어 주며 승리로 이끌었다는 이야기는 유명합니다. 1976년도부터 대한민국 군대 안에서 '1인 1신앙 운동과 신앙전력화'(一人 一 信仰 運動, 信仰戰力化)라는 말이 부대마다 유명했습니다.

　본문은 유대민족이 바벨론 포로 시 페르시아(바사) 왕 아하수에로 시대에 모르드개와 왕후 에스더가 유다민족을 괴롭히고 말살시키려던 하만과의 전쟁에서 "죽으면 죽으리이다"라는 '일사각오'의 신앙으로 대승리를 거둔 사건입니다. 우리에게 교훈이 크게 주어지고 있는바 여기에서 은혜의 시간이 될 줄 믿습니다.

1. 에스더는 3일 동안 금식하며 기도하게 되었습니다.

성 밖에 있는 모르드개뿐 아니라 온 유대인들에게 금식을 선포하며 기도했습니다.

1) 국가 위기 때에 기도했던 사람들을 보게 됩니다.
 국가의 위기 때에는 기도 밖에 없습니다.
 ① 모세의 기도를 봅니다.
 (출 32:32)모세가 십계명을 받으러 시내산에 올라갔을 때에 산 밑에서는 금송아지 사건으로 인해서 위기가 찾아오게 되었는데, 이때에도 모세의 결단적 기도는 위력이 있었습니다.
 ② 히스기야 왕의 기도입니다.
 온 나라가 앗수르 왕 산헤립에게 포위되어 '풍전등화'의 위기 때에도 산헤립이 보낸 편지를 성전에 펴 놓고 기도했습니다. (왕하 19:16)"여호와여 귀를 기울여 들으소서 여호와여 눈을 떠서 보시옵소서"(Give ear, O LORD, and hear; open your eyes, O LORD, and see;) 그날 밤에 앗수르 군대는 전멸했습니다.
 ③ 이라크 전쟁 당시에 아버지 부시 대통령이 온 국민들에게 기도해 줄 것을 호소한 일은 유명합니다.
 그전에 아브라함 링컨 대통령은 남북전쟁 당시에 기도의 사람이었음을 역사가 말해주고 있습니다.
 ④ 우리나라 6·25전쟁 때에도 기도의 능력을 볼 수 있었습니다.
 6.25전쟁으로 부산까지 피난 간 이승만 대통령은 온 교계지도자들과 부산 해운대 백사장에서 비를 맞으며 구국기도회를 했더니, 하나님께서 역사하셔서 유엔군을 보내주신 사건 역시 유명합니다. 지금도 우리는 국가를 위해서 기도할 때입니다.

2) 유다민족이 위기에 있을 때에 에스더는 기도했습니다.
 본문은 두고두고 유명한 기도에 관한 사건이 되었습니다.

① 에스더는 "죽으면 죽으리이다" 하면서 금식기도 했습니다.
　금식기도의 위력은 옛날이나 지금이나 강하게 나타납니다. (삼상 7:6)미스바에서도 사무엘을 중심으로 금식기도 했습니다. (느 9:1)수문 앞 광장에서도 느헤미야를 중심으로 한 금식기도가 있었습니다. (욘 3:5)물고기 뱃속에서도 요나의 금식기도가 있었습니다. (욜 2:13)마음을 찢으며 금식기도 하라고 외치고 있습니다. (마 4:1-)예수님은 공생애 사역을 40일 금식기도로 시작하셨습니다.
　② 혼자가 아니라 모두에게 합심기도를 부탁했습니다.
　성 밖에 모르드개를 위시한 모든 유대인들에게 기도를 독려하게 되었는데 이 합심기도는 위력이 있습니다. (마 18:20)"두세 사람이 내 이름으로 모인 곳에는 나도 그들 중에 있느니라" 하셨습니다. 8·15광복 70주년에 우리는 국가적 현안문제들을 놓고 간절히 기도해야 할 때입니다.

2. 에스더는 기도가 끝난 후에 하만과의 전쟁을 시작했습니다.

　기도할 때에는 계속 기도하였고, 이제는 전투입니다.

1) 기도하는 사람은 조급함도 다급함도 이겨내야 합니다.
　때로는 참고 기다리는 것도 전쟁입니다.
　① 신앙은 늘 인내가 중요합니다.
　악한 하만의 난동 앞에 에스더는 답답했겠지만 기다리며 준비했습니다. 인내가 중요하고(약 5:11), 성령의 9가지 열매 중에도 "오래 참음"이 있습니다(갈 5:23).
　② 그냥 기다리는 것이 아니라 기도하면서 기다리는 인내입니다.
　차분하게 기도하면서 작전과 계획을 수립하여 전투에 임하게 되었습니다. 우리의 신앙생활도 인내를 배워야 할 때입니다. 부지런한 것과 조급함은 구분해야 합니다.

2) 에스더의 기다리는 인내는 하나님의 섭리와 뜻을 기다리는 것이었습니다.
① 하나님의 역사하심과 섭리를 따라서 행동하는 것을 언급하는 것입니다.
 사울 왕의 조급함은 그로 인하여 왕의 자리에서 스스로 주저앉게 만드는 계기가 되었습니다(삼상 13:8-13). 반대로 다윗은 블레셋과의 전쟁에서 하나님의 신호를 기다렸더니 승리했습니다(대상 14:14).
② 때로는 기다리는 것이 하나님의 응답입니다.
 기다림 속에는 하나님의 뜻과 응답이 있기 때문입니다. 인내의 훈련이 잘되시기를 바랍니다. 그래서 성경에서 '일곱 번까지'라는 말씀을 읽게 됩니다(왕상 18:4, 5, 왕하 5:14). 그리고 끝내 응답으로 축복을 받게 됩니다.

3. 하나님은 에스더에게 기도한 것 이상의 축복으로 응답해 주셨습니다.
 기도의 응답은 언제나 하나님의 뜻과 섭리에 따라서 열매를 맺게 됩니다.

1) 에스더는 하만의 잔꾀를 완전하게 역전시켜 승리를 거두게 되었습니다.
 야구로 말한다면 9회말 '역전 홈런'(home run)입니다.
① 하만은 유대인을 말살시키려는 함정에 자기가 빠지게 되었습니다.
 이런 역전드라마 같은 일은 지금도 때때로 일어나고 있습니다.
② 에스더나 유대인들이 기대하지 않았던 것까지도 하나님은 역사해 주셨습니다.
 우리 속담과 같이 '호박이 넝쿨째 굴러들어온' 사건이 되었습니다. 예상치 못한 일들이 전개되었습니다. 하만의 온 가족이 망한 것은 상상할 수 없던 일입니다.

2) 하나님은 때때로 인간의 수단을 무력화시키실 때가 있습니다.
 하나님이 하시는 일 앞에서 인간의 수단은 무력합니다.
① 인간의 무장이나 병력이나 군사력은 무력합니다.
 골리앗의 힘도 무력한 것이 되었습니다(삼상 17:44). 하나님께서 싸워주셨기 때문입니다.

② 기도하는 사람을 당할 사람은 없습니다.

왜 그렇습니까? 하나님께서 기도하는 사람의 손을 붙들고 계시기 때문입니다. 이 시대에 한국교회와 은평교회 성도들은 기도의 손이 되어서 에스더의 승리의 역사가 다시 우리 대한민국에 재연되기를 주의 이름으로 축원합니다.

▶ 결론 : 하나님이 싸워주시면 이깁니다.

[기도]

내 집은 기도하는 집이라 하셨습니다
(마 21:12-17)

세상에는 집(house)들이 많이 있습니다. 비단 사람이 사는 집뿐만이 아니라 동물들이 살고 있는 집, 새들이 지은 집, 곤충들이 살고 있는 집, 물속의 물고기들의 집까지 다양한 종류의 집들이 존재합니다. 그 중에 으뜸은 사람이 사는 집입니다.

옛날 토굴 속의 집부터 시작해서 현대에 와서 고급스러운 아파트며 단독주택에 이르기까지 계속해서 지금도 건축 중에 있습니다. 모든 물건은 존재 목적이 분명하듯 집이라는 존재는 목적이 있습니다. 인간을 창조하신 목적이 하나님께 영광이요, 찬송을 받으시기 위한 것이듯(사 43:21; 창 1:27-28; 롬 1:23-24, 26), 다양한 건축물들 중에는 하나님의 집인 성막, 성전이 있고 교회 건축물들이 있습니다.

본문에서 보면 예수님께서 예루살렘 성전에 들어가셔서 성전 안에서 매매하는 모든 사람들을 내쫓으시며 돈 바꾸는 사람들의 상과 비둘기 파는 사람들을 내쫓으시며 내 집은 기도하는 집이라고 하셨습니다. 이는 이사야 56장 7절의 인용으로서 하나님의 집은 기도하는 집이요 하나님 말씀을 선포하는 현장이 되어야 한다는 분명한 교훈의 말씀을 주시는 바 본문에서 은혜를 받게 됩니다.

1. 하나님의 성전인 교회와 성도들이 받을 축복과는 밀접한 관계가 있습니다.

이는 성전으로서의 기능을 다할 때 약속하신 축복의 원리와 같습니다.

1) 성전의 기능을 바르게 해야 합니다.
 성전의 기능을 다할 때에 하나님께서 영광을 받으시고 축복과도 연결됩니다. (고전 3:16)신약에 와서는 죄 씻음을 받은 무리들이 예수님을 모시게 될 때에 곧 성전이라고 했습니다.
 ① 구약에서는 야곱의 경우에서 볼 수 있습니다.
 (창 28:10-)야곱이 아버지 집을 떠나서 하란으로 가면서 받은 바 축복의 역사입니다. 황당하다는 뜻을 가진 '루스'로 가면서 하나님의 집이라는 '벧엘'로 바뀌게 되었고, "여호와께서 나의 하나님이 되실 것이요"(then the LORD will be my God) 했는데, 평상시에 우리가 주님 모실 때에 성전이라고 할 수 있습니다.
 ② 구약에서 다윗의 경우에서 볼 수 있습니다.
 성전이 아직 지어지기 전이었지만 법궤를 예루살렘으로 옮기는 다윗에게 축복하셨고, 비록 성전을 건축하지는 못했어도 그 마음만 가지고 있었을 때에 하나님께서는 그에게 축복해 주셨습니다(삼하 7:9-13).
 ③ 시편에서 볼 수 있습니다.
 성전을 향한 노래요, 시요, 기도였습니다(시 84:1-). 10절에 "주의 궁정에서의 한 날이 다른 곳에서의 천 날보다 나은즉"이라고 하였는데, 성전을 사모하는 마음이 전해지고 있습니다. 그와 같이 사모하는 마음에 하나님께서 만족케 하십니다(시 107:9). 따라서 이 세대의 성도는 늘 자신이 성전이 되어서 하나님께 영광 돌리는 삶이 되게 해야 합니다.

2) 우리 마음의 성전에 언제나 주님이 계시게 해야 합니다.
 구약의 역사는 신약에 와서 예수 그리스도 안에서의 역사입니다.
 ① 하나님은 성전에 계신다고 했습니다.
 하박국 시대에 죄악이 가득 차서 하박국이 한탄하며 기도하던 그때에 하나님께서 주신 응답입니다(합 1:13, 2:22). 하박국의 기도에 대한 응답들입니다. "하나님은 그 성전에 계시니" 했습니다.
 ② 마음의 성전을 날마다 깨끗하게 해야 합니다.

왜냐하면 예수님이 그 성전에 계시기 때문입니다. (고전 3:17)"하나님의 성전을 더럽히면 하나님이 그 사람을 멸하시리라 하나님의 성전은 거룩하니 너희도 그러하니라" 했습니다. 은평교회 모든 성도들은 마음의 성전에 주님만 모신 성도들이 되시기 바랍니다.

2. 예수님은 세상에 계실 때에 하나님의 성전을 매우 중요하게 여기셨습니다.

왜냐하면 이곳에서 하나님께 드려지는 예배와 함께 신앙생활 중심지가 바로 성전이기 때문입니다.

1) 거룩해야 할 하나님의 성전이 세상 잡것들로 가득하면 곤란합니다.
예수님이 성전에 가셨을 때의 모습이 그러했습니다.
① 온갖 장사하는 사람들로 가득했습니다.
이곳은 거룩한 곳이기 때문에 세상적인 것들이 들어올 수 없습니다. 하나님의 임재하신 곳은 거룩한 곳이기 때문에 발에서 신을 벗어야 합니다. 모세에게도(출 3:5), 여호수아에게도 신발을 벗게 하시고 사명을 부여해 주셨습니다. 본문에서 예수님은 그렇지 못한 예루살렘 성전에서의 모습을 책망하셨습니다.
② 밖에 있어야 할 것들이 안에 있게 되었고 난장판이 되었습니다.
이처럼 우리 안에도 성령님이 계시는 곳에 세상 것이 가득하게 되면 책망을 받습니다.

2) 성전은 거룩한 곳입니다.
예수님은 성전을 사랑하셨고 성전 중심으로 사셨습니다.
① 하나님의 성전은 기도하는 곳입니다.
(사 56:7)"내 집은 만민이 기도하는 집이라 일컬음이 될 것임이라" 하셨습니다. 찬송과 기도와 말씀을 통한 예배자는 하나님의 집을 살아 역사하

는 성전이요 교회가 되게 해야 합니다. 믿음 안에 시기, 미움, 질투 등 온갖 잘못된 것이 있다면 거룩한 공동체를 이루는데 문제가 많이 생기게 됩니다.

② 교회는 죄인들이 와서 믿음으로 거듭나고 거룩해져가는 곳입니다.

말씀과 기도로 거룩해져야 합니다. 기도가 살았고 찬송이 울려 퍼지며 성령의 역사하심이 충만해야 합니다. 현대판 에베소 교회나 사데 교회나 라오디게아 교회가 되면 곤란합니다(계 2~3장). 은평교회는 빌라델비아, 서머나 교회의 본을 받아 따라가는 교회가 되시기를 바랍니다.

3. 성전이 더럽혀지면 거룩해지도록 청결 운동을 해야 합니다.

사람이 모이는 곳이기 때문에 오염 요소들도 몰려오지만 즉시 청결 운동에 힘써야 합니다. 이것이 교회입니다.

1) 어디에서 더럽게 되었는지 빨리 찾아서 청결케 해야 합니다.

기계가 고장 나면 어디에 문제가 있는지 파악해서 수리하듯이 우리의 신앙에도 고장 난 부분은 빨리 찾아서 회복해야 합니다(계 2:4).

① 먼저 마음의 성전은 깨끗해야 합니다.

모든 일들은 마음에서 시작하기 때문에 마음이 중요합니다. (요 13:2)마귀가 가룟 유다의 마음에 예수님을 팔 생각을 넣었다고 했습니다. 이것을 다스리는 마음을 가지도록 해야 합니다(창 4:7).

② 실제적으로 하나님의 백성들이 모이는 교회도 거룩해 지도록 힘써야 합니다.

이것은 성령 충만이요, 말씀 충만하는 길 밖에 없습니다. 물청소 하듯이 말씀으로 깨끗하게 해야 합니다(to make her holy, cleansing her by the washing with water through the word, 엡 5:26). 그래서 성전을 청결 유지하도록 힘써야 합니다.

2) 더러워지지 않게 하기 위해서 힘써야 할 일이 있습니다.

기본적으로는 예수님이 흘리신 피가 우리를 청결케 해주십니다(히 9:12-).

① 날마다 이를 위해서 기도해야 합니다.

왜냐하면 기도하는 집에서 기도하지 아니하면 다른 것이 그 자리에 자리 잡게 되기 때문입니다. 먹는 문제까지라도 기도로 거룩해지게 됩니다(딤전 4:4-5). 그래서 늘 기도를 쉬지 않아야 합니다(살전 5:17).

② 날마다 회개해야 합니다.

성령께서 감화 감동 주실 때에 곧 바로 회개해야 합니다. 공중의 새가 날아가다가 오물을 떨어뜨려서 더러워진 것은 씻으면 되지만, 그 새가 내 머리에 앉아서 집을 짓게 해서는 안 될 것입니다(성결교회 창시자 이명직 목사님의 말씀). 이 세대에 모든 성도들과 은평교회는 언제나 주님 모시고 살며, 주님 다시 오실 때까지 청결한 성도들이 되시기를 예수님의 이름으로 축원합니다.

▶ 결론 : 하나님의 집은 기도하는 집입니다.

[교회]

범사에 은혜와 축복이 넘치는 교회

(빌 1:1-11)

 이 세상은 각계각층 모든 분야마다 섞여서 살아가는 곳이기 때문에 혼합된 듯 보이지만 사실은 구분해서 생각해야 합니다. 제품도 생산되었을 때에 상·중·하로 나누어지고, 농산물도 제품으로 상품과 하품으로 나누어지듯이, 하나님이 보실 때에 사람의 행위나 인격은 곡식과 같이 분류됩니다(마 3:12). 노아 홍수 때에도 하나님 앞에서 한탄의 대상이 된 무리들이 있었고, 또한 하나님의 은혜를 입은 노아가 있었음을 보게 됩니다. (창 6:6-7) "노아는 여호와께 은혜를 입었더라"(But Noah found favor in the eyes of the LORD) 했습니다. 그런데 예수님은 말세 때의 세상을 노아 시대나 소돔과 고모라의 시대와 같다고 예고해 주셨습니다(마 24:37). 이외 같은 세속적인 세상에 존재하는 교회이기 때문에 하나님의 심판은 성전 안에서부터 시작하게 된다고 했습니다(겔 9:1-6).
 본문에서 빌립보 교회는 환란과 핍박 중에 있었던 교회였지만, 모범적으로 부흥해가며 기쁨이 충만한 교회였던바 은평교회가 이 세대에서 모범적으로 본받는 교회가 되기 위해서, 본문에서 은혜를 나누게 됩니다.

1. 좋고 아름다운 교회는 하나님과의 관계가 은혜스러운 교회입니다.

 신앙생활의 첫 발자국은 하나님과의 관계입니다. 집에서 부모와 자녀관계가 좋아야 하듯이 신앙생활에서 하나님과의 관계가 좋아야 합니다.

1) 하나님과의 관계는 예수 그리스도 안에서만 이루어집니다.
 예수님은 나 때문에 십자가에서 희생하셨습니다. 그리고 하나님과 나와의 관계가 화평케 하셨습니다(엡 2:14-).

① 따라서 예수님을 바르게 믿어야 합니다.

예수님은 나 때문에 이 세상에 오셨고, 십자가에서 대속의 죽음을 당하셨으며, 무덤에까지 내려가셨고, 3일 만에 부활하시고, 40일 만에 승천하시어 지금도 하나님 우편에 앉아 계시면서 나를 위해 기도하고 계시고(롬 8:34), 멀지 않아 다시 재림하실 것입니다. 지금도 우리와 함께 계시면서(마 28:20) 기도하고 계십니다. 따라서 예수님을 떠나서는 아무것도 할 수 없기 때문에 '그리스도 안에'(ἐν τὸ Χριστός)라는 이 용어는 성경 신학의 기조(基調)가 되었습니다(바울서신).

② 그리스도를 떠나서는 아무것도 생각할 수 없습니다.

예수님도 말씀하시기를 너희가 나를 떠나서는 아무것도 할 수 없다고 하셨습니다(요 15:7). "나를 떠나서는 너희가 아무 것도 할 수 없음이라"(apart from me you can do nothing) 했습니다(요 15:5). 따라서 하나님과의 관계는 곧 예수 그리스도 안에서의 생활이 중요합니다.

2) 그래서 교회 안에서는 같은 혈육으로서 조심해야 할 일들이 많습니다.

서로가 주의해서 상대방을 대우해 주는 것이 중요합니다.

① 욕심과 교만을 버려야 합니다.

예수님은 천국의 영광을 버리시고 이 땅에 오셨고 십자가를 지셨습니다. 교회 안에서는 세상적인 방식과 욕심을 버려야 합니다. 욕심과 교만 때문에 문제가 생기고 '불협화음'이 나며 큰 문제들이 일어나게 됩니다. (약 1:15)"욕심이 잉태한즉 죄를 낳고 죄가 장성한즉 사망을 낳느니라" 했습니다. 겸손하게 될 때에 욕심도 해결됩니다.

② 하나님의 교회임을 잊지 말아야 합니다.

이곳은 살아계신 하나님의 집이요 진리의 터입니다(딤전 3:15). 따라서 교회론이 중요합니다. 교회를 통해서 영적으로 태어나고 자라고 생활하다가, 교회를 통해서 영원한 천국에 입성하게 됩니다. 따라서 교회생활이 아름다와야하고 중요합니다. 이렇게 신앙생활 하시기 바랍니다.

2. 좋고 아름다운 교회는 구원받은 성도와의 관계가 좋은 교회입니다.

현대식 건물로 최신식 최고급 자재로 미석(美石)을 사용해서 아방궁 같은 시설을 갖추어 놓고 신앙생활을 한다고 해도, 불협화음이 일어나고 문제가 생긴다면 하나님께서 기뻐하실 수 없습니다. 이런 곳은 좋은 교회가 될 수 없습니다.

1) 예수 그리스도의 피 값으로 사신 바 된 교회이기 때문에 교회 안에서는 모든 성도가 천국의 가족입니다.
 ① 하나님의 같은 자녀들입니다.
 (요 1:12)하나님의 자녀들입니다. (롬 8:15)아바 아버지라고 부르게 됩니다. (빌 3:20)시민권이 하늘에 있습니다. 이것이 교회 안에서 성도 간의 관계이기 때문에 제일 가까운 일원입니다.
 ② 하나님의 가족입니다.
 (행 20:28)"하나님이 자기 피로 사신 교회"(Be shepherds of the church of God, which he bought with his own blood)입니다. 세상 육신의 형제보다 더 가까운 영원한 형제요 지체가 교회 가족입니다. 주님 안에서 이 점을 잊지 말아야 하겠습니다.

2) 교회 안에서는 같은 백성임을 잊지 말아야 합니다.
 예수님 마음이 내 마음속에 있도록 해야 합니다.
 ① 예수님 마음을 품어야 하겠습니다.
 (빌 2:1-5)"그러므로 그리스도 안에 무슨 권면이나 사랑의 무슨 위로나 성령의 무슨 교제나 긍휼이나 자비가 있거든 마음을 같이하여 같은 사랑을 가지고 뜻을 합하며 한마음을 품어 아무 일에든지 다툼이나 허영으로 하지 말고 오직 겸손한 마음으로 각각 자기보다 남을 낫게 여기고 각각 자기 일을 돌볼뿐더러 또한 각각 다른 사람들의 일을 돌보아 나의 기쁨을 충만하게 하라 너희 안에 이 마음을 품으라 곧 그리스도 예수의 마음이니"라고 했습니다.

② 나보다 믿음이나 신앙생활의 연륜이 미약해 보여도 함께 도와야 합니다.

이것이 좋은 교회, 좋은 성도의 모습이기 때문입니다. (롬 14:1)"믿음이 연약한 자를 너희가 받되 그의 의견을 비판하지 말라"고 했고, 사도 바울은 먹는 일 때문에 형제가 실족하면 영원히 고기를 먹지 않겠다고 까지 했습니다(고전 8:13).

3. 좋고 아름다운 교회는 하나님 말씀을 전하는 종과 올바른 교제가 있는 교회입니다.

세상에 존재하는 주의 종은 연약하고 부족하지만, 주님이 주님의 말씀을 대언(代言)하라고 세우셨기에 쓰임 받는 존재입니다. 천국에 상급은 있지만 세상 것 모두를 포기하고 복음만을 위해서 쓰이는 존재입니다.

1) 주의 종이 목회에 불편하게 되면 성도들에게 복이 없게 됩니다.

좋은 결과의 관계에서 칭찬 듣고 축복받는 교회가 있거니와 그렇지 못한 교회도 성경은 소개하고 있습니다.

① 불편했던 교회도 보여 줍니다.

고린도 교회는 개척자요 '사도'(ἀπόστολος)인 바울과의 관계가 잠시 동안이지만 좋지 않았던 때가 있었는데, 다행히 해결되었고 해결된 직후에 고린도에 정착해서 기록한 것이 로마서였습니다.

② 주의 종의 관계가 좋았던 교회도 소개합니다.

데살로니가 교회는 바울로서는 감격스러운 교회였습니다. 그리고 모범적으로 성장하고 부흥했습니다(살전 1:3, 2:13).

2) 빌립보 교회는 바울이 어디에 있든지 협력하고 힘이 되었습니다.

밖에서 전도할 때나, 옥에 갇혀 있을 때에도 협력한 교회였습니다.

① 바울은 예수 그리스도의 종으로서 복음을 전하는 사람이었기 때문입니다.

옥에 갇혀 있을 때에도 에바브로디도를 통해서 바울을 도왔는데 풍성하게 도와주었습니다(빌 4:18). 모범적인 교회의 좋은 모습이기도 합니다. 그리고 에바브로디도는 자기 몸이 병약한 데도 힘써 일했던 일꾼이 되었습니다.

② 빌립보 교회는 모범적인 교회로 유명합니다.

지상교회는 완벽한 교회나 완벽한 신앙은 없지만, 빌립보 교회와 같이 모범적인 교회나 신앙은 있습니다. 이 세대의 은평교회가 하나님과의 관계, 성도와의 관계, 그리고 주의 종과의 관계가 아름답게 되시기를 주의 이름으로 축원합니다.

▶ 결론 : 아름다운 교회를 구현해 가야 합니다.

[교회]

여호와 하나님의 영광이 가득한 교회
(대하 7:1-3)

　모든 일에는 분명히 그 존재하는 기능과 목적이 있습니다. 음악에 필요한 모든 악기류들이며, 음향장치들 그리고 시대에 따라 발전해 가는 모든 기계류들이 많은데, 이 모든 것이 존재 목적과 기능에 따라서 사용되게 됩니다. 만물의 영장으로 창조된 사람들은 하나님께 영광이 되는 것이 그 존재 목적입니다. (사 43:21)"이 백성은 내가 나를 위하여 지었나니 나를 찬송하게 하려 함이니라"(the people I formed for myself that they may proclaim my praise.) 했습니다. 그런데 택한 백성들인 이스라엘 백성들이 범죄하고 우상숭배 하며 하나님께 범죄하며 하나님을 떠났을 때에 책망이 왔습니다(사 1:13; 시 4:2). 사도 바울은 로마서에서 모든 인간들이 하나님께 범죄하였다고 전했습니다(롬 1:21, 3:10-23). 먹든지 마시든지 무엇을 하든지 다 하나님께 영광이 되게 해야 합니다(고전 10:31). 소요리문답 제1문에 사람의 제일 되는 목적은 '하나님께 영광이라'고 했습니다.
　본문은 다윗을 이어 왕이 된 솔로몬이 아버지 왕인 다윗의 간곡한 뜻을 받들어서 성전을 짓게 되는데, 성전을 건축하고 헌당 예배 집례자들이 집례를 하지 못할 정도로 그 성전에 하나님의 영광이 가득하게 임재하였던 바, 2016년에도 우리의 마음의 성전(고전 3:16)에 하나님의 영광이 가득하며, 새롭게 증축하고 새 단장을 하는 은평교회에도 하나님의 영광이 가득한 은혜의 시간이 되시기를 원합니다.

1. 이 성전의 중심은 예배가 목적이었습니다.
　다윗의 뜻을 이어 솔로몬이 성전을 지은 이유입니다.

1) 성전 터의 역사 속에서 그 배경이 나타나 있습니다.

 아무 데나 지은 것이 아니었습니다. 그 역사적 배경이 중요합니다. (대하 7:1-)아브라함이 이삭을 드린 곳이요, 다윗이 예배를 드렸던 아라우나 타작마당 터가 그곳이었습니다.

 ① 영광스러운 성전의 터는 이삭이 드려진 곳입니다.

 (창 22:1-)백세의 낳은 이삭을 제물로 드리라고 하실 때에 삼일 길을 걸어가서 드리던 배경을 보게 되고, 두 번씩이나 급하게 아브라함을 부르시면서 이삭 대신에 양을 준비하셨고, 하나님께서 대대로 축복을 명하신 모습도 보게 되는바 그곳이 성전의 터가 되었습니다.

 ② 영광스러운 솔로몬의 성전 터는 다윗의 회개의 제물이 값지게 드려진 아라우나 타작마당이었습니다.

 (삼하 24:1-)인구 조사로 인해 재앙이 임하게 되었고, 갓 선지자의 지시대로 아라우나 타작마당에 가서 값을 모두 치루고 나서 화목제물을 드렸을 때에 내리던 재앙이 그치게 되었습니다(삼하 24:24). 진노 중에도 긍휼을 잊지 아니하시는 하나님이십니다(합 3:2 이하).

2) 따라서 하나님께 영광이 되는 이 성전은 하나님께 드려질 것이 드려지는 전적인 순종으로 지어진 성전이었습니다.

 제물이 있다고 해서 받으시는 것이 아니었습니다.

 ① 순종이 있기 때문에 하나님의 영광이 나타나게 되었습니다.

 순종의 관해서는 일찍이 사울 왕의 사건을 통해서도 잘 나타내 보여주셨습니다. (삼상 15:22)순종이 제사보다 낫다고 분명하게 보여주셨습니다. 순종할 때에 하나님의 영광이 나타나게 됩니다.

 ② 희생입니다.

 희생 없이 제물이 될 수 없거니와 희생할 때에 하나님의 영광이 나타나게 됩니다. 창세기 22장 12절에서 이삭을 드려지게 될 때에 주신 말씀인 바, 네가 이제야 하나님을 경외하는 줄 알았다고 하시며 축복해 주셨습니다. 다윗은 공짜가 아니라 값을 치르고 제단을 쌓게 되었을 때에 내리던 재앙이 그치게 되었습니다. 우리에게 주신 이 성전에서 우리는 순종과 희생이 있는 가운데 예배가 살아 있어야 하겠습니다. 이곳에서 솔로몬의 성전과 같이 하나님의 영광이 가득하게 나타나기를 기도합니다.

2. 이 성전에서 영광이 나타나게 되는데, 이 성전은 대를 잇는 성전 건축 작업이었습니다.

솔로몬이 지었기 때문에 솔로몬 성전이라고 하지만, 사실은 다윗이 모든 마음을 다해서 준비했습니다.

1) 다윗은 많은 준비를 했습니다.
군인이었기 때문에 피를 많이 흘려서 성전 건축을 허락하지 아니하셨기 때문입니다(대상 22:8).
① 다윗은 자기가 짓지 못함을 아쉬워하며 아들 솔로몬이 성전을 지을 수 있도록 모든 준비를 하며 살았습니다(왕상 2:2).
부모세대가 지어진 것들이 자녀세대에까지 대를 잇게 되는 신앙적인 일들이 중요합니다(딤후 1:3-).
② 물질과 자재들을 풍부하게 준비해 놓았습니다.
다윗은 솔로몬이 성전 짓는 일에 불편함이 없도록 준비들을 해 놓았는데 이 모습이 빛나는 부분이라고 할 것입니다(대상 22:14). 지금 완공 예배를 드리면서 하나님의 영광이 가득한 이 성전도 이렇게 해서 건축된 것입니다.

2) 솔로몬 혼자만의 성전 건축이 아니라 합작한 일이었습니다.
이곳에 하나님의 영광이 가득하게 되었습니다.
① 솔로몬 성전에 영광이 가득한 것은 은평교회의 나중을 생각하며 감격이 타오르는 영적 모습임을 보게 됩니다.
왕위에 올랐을 때에 아버지 다윗의 간곡한 부탁이 다시 한 번 떠오르게

되는 장면입니다(왕상 2:1-).
  ② 우리 가정들도 대를 잇는 신앙으로 축복과 영광이 가득하게 해야 합니다.
  나 혼자 나 홀로의 신앙으로 사는 것이 아니라 하나님이 영광 받으시도록 계속해서 대를 잇는 신앙의 가업(가풍)이 되도록 힘쓰는 일은 무엇보다도 중요한 일입니다. 더욱이 현대의 가정들마다 부모세대와 자녀세대가 신앙의 개념이 다른 때에 다윗과 솔로몬의 신앙을 배우게 되시기를 축원합니다.

3. 솔로몬의 성전에서 기도할 때에 하나님의 영광이 응답의 불로 임하게 되었습니다.

  예배에는 언제나 응답이 중요합니다. 거기에는 하나님의 영광이 가득하게 되었습니다.

1) 기도의 응답의 약속이 분명했습니다.
  하나님은 언제나 여기에서 응답하시겠다고 약속하셨습니다. (대하 7:15) "이제 이 곳에서 하는 기도에 내가 눈을 들고 귀를 기울이니"(Now my eyes will be open and my ears attentive to the prayers offered in this place.) 했습니다.
  ① 하나님의 영광이 가득한 곳에서 기도하게 될 때에 응답해 주시리라 하신 말씀입니다.
  기도는 언제나 어디서나 할 수 있지만 언제나 응답이 있는 것은 아니었기 때문입니다. (단 6:10)다니엘은 포로 중에도 기도하였고, 요나는 물고기 뱃속에서도 기도했습니다(욘 2:1-).
  ② 이 기도의 응답에는 조건이 있었습니다.
  함께 기도했습니다(대하 7:14). 하나님의 백성이 죄를 뉘우치고 회개하면서 기도할 때에 응답해 주시겠다고 하셨습니다. 거기에 또한 하나님의 영

광이 가득하게 되었습니다.

2) 우리는 솔로몬의 성전이 아니라 참 성전 되시는 예수님의 이름으로 기도해야 합니다.
 ① 신약시대에 주신 축복이요 은혜입니다.
 후대에 범죄함으로 인해서 이 성전은 무너지게 되었지만, 신약에 와서는 예수 그리스도가 성전이며(고전 3:16) 예수님의 이름으로 기도하게 될 때에 응답이 약속되었습니다(요 14:13).
 ② 2016년에 은평교회가 성전 증축과 리모델링(remodeling)을 하면서 이와 같은 신앙으로 하나님의 영광이 가득하게 해야 하겠습니다.
 은평교회는 하나님의 영광으로 가득한 교회요 축복받은 성도들임에 틀림없는 줄 믿습니다. 이 모습이 주님 오실 때까지 가득하게 되시기를 예수님의 이름으로 축원합니다.

▶ 결론 : 하나님의 영광으로 가득한 교회가 되게 해야 합니다.

[교회]

예수님이 원하시는 교회가 있습니다

(행 11:19-26)

　예술가들이 자기의 작품을 만들 때에는 예술적 감각으로 자신의 마음에 들 때까지 노력하는 모습을 보게 됩니다. 화가가 그림을 그리거나 작가가 글을 쓰다가 자기 마음에 들지 않으면 찢어버리고 다시 시작합니다. 도공이 도자기가 마음에 들지 않으면 과감하게 깨뜨리고 다시 시작합니다. 이러한 노력 끝에 나온 것들이 위대한 작품들이라고 생각하게 됩니다. 하나님의 생각과 사람의 생각은 다르다고 했습니다(사 55:8-9).
　교회가 이 땅에 존재하기 시작한 이후에 교회의 머리는 주님이신데, 머리 되시는 예수님이 보실 때에 어떤 교회의 모습인가는 대단히 중요한 일입니다. 이것은 개인 신앙에도 중요한 일이기도 합니다. 소아시아 일곱 교회에 주신 말씀에는(계 2-3장) 칭찬과 책망이 있고, 책망늘은 교회가 있는가 하면 칭찬들은 교회도 있습니다. (계 3:16)"내 입에서 너를 토하여 버리리라"(I am about to spit you out of my mouth)라는 교회도 있었습니다. 교회의 주인은 하나님이십니다. 하나님께서 보실 때에 하나님 마음에 드실만한 교회가 되어야 합니다.
　오늘 본문에서 은평교회 설립 37주년을 즈음한 교회로서 말씀에 조명해 보고 바른 교회로 성장해 가야 하겠습니다.

1. 바른 신앙고백 위에 서 있는 교회가 되어야 하겠습니다.

　신앙은 고백이 언제나 중요합니다.

1) 베드로의 고백에서 보게 됩니다.

이는 모든 시대에 모든 성도들에게 주시는 말씀이기도 한 대목입니다.
① 바른 신앙고백입니다.
"주는 그리스도시요 살아 계신 하나님의 아들이십니다." 예수 그리스도에 대한 고백이 많았습니다. 엘리야, 예레미야나 선지자 중의 한 사람이라고 보는 이들이 많았습니다. 모두가 예수 그리스도에 대한 바른 정답이 아니었습니다. 세상에는 짝퉁(모조품) 제품들이 많은데 우리의 신앙은 짝퉁이 되지 않게 힘써야 합니다.
② 바른 사람이 되어야 합니다.
바른 사람이라는 것은 바른 신앙의 사람을 뜻합니다. 신앙은 언제나 사람들에게서 역사합니다. 성경에 안디옥 교회는 좋은 일꾼 된 사람들이 많았음을 예로 들 수 있을 것입니다(행 11:19-). 교회를 세우는 데 어떤 사람에 의해서 세워지는가는 매우 중요합니다. 우리의 신앙은 짝퉁이 아니라 예수 그리스도 안에서 정품 신앙으로 교회를 세워야 합니다.

2) 핍박시대이지만 핍박 중에 신앙을 지킨 사람들입니다.
본문에서 교회가 어떤 사람들에 의해서 세워지게 되었는지를 보여 줍니다. "그 때에 스데반의 일로 일어난 환난으로 말미암아 흩어진 자들"(19절)이라고 했습니다. 예루살렘에만 있던 성도들이 박해로 인해서 사방으로 흩어지게 되었고 소아시아 지역, 즉 터키에까지 가서 신앙생활 하던 사람들이 있었는데, 그들이 안디옥 교회와 요한계시록 2~3장에 기록되어 있는 일곱 교회의 뿌리들이 되었습니다.
① 신앙을 지키기 위해서입니다.
진짜 예수 믿는 사람들이라면 늘 생각해야 합니다. '예수님을 위해서 모든 것을 포기할 수 있느냐?' 아니면 '세상적인 일 때문에 예수님을 포기할 것이냐?'의 선택입니다. (왕상 18:21) 두 사이에서 머뭇거리던 이스라엘 백성들과 같이 이 세대에도 그렇게 되기 쉽습니다. 교회 생활은 희생적 헌신이 필요한 것입니다.
② 기독교 신앙은 환난 속에서 성장하게 됩니다.

예수님 자신이 마구간에 태어나셨고, 성장 과정이 가난했으며, 비참하게 십자가에서 죽으셨음을 보게 됩니다. 따라서 하나님의 교회는 바른 신앙 위에서 세워져가되, 언제나 핍박과 반신앙적인 상황 속에서도 바른 신앙을 수호하고 사수하는 신앙생활이 되도록 힘써야 합니다. 반신앙적이고 비성경적인 일들을 버리고 오직 바른 신앙 위에 성경적인 교회를 세워가는 것이 교회가 해야 할 일이라고 믿습니다.

2. 예수 그리스도만 전파하는 교회가 되어야 합니다.

교회가 뭐 하는 곳이며 뭐 하는 집단이냐고 질문한다면, 교회는 예수님만 전파하는 곳이 되어야 한다고 답해야 합니다. (20절)"안디옥에 이르러 헬라인에게도 말하여 주 예수를 전파하니" 했습니다.

1) 교회가 전하는 것은 메시지가 분명해야 한다는 뜻입니다.
 ① 예수 그리스도가 그 중심에 있어야 합니다.
 물론 곁들여서 메시지의 내용들이 많이 있을 수 있습니다. 그러나 분명한 것은 예수 그리스도가 그 중심이라는 사실입니다. 동정녀 탄생, 십자가에 죽으심, 부활과 승천, 성령강림, 재림 등이 성경의 핵심적 내용들입니다. 예수 그리스도 없이는 천국도 구원도 없습니다.
 ② 한국 교회 강단에서 다시 회복되어야 할 부분들입니다.
 병든 자가 치료되고, 부유하게 되는 축복과 기타 기복적인 내용들이 복음의 본질은 아닙니다. 중요하지만 복음의 본질은 될 수 없습니다. 잘못하면 기복적 신앙으로 전락되기 쉽습니다. 예수님 자신이 우리의 복이며 복음입니다. 따라서 이제 한국 교회는 예수 그리스도에 대한 바른 복음의 터 위에 바르게 서야 합니다. 예수님만이 우리의 복음이십니다.

2) 여기서 주의 교회는 전도하고 선교하는 일에 힘써야 합니다.
 지상교회의 존재 목적은 전도하고 선교해서 영혼 구원하는 데 있습니다.
 ① 전도하고 선교하는 일은 주님이 지상교회에 주시는 지상명령입니다.

위대한 명령(Great Commission)을 수행하는 것이 교회의 사명이기도 합니다. "성령이 너희에게 임하시면 너희가 권능을 받고 예루살렘과 온 유대와 사마리아와 땅 끝까지 이르러 내 증인이 되리라"고 하셨습니다(행 1:8). "가서 가르치고 지키게 하라"고 하셨습니다(마 28:18-20). 이 일을 위하여 예루살렘 교회는 사울과 바나바를 안디옥에까지 파송하여 전하게 하였고 가르치게 했습니다.

② 바나바와 사울은 이 일에 주동적인 인물이 되었습니다.

이 일에 힘써서 일했던 인물이 사울과 바나바였습니다. 이들은 자신의 목숨을 걸고 이 일에 힘써서 일한 일꾼이 되었습니다. 이 세대에 은평교회가 이 전도와 선교의 일에 힘써야 할 사명이 있습니다.

3. 참된 교회의 성도는 그리스도인이라 칭함을 받게 됩니다.

그리스도인이라 하면서도 참 그리스도인이 아닌 사람들이 세상에는 많이 있습니다. 세상 사람들이 안디옥 교회의 성도들에게 그리스도인이라는 이름을 붙여 주었습니다.

1) 그리스도인이라는 것은 '예수 믿는 사람들'이라는 뜻입니다.

당시에 불신자들이나 핍박자들이 조롱 섞인 어조로 붙인 용어입니다. 이것이 오늘날 크리스천(christian)이 되었습니다.

① 우리는 누구에게든지 '그리스도인' 예수 믿는 사람들이라고 인정을 받아야 합니다.

비아냥거림을 받아도 좋습니다. 내가 예수 믿는 사람임을 모두가 알아야 합니다. 비아냥거리는 것은 자기들과 무엇인가 다르기 때문이지만 우리는 이에 동요됨이 없이 나는 예수 믿는 자라고 당당해져야 합니다.

② 올바르게 가르칠 때에 비로소 그리스도인이라는 이름이 주어지게 되었습니다.

이제 대한민국 땅에도 기독교 문화가 온 땅에 보편화가 되었습니다. 장례식, 결혼식 등이 생활문화에서도 나타나게 되었고, 주일성수 하는 생활에서도 나타나게 되었습니다. 생활이 기독교적으로 바뀌게 된 것입니다.

2) 그리스도인이라는 뜻이 무엇인지 분명히 알아야 합니다.
 ① 내 속에 예수 그리스도께서 계시다는 뜻입니다.
 말로만 아니라 내 속까지 예수님이 계신 심령을 가진 사람을 바른 그리스도인이라 칭하게 됩니다(고전 3:16). 겉과 속이 모두 그리스도인이 되어야 합니다. 수박처럼 겉과 속이 다른 신앙이면 곤란합니다.
 ② 현대교회가 다시 한 번 생각하고 확신해야 할 부분입니다.
 이름만 교인이 되면 곤란합니다. 생활 속에 정말로 그리스도인이 되어야 합니다. 교회 안에서만 그리스도인이 아니라 세상 속에서도 예수 믿는 사람이 되어야 합니다. 은평교회 성도들은 모두 이 신앙 가운데 승리하게 되시기를 예수님의 이름으로 축원합니다.

▶ 결론 : 주님의 교회가 되어야 합니다.

[교회]
교회의 본질을 바르게 알아야 합니다
(고후 11:23-33)

　세상에서 어떤 일이든지 그 본질(本質)을 바르게 알아야 합니다. 왜냐하면 본질을 모른 채 비본질적(非本質的) 문제만을 가지고 있다면 그 일에 대하여 열매를 기대할 수 없기 때문입니다. 지구촌에는 200개국이 넘는 나라들이 있고, 그 안에 수많은 단체들이 있는데 거기에는 제각기 존재 목적과 이유가 있게 됩니다.
　이 세상에 오셔서 예수님은 몸 된 교회를 세우셨습니다. 이 세상에 교회를 세우신 목적이 분명하게 존재한다면, 지상교회는 존재 목적은 예수님이 세우신 뜻(존재목적)을 분명히 알고 나아가야 합니다. 학교를 세운 것은 학문 연구가 목적이라면, 지상교회는 주님의 복음을 믿고 구원을 얻어야 하고 그 구원받은 사람들이 어떻게 생활할 것인가에 대해 분명히 해야 합니다. 그리고 성경적인 올바른 교회론(敎會論)으로 교회가 세워져 나아가야 합니다. 바른 교회론이 없기 때문에 신자들의 신앙이 유동적이고 흔들리며 문제가 많이 발생하게 된다는 것입니다. 이제 우리는 교회의 바른 본질을 깨닫고 바른 교회론을 통해서 올바른 교회를 세워야 합니다. 세상에 많은 기관들이 있지만 교회의 존재 목적은 다릅니다.
　본문에서 우리는 그 험한 핍박과 고난의 현장 속에서도 세우고자 했던 사도 바울이 전하는 교회의 본질을 보게 됩니다. 37주년을 맞이하는 즈음에 은평교회가 올바른 교회로 세워져 가기를 원하면서 교회의 본질과 사명을 깨닫게 되기를 원합니다.

1. 교회는 하나님의 '전'입니다.

교회를 하나님의 전이라고 분명하게 정의했습니다.

1) 교회는 구별되고 따로 구분된 무리입니다.
일컬어서 교회라 부르게 됩니다.
① 죄악의 심판에서 따로 분리하여 구별했습니다.
이것이 교회(ἐκκλησία)로써 구별된 무리라는 뜻입니다. 구약에서 마치 애굽에서 이스라엘 백성들을 분리해 냈듯이, 죄의 세상에서 불러내었고 구별해 내셨습니다. 교회의 원어인 '에클시아'는 '엑크'(ἐκ)-밖으로, '칼레오'(καλнω)-분리해 내었다는 말의 합성어(合成語)입니다. 어린 양 되시는 예수님의 피가 우리를 씻겨 주었고 구원 받게 되었습니다. 교회는 이제 세상의 것이 아니라 위의 것을 찾는 무리들입니다(Set your minds on things above, not on earthly things, 골 3:2).
② 교회의 구성원들은 진정으로 거듭난 백성들입니다.
지상에 있기 때문에 사람들이 모이는 곳이 교회이지만, 사실은 이 세상에 있다 해도 교회의 소속은 하나님 나라(kingdom of God)이기 때문에 천국에 소속되어 있는 것입니다. 이 교회의 구성원은 아무나 되는 것이 아니라 물과 성령으로 거듭난 백성이어야 합니다(요 3:1-). '백성의 승리'라는 이름의 뜻을 가진 니고데모에게 물과 성령으로 거듭나야 천국에 들어가게 된다고 예수님이 분명하게 말씀해 주셨습니다. '거듭남'(born again)이 없는 사람들이 교회의 중심에 있을 때에 교회는 사라지게 됩니다. "그런즉 누구든지 그리스도 안에 있으면 새로운 피조물이라"(고후 5:17)고 했으니 거듭난 백성들이 주님의 교회의 구성원이 되어야 합니다.

2) 하나님의 교회가 왜 그리해야 하는지 밝혀 주고 있습니다.
교회는 세상 어떤 모임이나 단체가 아니라는 사실입니다.
① 교회는 하나님의 전이기 때문에 하나님께서 거하시는 집입니다.
이 전은 하나님이 계시는 곳이요 성령께서 역사하시는 곳입니다. 우리

믿는 자들의 마음이 곧 전입니다(고전 3:16). 여기에 축복이 약속되었습니다. 따라서 세계에서 부강한 나라들은 그리스도의 복음을 먼저 믿고 받아서 믿음으로 세워진 교회들이 존재하는 국가들임을 역사가 증명해주고 있습니다.

② 하나님의 교회는 하나님의 전이기 때문에 기도하는 소리가 끊어지지 않게 해야 합니다.

교회는 만민이 기도하는 집이기 때문입니다(사 56:7; 마 21:13-). 하나님의 교회에서 기도할 때에 거기에는 능력과 권능으로써 사람들이 믿게 되고 역사하심을 보게 됩니다.

2. 교회는 주님의 몸입니다.

교회는 세상에 존재하지만 분명히 세상 그 어떤 것과는 다릅니다.

1) 성민(聖民)들의 모임입니다.

하나님의 사람으로 부르심을 입은 백성들입니다.

① 성민은 하나님의 사랑으로 부르심 받은 사람들입니다.

구약의 이스라엘 백성들에게서 그 유래를 보게 됩니다. (신 7:6)"너는 여호와 네 하나님의 성민이라" 했는데 사랑 때문이라고 하셨습니다.

② 신약에서도 죄에서 구원 받은 것은 하나님의 사랑 때문이라고 했습니다.

여기에 앉아 있는 무리들이 세상 어떤 사람보다 뛰어나거나 잘난 것이 아닙니다. 전적인 하나님의 사랑 때문입니다(요 3:16; 롬 5:8). 전적인 하나님의 아가페 사랑 때문에 우리가 구원 받게 되었습니다. 이 사랑에서 구원 받은 우리들이 주님의 몸 된 교회라고 불리게 됩니다.

2) 교회는 주님의 몸이요, 교회의 머리는 주님이십니다.

전적으로 교회는 주님의 것이라는 뜻입니다.

① 교회는 주님의 몸이기 때문에 함부로 해서는 안 됩니다.

(엡 4:6-)주님을 머리로 하고 우리는 그의 지체가 되어서 그 마디마디

상합하여 한 몸을 이루게 됩니다. 에베소서는 이른바 교회론인데, 올바른 교회로 세워져야 하는 이유입니다. 그리고 그 교회는 주님이 보호해주십니다.

② 교회는 주님의 몸이며 머리는 주님이시기 때문에 사랑해야 합니다.

교회를 사랑하는 자에게 하나님의 크신 복이 임하게 되어 있습니다. 교회를 사랑해 보세요. 세상은 점점 변하지만, 변하지 말고 사랑해야 합니다(엡 6:24).

3. 교회는 예수 그리스도의 신부라고 했습니다.

교회는 세상에 존재하지만 영원한 천국의 주인공들이기 때문입니다.

1) 성경에서 교회를 여러 가지 비유로 말씀했습니다.

① 구약에서 보겠습니다.

이스라엘 백성들이 그릇 가게 될 때에 호세아를 통해서 말씀해주셨습니다. 하나님은 남편이요 이스라엘은 아내로 비유했습니다. 그리고 하나님의 사랑의 품으로 돌아오라고 하셨습니다.

② 신약에서 보겠습니다.

예수님이 다시 이 땅에 재림하시게 될 텐데, 이때에 등과 기름을 준비한 슬기로운 다섯 처녀와 준비하지 못한 미련한 다섯 처녀로 말씀해 주셨습니다(마 25:1-). 사도 바울은 정결한 처녀로 한 남편인 그리스도께 드리려고 중매한다고 했습니다(고후 11:1-). 복음전도는 곧 중매와 같다는 것입니다(계 19:8). 교회는 곧 주님의 신부감들로서 영적 준비를 해야 합니다.

2) 따라서 교회는 주님의 신부이기 때문에 분명히 명심해야 합니다.

① 교회는 주님의 신부로서 정결해야 합니다.

주님의 신부의 자리에서 언제나 기억해야 합니다. 정결한 처녀가 되어야 합니다. 그래서 에베소서에서 남편과 아내로 비유해서 교회론을 전했습니다(엡 5:22-). 교회는 주님께 정결과 순종의 생활이 중요합니다. 세상 것에 오염되지 말아야 합니다.

② 주님의 교회는 신부로서 생산성이 있어야 합니다.

열심히 전도하며 선교해서 주의 백성들이 이 세상에서 많아지게 해야 합니다. 기도 소리와 찬송 소리가 넘치고 사랑으로써 생명력이 풍성하게 해야 합니다. 주님의 신부이기 때문입니다. 주님의 몸이기 때문입니다. 이것이 주님 교회의 본질입니다. 은평교회는 이 세대에 교회의 본질을 다하는 교회가 되시기를 주님의 이름으로 축복합니다.

▶ 결론 : 주님의 교회의 본질을 바르게 알아야 합니다.

[교회]

초대교회를 닮아가는 교회

(행 9:19-31)

　　모든 제품들은 처음에는 견본을 만들고, 그것을 토대로 그 기능에 합당하게 사용하도록 제작하게 됩니다. 사람들이 만들어낸 옷, 신발부터 시작해서 가정의 모든 가전제품들, 타고 다니는 자동차들과 집에 이르기까지 첫 제품들이 출시되게 되는데, 여기에 첫 번째로 나오는 모델(model)들이 선보이게 됩니다. 아프리카 저개발국가에서는 우리나라의 새마을운동까지 본받아 잘살아보려고 하고, 또 한글까지 국어로 사용하는 국가도 생기게 되었습니다.
　　그런데 세상에 모든 것은 변질되고 유행에 따라서 바뀌는 것들이 많이 있습니다. 영어는 기본이지만 한때 일본어가 열풍이 불더니 지금은 중국어가 대세이고 앞으로는 또 다른 국가의 언어가 인기 있을 것으로 예상됩니다. 모든 것이 변하고 유행하지만 교회는 세월과 유행에 따라서 변하지 않고 여기까지 복음만 전하며 왔습니다. 세계 교회들은 대한민국의 교회 부흥을 롤모델로 해서 견학을 오게 되는 시대가 되었습니다.
　　지상교회는 모두 불완전한 교회이지만 우리가 본받아야 할 교회의 견본은 사도행전에 나오는 초대교회인바 초대교회에서 이상적인 교회를 배우게 됩니다. 온갖 핍박과 순교 현장에서도 끝까지 지켜왔던 초대교회의 모습을 은평교회가 마지막 시대의 교회 모습으로 본받게 되기를 바라면서 본문에서 은혜를 받고자 합니다.

1. 초대교회는 이론(理論)이 아닌 성령 충만이었습니다.

　　예수님이 세우신 교회는 성령 충만해야 합니다.

1) 교회는 하나님의 뜻대로 세워주신 교회입니다.

 사람의 생각과 계획에 의해서 세워진 교회가 아닙니다. 모두가 하나님의 계획과 섭리에 따라서 세워졌습니다.

 ① 교회 직분 하나까지도 모두 하나님의 뜻에 따라서 세워지고 성장하게 하셨습니다.

 사도 바울은 사도직을 받은 것이 하나님의 뜻이었다고 분명히 전했습니다(고전 1:1, 고후 1:1; 엡 1:1; 골 1:1; 딤후 1:1). 그리고 명령을 따라서 직분이 주어지게 되었고(딤전 1:1), 이 직분은 선물이라고 했습니다(엡 3:7). 하나님의 교회를 세워가기 위해 직분을 세우기 때문입니다. 영혼구원이 목적인 교회에서 우리는 성령 충만한 참 직분자들이 되어야 합니다.

 ② 성령은 삼위일체 하나님이십니다.

 따라서 성령을 다른 말로 '보혜사'(요 14:26)라 하며, '하나님 영', '주의 영', '예수의 영'(행 16:7) 등의 여러 가지 명칭으로 기록되었습니다. 이는 태초에 천지 창조 하실 때의 그 영입니다(창 1:1). 오순절 때에 약속대로 강림하셨습니다(행 2:1). 충만이라는 것은 가득하고 꽉 차다는 뜻으로 성령 충만을 말씀하였는바 교회는 성령으로만 충만해야 합니다.

2) 성령께서 역사하지 아니하시면 참 교회가 아닙니다.

 참 교회는 성령 받은 사람들의 모임이 되어야 하고 그것이 진정한 교회입니다.

 ① 참 그리스도인은 성령 받은 사람입니다.

 왜냐하면 성령 받지 아니하면 참 그리스도인이 아니기 때문입니다. 교회에 나오는데 성령 받지 아니했다면 문제입니다. (행 19:1-)"너희가 믿을 때에 성령을 받았느냐"라고 했습니다. (롬 8:9-)"만일 너희 속에 하나님의 영이 거하시면 너희가 육신에 있지 아니하고 영에 있나니 누구든지 그리스도의 영이 없으면 그리스도의 사람이 아니라" 했습니다. (고전 12:3) 예수님을 구세주로 믿고 영접하고 시인한다면 그 사람 속에 벌써 성령께서 역사하신 것입니다.

② 이제는 성령 충만을 받아야 합니다.
성령 받은 것과 성령 받지 아니한 것과는 전혀 다릅니다. (겔 47:1-)성전 문지방에서 나온 물의 비유로 비교할 수 있습니다. (행 16:7-)예수님의 영이 인도하심 따라서 선교했던 사도 바울의 모습에서 보게 됩니다. 성령의 충만함으로 성령의 인도하심 따라 가게 됩니다.

2. 성령 충만하게 될 때에 나타나는 현상이 있습니다.

성령 충만이 과연 어떤 상태이고, 무엇이냐는 것입니다. 고린도전서 12장에서 각종 은사들이 나타나게 되고, 제일 좋은 길(great gift), 위대한 선물이 나타나는데, 바로 다음 13장에 나오는 사랑을 예고해주고 있습니다.

1) 성령 받은 사람은 사랑하는 사람입니다.
성령의 역사는 사랑의 역사입니다.
① 다른 역사보다 귀한 것이 사랑의 역사입니다.
병 고침 등 많은 은사들이 있지만 사랑이 없으면 아무것도 아닙니다. (계 2:4)에베소 교회는 처음 사랑을 상실해서 책망 받게 되었고 촛대까지 옮기게 된다는 경고까지 받았습니다. (요 21:15-)부활하신 예수님이 질문하셨습니다. "네가 나를 사랑하느냐"입니다. (엡 6:24)변함없이 사랑해야 합니다.
② 영적인 모든 일은 사랑 가운데서 행해야 합니다.
사랑 없이 하는 것은 문제가 됩니다. 위로 하나님을 사랑해야 합니다. 주님 안에서 성도, 형제를 사랑해야 합니다. (요일 2:9)"빛 가운데 있다 하면서 그 형제를 미워하는 자는 지금까지 어둠에 있는 자요 그의 형제를 사랑하는 자는 빛 가운데 거하여 자기 속에 거리낌이 없으나 그의 형제를 미워하는 자는 어둠에 있고 또 어둠에 행하며 갈 곳을 알지 못하나니 이는 그 어둠이 그의 눈을 멀게 하였음이라"고 했습니다.

2) 초대교회의 특징은 사랑이 풍성했다는 것입니다.
 그것은 성령 충만한 현장에서 나타나는 현상입니다.
 ① 서로 교제하면서 떡을 떼게 되었습니다.
 (행 2:42)떡을 뗀다는 것은 비단 먹는 것으로 끝나는 것이 아닙니다. 예배 후에 교회에서 다 같이 식사하는 것으로 끝나는 것이 아니라 성령 안에서의 교제가 이루어져야 합니다. 초대교회의 모습을 생각해야 합니다.
 ② 교회는 주님의 공통체이기 때문입니다.
 공동체로서 주님의 몸 된 교회이기 때문에 예배가 공예배요, 사랑의 공동체 역시 공적인 교제가 이루어지게 됩니다. 지금은 공동체이지만 영원한 천국은 그 성도들이 가서 누리는 영원한 안식처가 됩니다. 이것이 혹 분을 내는 일이 있어도 해가 지도록 분을 품지 말라고 하셨던 이유입니다 (엡 4:26). 은평교회는 이와 같은 교회로 성숙하게 되시기 바랍니다.

3. 성령 충만한 교회로서 결과가 아름답습니다.
 성령 충만한 교회는 하나님 앞에서 결과가 중요합니다.

1) 온갖 기적들이 나타나게 되었습니다.
 성령의 한결같은 역사로 말미암아 나타나는 현상입니다.
 ① 기적들이 나타나게 되었습니다.
 성령께서 역사하시는 기적입니다. 복음이 전파되어 구원 받게 되는 일이 기적이요 하나님의 뜻입니다. 또한 여러 가지 기적들이 나타나게 되었습니다. (행 3:1)나면서 못 걷던 자가 일어나고, (행 19:11)바울의 앞치마만 지나가도 병든 자가 일어나게 되었습니다. (약 5:15-)믿음의 기도는 역사하는 힘이 많습니다.
 ② 성령은 부정한 것을 용납하시지 않았습니다.
 (행 5:1-)아나니아와 삽비라의 사건에서 나타나는 현상만 봐도 알 수 있습니다. 하나님의 성령을 속일 수 없습니다. 성령 받은 사람은 성령께서 인도하심을 믿어야 합니다.

2) 성령 충만을 받은 결과가 아름답습니다.

결과는 하나님의 뜻이 이 땅에 이루어지게 되는 풍성한 역사로 나타나기 때문입니다.

① 교회가 성장하게 됩니다.

하나님 나라가 날로 확장되는 현장입니다. 120문도(행 1:14-15), 3,000명(행 2:40), 5,000명(행 4:4)의 숫자가 기록되었고, 그 후로는 숫자가 등장하지 아니했습니다. 더 이상 숫자가 관계없기 때문입니다. 은평교회가 이렇게 성장하도록 성령 충만하시기 바랍니다.

② 교회가 든든히 세워져 가게 되었습니다.

성령의 역사로 탄력을 받아서 온갖 핍박과 유혹을 물리치면서 든든하게 세워져 가게 되었습니다. '든든히'라는 말씀 속에는 환난과 시험과 문제 속에서도 흔들리지 아니하고 나아가는 모습을 볼 수 있습니다. 성령의 능력으로 이루어지는 현장이었습니다. 은평교회 공동체가 이 시대에 초대교회와 같이 아름다운 교회로 부흥성장 하게 되시기를 예수님의 이름으로 축원합니다.

▶ 결론 : 성령 충만한 교회는 특징이 분명합니다.

[믿음]

기적을 체험한 질 좋은 믿음

(막 10:46-52)

　세상에 존재하는 모든 일들 중에는 그 분야에서 보았을 때에 질적으로 좋은 것이 있고 나쁜 것도 있습니다. 봄에 대지 위에 파종하는 씨앗부터 시작해서 열매까지도 질 좋은 것이 있는가 하면 질적으로 좋지 못한 것들도 있습니다. 공장에서 생산해 나오는 제품들도 좋은 제품이 있고 그렇지 않은 것들도 있는데 자동차를 비롯해서 모든 기계들은 질 나쁜 부품을 만나면 문제가 생기게 됩니다.

　사람 역시 질적으로 문제가 있는 사람들은 만나지 말아야 하는데, 질 나쁜 사람 만나면 문제가 많게 됩니다. 그래서 성경에는 이러한 인생에 대해서 전하기도 했습니다(잠 17:12, 27:22). 최후의 심판은 하나님께서 하시겠지만 창조주 하나님이 보실 때에 어리석은 인생이 되지 않도록 힘써야 합니다. 다윗은 하나님 보시기에 마음에 맞는 사람이었고(행 13:22), 노아는 하나님께 은혜를 입은 사람이었습니다(창 6:7).

　본문에 나오는 여리고의 맹인이요 거지인 바디매오는 비록 앞을 못 보는 처지였지만 예수님께서 칭찬하신 질 좋은 믿음의 소유자였습니다. 그리고 결국 눈을 뜨게 되었고 구원 받게 되었습니다. 바디매오의 질 좋은 믿음을 보면서 본문에서 몇 가지 은혜를 받고자 합니다.

1. 질 좋은 믿음은 모든 역경과 불행의 조건들을 이겨낸 믿음입니다.

　과수원의 질 좋은 열매들은 온갖 자연의 재해와 풍상을 극복하고 생산되듯이 시련과 역경을 이긴 믿음이 질 좋은 믿음입니다.

1) 질 좋은 믿음 역시 온갖 풍랑을 이겨낸 믿음입니다.
 이 믿음이 좋은 믿음이기도 합니다.
 ① 신앙생활 전면에서 볼 때에 온갖 시련과 역경이 있지만 이겨내는 믿음입니다.
 이것을 성경에는 '시련'(trial), '시험'(test period)이라고 했습니다. 이 시련과 시험이 있을 때에 이겨야 한다고 했습니다. 시험과 시련이 이런 것들입니다. (약 1:2, 12)"여러 가지 시험"(you face trials of many kinds)입니다. 이 시험과 시련을 이길 때에 생명의 면류관이 약속되었습니다. 바디매오는 눈을 뜨는 복을 받았습니다.
 ② 믿음의 선진들이 모두가 이렇게 승리했던 사람들입니다.
 예수 믿는 믿음을 지켜 나가기 위해서 어떤 문제와 풍랑도 모두 이기고 인내로써 극복했던 사람들입니다. 돌밭에 뿌려진 씨앗같이 말씀으로 인하여 환난이나 핍박이 일어나는 때에 곧 넘어지는 자는 결실 할 수 없습니다(마 13:18-23).

2) 바디매오가 처해 있던 몇 가지 어려운 처지들을 봅니다.
 소망이 없는 거지였고 사람들에게 따돌림 당하는 사회에서 완전히 소외된 계층이었습니다. 그러나 예수님은 그와 같은 사람을 부르셨습니다(마 11:28).
 ① 바디매오는 앞을 볼 수 없는 장애인이었습니다.
 장애인 중에 가장 불쌍한 사람은 앞을 볼 수 없는 맹인입니다. 나병환자, 중풍병자, 절름발이 등 수많은 장애인들이 있지만 맹인은 정말 불쌍한 장애인입니다. 그런데 이 바디매오는 예수님을 믿는 질 좋은 믿음이 있었습니다. 앞을 보지 못하는 상태에서도 바디매오는 예수님을 만나보고자 나아가게 되었던 것이 복이요 질 좋은 믿음이었습니다.
 ② 외롭고 고독한 존재였습니다.
 그는 거지요 맹인으로서 누군가에 이끌려서 길가에 앉혀 놓았을 때에 하루 종일 보이지도 않는 세상을 향해 구걸하고 있었으니, 얼마나 외로운

존재인지 알 수 없습니다. 그런데 예수님마저 그냥 지나가려는 순간에 더욱 부르짖어 예수님을 부르기 시작했는데 이것이 바디매오의 질 좋은 믿음이었습니다. 시험을 이기는 능력이 되었고 결과로 보게 되었습니다.

2. 질 좋은 믿음은 문제 앞에서 낙심하지 않고 기도하는 믿음입니다.

문제가 없는 사람이 어디 있겠습니까마는 질 좋은 믿음을 가지려면 낙심하지 말고 예수님을 향해 소리치기도 해야 하는 것입니다.

1) 바디매오는 문제 앞에서 기도하는 것을 포기하지 아니했습니다.
 (47절) "소리 질러 이르되 다윗의 자손 예수여 나를 불쌍히 여기소서 하거늘" 했습니다.
 ① 자기의 문제를 예수님께 부르짖는 현장입니다.
 기도는 문제를 가지고 하나님과 대화하는 것이기 때문에 중요합니다. 기도는 하나님과 두터운 친교입니다. 기도는 영적 호흡이기에 중요합니다. 따라서 기도하지 아니하면 아무 것도 할 수 없습니다(막 9:29). 기도가 끊어지면 곤란합니다.
 ② 사람들이 야유하고 비웃음과 비방해도 상관하지 아니했습니다.
 (48절) "많은 사람이 꾸짖어 잠잠하라 하되 그가 더욱 크게 소리 질러 이르되 다윗의 자손이여 나를 불쌍히 여기소서 하는지라"(Many rebuked him and told him to be quiet, but he shouted all the more, "Son of David, have mercy on me!")라고 했습니다. 당시에 수많은 사람들의 구경거리요 비아냥거림이 되었을 것이 분명하지만, 바디매오는 낙심하지 아니하고 예수님을 향해서 달려갔습니다.

2) 예수님을 만나는 것이 목표요 종점이었기 때문입니다.
 예수님을 만나면 모든 것이 해결되기 때문입니다.
 ① 문제 앞에서 계속 기도하게 됩니다.
 중도에 포기하지 말아야 합니다. 기도의 끝은 아름답게 남기 때문입니다

(눅 18:1-). 항상 기도하고 낙심하지 말아야 할 것을 말씀하시면서 믿음을 강조해 주셨습니다. 인내의 기도가 무엇보다도 중요합니다.

② 바디매오는 포기하지 아니하고 끝까지 예수님께 나아가며 부르짖었습니다.

예수님은 내 사정을 반드시 해결해 주시리라고 믿었기 때문입니다. 여기에서 인내가 중요합니다(왕상 18:44, 왕하 5:14). 일곱 번까지라도 가는 인내의 믿음이 필요합니다. 이렇게 승리하시기를 축원합니다.

3. 질 좋은 믿음은 예수님을 배우고 닮아가는 믿음입니다.

예수님의 마음을 가져야 합니다(빌 2:5). 예수님을 바라보아야 합니다(히 12:2). 예수님만 닮아가는 믿음이 중요합니다.

1) 예수님을 따라간다는 말의 원문은 예수님을 닮아간다는 뜻입니다.

육신적인 맹인만이 맹인이 아닙니다. 영적인 맹인도 큰 맹인입니다.

① 이제 예수님을 바라보면서 예수님만 보고 배워야 하겠습니다.

이것이 질 좋은 믿음입니다. 좌절할 수밖에 없던 환경에서 예수님 만나 눈을 뜨게 되었고, 질 좋은 믿음을 보여 주었습니다. 우리의 마음의 눈을 밝히는 것도 중요한 영적 숙제입니다(엡 1:18).

② 믿음이 있노라 하면서도 질이 좋지 않은 믿음은 예수님을 따라가면서도 예수님과 따로 생활하는 것입니다.

말은 예수 믿는데 생활은 예수님과 거리가 멀어진다면 문제가 있고 질 좋은 믿음이 아닙니다. 좁은 문으로 들어가는 것이 중요합니다(마 7:13).

2) 숫자에 관여할 이유가 없습니다.

멸망으로 들어가는 사람들은 가는 길이 넓기 때문에 그 길로 간다고 했습니다.

① 언제나 숫자에 연연할 것이 아니라는 것입니다.

(민 13-14장)열두 명의 정탐꾼들의 사건은 큰 교훈입니다. 질 좋은 믿음

을 가진 여호수아와 갈렙 같은 사람이 중요합니다. 이 세대에 우리 자신이 여기에 속해야 합니다.

② 하나님은 작은 숫자를 통해서 역사하십니다.

(삿 7장)기드온 300명의 용사가 중요한 것이지 32,000명이 중요하지 않습니다. 질 좋은 믿음이 이 세대에도 꼭 필요합니다. 이 세대에 믿음이 없기 때문입니다(눅 18:8). 우리 모두가 질 좋은 믿음의 사람들이 되시기를 예수님의 이름으로 축원합니다.

▶ 결론 : 질 좋은 믿음이 요구되는 시대입니다.

[믿음]

믿음만이 승리합니다

(막 4:35-44)

　우리가 살아가는 이 세상은 한시라도 바람이 잘 날이 없이 시끄러운 풍파들이 계속되고 있습니다. 요즘 뉴스를 보면 지금과 같이 발달되고 학력수준이 높은 때에 왜 저런 일들이 발생하는지 의구심을 가지게 되는 이상한 일들을 많이 보게 됩니다. 사람이 만든 어려운 일들부터 시작해서 자연 재해가 심심치 않게 일어나는 '불의 고리'(ring of fire)에 의한 대형 지진들이며, 생각지 않았던 각종 신종 질병들이며, 거기에 따른 민심의 흉흉함과 창세 이후에 없던 환난들이 예수님의 재림의 징조들로서 나타나는 현상을 보게 됩니다(막 24:22; 계 12:7-12).
　본문은 예수님께서 타고 가시던 배에 돌풍에 의한 풍랑이 일어나서 제자들을 비롯한 모든 이들이 두려움에 떨고 있을 때에 예수님께서 주신 말씀입니다. "어찌하여 이렇게 무서워하느냐 너희가 어찌 믿음이 없느냐"("Why are you so afraid? Do you still have no faith?"). 예수님이 지적하신 믿음에 관한 문제를 놓고 은혜를 받게 됩니다.

1. 믿음에 관하여 생각해 봅니다.

　믿음이 무엇일까요? 그 해답은 성경이 주고 있습니다. 히브리서 11장 1절을 비롯해서 믿음의 산 증인들의 이야기가 히브리서 11장에 있음을 보게 됩니다.

1) 믿음에는 산 소망이 견고하게 서 있어야 합니다.
　현재 보이지도 않고 잡히지도 않지만 소망을 가지고 인내해야 합니다.

그래서 성경에는 믿음을 말할 때마다 기다리며 소망을 가지고 인내해야 한다고 말씀하고 있습니다.
  ① 믿음에는 미래의 시간을 바라보는 소망이 견고해야 합니다.
  그래서 성경에는 믿음을 말할 때마다 기다리는 인내와 소망을 늘 같이 언급하고 있는데, 인물이든 사건이든 모든 일들이 이 부류에 속하게 됨을 보게 됩니다(롬 4:24, 8:26; 창 12:1-; 행 7:5; 롬 4:18-; 갈 3:9-). 믿음은 보배요 소망입니다.
  ② 믿는 사람에게는 소망이 반드시 있게 되는데, 소망 없는 사람은 낙심이 기다리고 있기 때문에 불쌍한 존재가 됩니다.
  현재 어렵고 힘들다고 해서 꿈이나 비전(vision)을 상실하게 된다면 문제가 되는 것입니다. 하나님은 믿는 자에게 소망의 하나님이시며(the God of hope), 평강의 하나님이심을(The God of peace) 분명히 말씀해 주십니다(롬 15:13, 33). 굳게 믿어야 합니다.

2) 꿈이 있고 비전이 있기 때문에 현실의 문제를 이기게 됩니다.
  성경은 우리에게 꿈이 없는 백성은 망한다고 했습니다. 그래서 믿음이 없으면 불쌍한 존재가 되는 것입니다.
  ① 예수님께서 "저 편으로 가자"고 하셨습니다.
  여기에 머물지 말고 저 편으로 가야 합니다("Let us go over to the other side."). 무슨 일일까요? 이를테면 미래의 세계입니다. 아직 가지 아니한 또 다른 세계요, 미지의 장소입니다. 여호수아에게도 이 믿음을 가지고 요단강을 건너는 숙제를 주셨습니다(수 1:2-). 약속의 땅이요 미지의 세계입니다.
  ② 믿음으로 꿈이 이루어지는 현실 속에는 고난도 있습니다.
  꿈이 현실이 되기까지는 고난이 따라올 때도 있습니다. 창세기 37~46장에서 요셉의 이야기는 이를 보여주는 모델이기도 합니다. 출애굽 사건은 창세기 15장에서 주신 약속의 성취이기도 했습니다. 이 모든 일들에는 오직 하나님을 바라보고 믿는 믿음이 있었습니다.

2. 꿈을 가지고 가는 사람에게는 시련도 따라오게 됩니다.

성경의 역사는 교회에서는 물론이고 일반적인 일에서도 시련은 언제나 있기 마련입니다.

1) 제자들이 예수님을 모시고 타고 가는 배에도 풍랑이 일어나서 어렵게 되었습니다.

① 작은 미미한 파도가 아니었습니다.

큰 풍랑이요 큰 바람이 일었습니다. (행 27:14-)바울의 말을 듣지 아니한 결과로 유라굴로 풍랑을 만나게 되었고, (욘 1:4)하나님 말씀을 불순종해서 다시스로 도망가는 요나 때문에 큰 풍랑을 만났습니다. 따라서 언제나 일하는 곳에는 풍랑이 있게 되는데 낙심하지 말아야 합니다.

② 파도가 치고 바람이 불어도 목적지까지 가는 길은 가게 됩니다.

고통 때문에 문제가 있어도 목적지까지는 가게 됩니다. 요셉이 그랬고(창 39:22-), 요나가 그랬으며(욘 3:4-), 바울 사도 역시 그 고난을 겪고 로마에 가게 되었습니다(행 28:16-). 이것이 믿음의 결말입니다.

2) 믿음에는 고난이 찾아오지만 결과는 아름답습니다.

시련은 있지만 결과는 목적한 바 열매를 맺게 됨을 봅니다.

① 시련은 있었지만 끝의 결과가 아름답다는 사실입니다.

(창 41:40-)요셉은 시련이 모두 끝났고 어려서 꿈을 꾸던 것이 현실이 되었습니다. 바울은 풍랑 중에도 오히려 멜리데섬에 도착해서 생각지 않았던 곳에 복음을 전하게 되었습니다(행 28:1-). 하나님의 놀라운 섭리요 축복입니다.

② 불신 가족 중에 핍박으로 인한 환난이 있다면 견디고 믿어야 합니다.

결국은 온 가족이 구원에 이르는 날이 올 것이기 때문입니다. 그래서 환난 중에도 즐거워하게 됩니다(Not only so, but we also rejoice in our sufferings, 롬 5:3). 이것이 믿음임을 깨닫고 고난 중에도 믿음으로 승리해야 할 줄 믿습니다.

3. 시련과 풍랑 앞에서도 믿음만이 승리합니다.

따라서 이 세대에 우리가 가져야 할 신앙은 믿음이라는 것 밖에 없습니다. 하나님의 전신갑주를 입는데 그중에 하나가 '믿음의 방패'(take up the shield of faith)입니다(엡 6:16). 믿음의 방패를 가져야 합니다.

1) 이 믿음이 세상을 이길 수 있습니다.
믿음이 없으면 큰 광풍을 이길 수 없고 두려워 떨게 됩니다.
① 믿음에 굳게 서시기 바랍니다.
믿음만이 이 세상을 이기게 되는데 이 믿음 위에 굳게 서 있어야 합니다(요일 5:4-). 그런데 문제는 말세에는 세상에서 믿음을 보기가 힘들다는 것입니다(눅 18:8). 그러나 우리는 언제나 믿음 위에 굳게 서 있어야 합니다.
② 예수님은 "어찌 믿음이 없느냐" 하셨습니다.
평상시에 제자들이 믿음이 있는 듯 했지만 믿음이 필요한 때에는 믿음이 없음을 보게 됩니다. 베드로 역시 그 장본인이었습니다(마 26:35-).

2) 예수님 믿는 믿음이 나를 이끌게 해야 합니다.
믿음에 의해서 살아가야 한다는 것입니다.
① 신앙생활에서 믿음이 이를 주관하게 해야 합니다.
풍랑이라는 문제를 보는 것이 아니라 주님을 바라보고 일어나야 한다는 사실입니다. 그 주님은 지금도 우리와 함께 계십니다(마 28:20).
② 또 한 번의 기적이 되었습니다.
수많은 기적 중에 바람과 파도가 잔잔해지는 기적의 현장이 되었습니다. 현재 내게 당하는 일들은 분명히 또 한 번의 기적과 축복의 현장이 될 것이라고 믿고 주님만 의지하십시오. 은평교회 성도들은 매일 같이 다가오는 문제 앞에서도 이런 믿음으로 승리하시기를 예수님의 이름으로 축원합니다.

▶ 결론 : 제자들처럼 문제 앞에서 부르짖어 기도합시다.

[믿음]

믿음에 대하여 알아봅니다
(히 11:1-3)

　세상에 존재하는 모든 것에는 그것이 무형이든 유형이든지 존재에 대한 분명한 개념(槪念)과 본질(本質)이 있습니다. 이것이 철학적인 존재 개념의 답이라고 생각해봅니다. 따라서 있다고 하는 '존재에는 그 개념'이 있기 때문에, 그 개념과 본질을 잘 파악하는 것이 중요합니다. 학문에 대한 개념, 일에 대한 개념, 신앙에 대한 개념이 있어서 그 개념과 본질을 잘 파악해야 합니다. 오랫동안 교회에 나왔는데 신앙이 없는 사람도 있는데 신앙생활의 개념이 없거나 모르기 때문입니다.

　예수님은 마태복음 5~7장에서 산상보훈을 주시면서 신앙적 개념으로 결론지어 주셨습니다. (마 7:21-)주님의 이름으로 선지자 노릇 하였고, 귀신을 추방하였고, 많은 권능을 행하였어도 책망을 받게 되는 이유는 주님의 진리의 말씀을 행하지 아니했기 때문입니다. 모두 천국에 들어가는 것이 아니라 내 아버지 뜻대로 행하게 될 때에 천국에 들어간다 하시면서, 반석 위에 세운 집과 모래 위에 세운 집에 대해서 결론 지으셨습니다.

　(요일 2:17)하나님의 뜻을 행할 때에 영원합니다. (살전 4:3)"하나님의 뜻은 이것이니 너희의 거룩함이라"(It is God's will that you should be sanctified) 했습니다. 아버지가 거룩하기 때문에 거룩이 중요합니다(벧전 1:15-16; 유 1:20). "인자가 올 때에 세상에서 믿음을 보겠느냐"(눅 18:8) 하셨는데, 본문에서 믿음의 정의를 내리고 구약시대의 믿음의 선진들에 대해서 소개하였는바, 여기에서 우리는 믿음을 생각해야 합니다.

1. 믿음이 무엇인가를 보여 주었습니다.

믿음이 무엇인가에 대하여 보여주었는데, 믿음에 대하여 바르게 알고 신앙생활을 해야 하겠습니다. 이 믿음은 낚시나 등산 가듯이 하나의 취미나 취향적 개념이 절대 아니라는 사실입니다.

1) 기본은 예수님을 내 마음속에 인격적으로 만나는 데서부터 시작합니다. 말씀에서 예수님을 인격적으로 만나야 합니다.
① 회개하고 거듭남을 통해서 이루어지는 영적 현상입니다.
예수님께서 니고데모에게 직설적으로 말씀하셨습니다. (요 3:3-)물과 성령으로 다시 나지 아니하면 하나님 나라에 들어갈 수 없다고 하셨고, 육으로 난 것은 육이요 영으로 난 것은 영이니 내가 네게 거듭나야 하겠다 하는 말을 놀랍게 여기지 말라고 하셨습니다. (행 2:37-)베드로가 회개하고 성령을 받으라고 외쳤습니다.
② 믿음은 하나님께서 주신 선물입니다.
우리가 거듭나고 구원 받게 된 것은 믿음으로 되는 것인데, 이 믿음은 사람의 임의로 하는 것이 아니요 하나님이 주신 선물이라고 했습니다(엡 2:8). 따라서 하나님께서 주신 믿음을 확실히 간직하고 굳게 해야 합니다. 여기에 구원이 있습니다. 그리고 내가 믿음에 서있는가를 늘 확인해야 할 의무가 내게 있습니다(고후 13:5).

2) 이 믿음만이 확실하게 역사하는 증거가 됩니다.
이 믿음이 없이는 절대로 구원도, 기적이나 능력도 나타날 수 없습니다. 영적인 일이기 때문입니다.
① 믿음이 없으면 구원도 없습니다.
구원은 오직 믿음으로만 받게 되기 때문입니다. (요 1:12)영접하는 자 곧 그 이름을 믿는 자입니다. 믿는 자에게 구원이 약속되어 있습니다(요 3:16; 롬 1:17-; 합 2:4). 오히려 믿지 아니하는 자들에게는 하나님의 진노가 그 위에 머물러 있게 됩니다(요 3:36).

② 믿음이 없으면 하나님을 기쁘시게 할 수 없습니다.
(히 11:6)우리 인생의 목적은 하나님의 영광이요 하나님을 기쁘시게 해 드리는 일인데, 믿음이 없으면 할 수가 없다고 했습니다.
③ 믿음이 없으면 기적이 나타날 수 없습니다.
예수님께서 어떤 기적을 베푸실 때에 강조하신 것이 믿음이었습니다. (마 15:28)가나안 여인에게도 "믿음이 크도다"고 하셨습니다. (마 8:10)백부장에게도 이스라엘 중에 아무에게서도 이만한 믿음을 만나보지 못했다고 하시며 칭찬하셨습니다.
④ 믿음에는 여러 가지가 있습니다.
큰 믿음이 중요합니다. (눅 18:1-)인내의 믿음입니다. (골 4:2)감사하는 믿음입니다. (딤전 1:19-)그러나 파선된 믿음은 곤란합니다. 바른 믿음을 가져야 합니다. (요일 5:4-) 믿음이 세상을 이기게 됩니다.

2. 믿음에 대하여 바르게 알아야 하겠습니다.

본문에서 "믿음은 바라는 것들의 실상이요 보이지 않는 것들의 증거니 선진들이 이로써 증거를 얻었느니라"(1-2절)고 했습니다. "믿음으로 모든 세계가 하나님의 말씀으로 지어진 줄을 우리가 아나니 보이는 것은 나타난 것으로 말미암아 된 것이 아니니라"(3절) 했습니다.

1) 믿음의 세계의 정의(定義)입니다.
믿음은 바라는 것들의 실상입니다. 기다리고 소망하며 기도했던 것들이 사실화 되면서 나타나게 되는 현상입니다.
① 바라고 소망(hope)하는 것이 그대로 이루어질 줄로 믿고 소망합니다. 매일 같이 기도합니다. 현재적으로 없기 때문입니다. 그랬더니 그 믿음대로 열매가 맺히고 응답이 이루어지게 되는 현상입니다. 그래서 기도는 만능열쇠(master key)로 비유됩니다. (요 11:40)믿으면 하나님의 영광을 봅니다.
② 믿지 아니하고 불신하게 되면 역사는 없습니다.

노먼 빈센트 필(Norman Vincent Peale)은 "믿는 만큼 이루어진다"(You can if You think You can)는 말로 긍정적 신앙을 강조한 것으로 유명합니다. 믿음은 인공위성의 로켓(rocket)과 같아서 믿음이 없이는 올라갈 수 없습니다.

2) 믿음은 보지 못하는 것들의 증거라고 했습니다.
　사람들은 눈에 보이는 것만 믿으려 하는데 스스로 함정에 빠지게 되는 결과를 초래하게 됩니다.
　① 보이는 것만 믿는다면 문제가 됩니다.
　(요 20:26-)예수님의 부활을 불신했던 도마에게 예수님은 말씀해 주셨습니다. "너는 나를 본 고로 믿느냐 보지 못하고 믿는 자들은 복되도다" 하셨습니다. 공기나 산소는 보이지 않지만 필요하며 존재합니다. 손에도 온갖 세균들이 득실거리지만 보이지 않는 것이 다행스러운 일입니다.
　② 눈에 보이지 않아도 믿어야 합니다.
　이것이 참 믿음이요, 영적 세계입니다. 우주공간에 별들이 얼마나 많은 줄 아시나요? 바닷가의 모래보다 많다는 천문학자들의 공통된 보고입니다. 천국과 지옥이 눈에 보이지 않는다고 해서 없는 것이 아니라 분명히 존재합니다. 이 사실을 믿어야 합니다.

3. 믿음의 강약과 종류에 대해서도 알아야 하겠습니다.
　전기로 말하면 작은 전류가 있고 전선에 흐르는 고압 전류가 있듯이 믿음의 세계도 이와 유사합니다.

1) 큰 믿음이 있습니다.
　앞서 말한 사람들은 큰 믿음의 사람이라는 칭찬을 들었습니다.
　① 병이 치유되고 온갖 기적이 일어나게 됩니다.
　우리가 반드시 가져야 할 큰 믿음의 세계입니다. (창 12:1-)아브람을 부르실 때부터 시작해서 아브라함에 이르기까지 큰 믿음의 거성으로 불리게 됩니다. (롬 4:18) 바랄 수 없는 중에 믿고 바라보았다고 했습니다.
 ② 믿음은 내가 무엇을 하는 것이 아니라 하나님이 하시는 것입니다.
 내 힘과 능력으로 무엇을 하는 듯이 착각하면 곤란합니다. 다만 우리는 믿는 것뿐입니다. (출 14:21)홍해가 갈라지고, (수 6:15)요단강이 갈라지며, (민 20:10)반석에서 샘이 터지는 것을 믿는 것이 신앙입니다. 이것은 하나님이 하시는 일이기 때문입니다.

2) 이 믿음이 약하면 문제가 됩니다.
 믿음이 약해지지 않기 위해서는 기도하며 성령님의 도우심을 힘입어야 합니다. 우리는 모두가 약하기 때문입니다.
 ① 12명의 정탐꾼 사건에서 보게 됩니다.
 민수기 13~14장에서 보듯이 똑같이 정탐하고 왔지만, 믿는 여호수아와 갈렙이 있었고 불신앙자 10명이 있었습니다. 하나님께서는 여호수아와 갈렙을 통해서 역사하셨고 가나안을 그 믿음대로 주셨습니다. 의심하고 원망했던 무리들은 광야에서 모두 죽게 되었습니다.
 ② 베드로에게서 보게 됩니다.
 (마 14:31)예수님만 보고 갈 때에는 물 위를 걸어가게 되었지만 의심하게 될 때에 빠지기 시작했습니다. 예수님이 오셔서 잡아 주시며 하시는 말씀입니다. "믿음이 작은 자여 왜 의심하였느냐"("You of little faith," he said, "why did you doubt?"). 은평교회 성도들 마음속에 큰 믿음만 존재하기를 원합니다. 그리고 큰 기적과 능력으로 승리하는 신앙생활이 되시기를 예수님의 이름으로 축원합니다.

▶ 결론 : 믿어야 합니다. 말씀대로...

[십자가]

십자가의 길은 예고된 길입니다

(눅 9:22-27)

　세상을 살아가면서 미래를 정확하게 알 수 있는 사람은 세상 어디에도 없습니다. 따라서 우리는 언제 어디에서 무슨 일이 일어날지 모르는 세상을 살아갑니다. 오히려 옛날에 일기예보가 없었을 때에는 많은 비나 자연재난이 올 때에는 쥐떼나 개미떼들이 먼저 알아차리고 피하는 것들을 보게 되지만, 인간세계에는 미래가 어떻게 될지 아는 사람이 없습니다. 따라서 예수님의 재림 역시 아는 사람은 세상에 누구도 없습니다(마 24:36). 그러나 분명한 것은 구약성경에서 메시야가 이 땅에서 속죄제물이 되기 위해 오실 것을 계속하여 예언했기 때문에 예수님이 이 땅에 오셨습니다. 그리고 십자가에 대속적 죽음을 죽으신 이 사건은 우연하게 된 사건이 아니라 구약의 예언대로 죽으신 것입니다. 또 예수님도 십자가에 죽으시기 전에 계속해서 십자가 사건을 말씀하셨고(마 16:21-24, 17:9, 22-23; 막 8:31-39), 대표적으로 이사야 선지자를 통해서 예언된 그대로였습니다(사 53:1-7).

　본문은 누가에 의해서 기록된 예수님의 십자가 사건입니다. 오는 고난주간에 다시 한 번 예수님의 십자가의 대속적 죽으심을 통하여 은혜의 시간이 되시기를 바랍니다.

1. 예수님은 예고된 대로 십자가에서 고난을 당하셨습니다.

　예고되었고 알았다는 사실입니다. 그래서 다섯 번씩이나 제자들에게 주지시켜 주셨습니다.

1) 예고하시고 아시는 길이지만 십자가의 길을 가셨습니다.
 겟세마네 동산에서 피 땀을 흘리기까지 기도하셨는데, 이 모두 아시고 가신 길이었습니다(마 26:39).
 ① 모두 아는 고난의 길을 간다는 것은 쉬운 일이 아니며 누구나 가는 길은 아닙니다.
 예수님의 십자가의 길은 모두 알고 계신 길이었지만 예수님은 실행하고 가시게 되었습니다. 이는 구약의 모든 예언의 초점이 예수님께 관해서 예언되었기 때문입니다(창 3:21; 출 12:5; 레 1-3장; 사 53:10-). 인물로 말하면 모리아산 제물이 된 이삭은 오실 예수 그리스도의 예표요 그림자였고(창 22:1-), 애굽에 팔려가고 옥에 까지 내려간 요셉 역시 예수님의 고난과 영광의 예표요 그림자였습니다(창 37:1-).
 ② 예수님께 관한 구약의 모든 예언은 실재적이요 사실적입니다.
 더구나 허상 또는 설화가 아니라 사실이요 진리입니다. 따라서 기독교는 허상 위에 세운 것이 아니라 사실이며 실재적 사건 위에 세워진 것입니다. 예수님의 십자가 사건은 사실이요 실재입니다. 성경대로 죽으시고 부활하셨습니다. (고전 15:3)"성경대로 죽으시고"(according to the Scriptures) 했습니다.

2) 예수님이 가시는 길에 사탄 마귀의 유혹도 있었지만, 예수님은 오직 십자가와 생명의 부활의 길로 가셨습니다.
 ① 마귀가 시험하고 유혹했습니다.
 (창 3:1-)첫 사람 아담은 간교한 마귀에게 속았고 넘어졌습니다. (고전 15:22)그 아담 안에서 모두 죽게 되었습니다. 그러나 둘째 아담이신 예수님은 마귀를 이기셨습니다(마 4:1-). 그리고 기도 중에 이기셨습니다(마 26:39). 이제 예수님 안에서 살게 되었습니다(고전 15:22).
 ② 십자가는 승리의 길입니다.
 예수님이 십자가 지실 때 누구도 예수님이 성공하고 승리했다고 하는 사람은 없었지만, 예수님은 십자가로 승리하셨습니다. (골 2:15)"십자가로

그들을 이기셨느니라"했습니다. 따라서 십자가는 실패가 아니라 승리의 길입니다. 고난주간을 또 한 번 맞이하면서 십자가로 승리하는 길을 걸어야 할 줄 믿습니다. 십자가를 벗고 가는 길은 실패의 길이기 때문에 십자가를 지고 가야만 승리할 줄 믿습니다.

2. 예수님이 지신 십자가의 길은 최고의 지혜의 길입니다.

분명한 것은 십자가는 지혜의 길이라는 사실입니다.

1) 십자가의 길이 어리석게 보이는 사람들도 있습니다.
(고전 1:17-18)십자가의 길은 멸망하는 사람들에게는 어리석게 보일 뿐입니다.
① 영적으로 알지 못하기 때문입니다.
그래서 성경에는 "십자가의 도가 멸망하는 자들에게는 미련한 것이요"(For the message of the cross is foolishness to those who are perishing)라고 했습니다. 따라서 십자가의 길은 현대과학으로 풀 수도 없고 이해도 안 되는 순교의 길이지만 이 길을 가게 됩니다.
② 구원을 얻은 우리에게는 더 없는 하나님의 은혜요 능력이며 지혜입니다.
세상의 선비나 지혜자가 어디에 있습니까. 예수 믿는 길만큼 지혜의 길은 세상에 없습니다. 예수님이 이기고 가신 십자가의 길이 구원의 길이 됩니다. "구원을 받는 우리에게는 하나님의 능력이라"(but to us who are being saved it is the power of God) 했습니다. 십자가의 길을 택하였기 때문에 지혜로운 성도들인 줄 믿습니다.

2) 구원 받기 위해서 전도의 미련한 방법을 통해 구원의 역사를 이루게 됩니다.
① 하나님의 구원계획은 세상적인 화려한 방법이나 인간의 지혜로 하지 아니하고 어리석게 보이는 십자가의 방법으로 역사해 주셨습니다(고전 1:21-).

② 우리는 십자가의 도를 전해야 합니다.
예수님이 십자가에서 이루어 놓으신 구원의 길이기 때문입니다. 예수님이 십자가를 지시기 위해서 예루살렘 성전에 나귀를 타시고 입성하셨던 그 날을 생각하면서 우리는 십자가의 복음의 전도자들이 되어야 하겠습니다. 이 길만이 천국의 길이기 때문입니다.

3. 예수님이 지신 십자가의 길은 영광의 길입니다.
머리에 가시관을 쓰시고 양손과 양발에 못 박히시고 옆구리에 창으로 찔리시고 죽으셨습니다. 그러나 그 길은 영광의 길이 됩니다.

1) 현대 교회 성도들이 십자가의 길을 마다하고 눈에 뵈는 가시적인 것만을 추구한다면 기독교 복음과는 거리가 멀게 됩니다.
① 우리는 새로운 눈을 뜨고 영적인 모습을 보아야 합니다.
예수님은 죽으시고 무덤에서 삼일 만에 부활하셨습니다. 영광의 부활은 십자가에서 오게 됩니다. 페니(Penny)는 "십자가 없이는 면류관도 없다"(No Cross, No Crown)고 했습니다. 이것은 성경이 또한 뒷받침해 주는 영광의 길이기도 합니다(빌 2:6-11).
② 예수님은 믿는 자들에게 십자가를 지고 따라오라고 하셨습니다.
예수 믿는 성도에게는 누구에게나 영광의 십자가가 있습니다. 지고 가야 합니다. 그리고 날마다 죽는 생활 속에서 이루어져야 합니다(고전 15:31).

2) 십자가에 죽으면 부활의 영광의 아침이 옵니다.
부활의 영광이 영광스럽게 다가온다는 사실을 믿어야 하겠습니다.
① 영원한 세계가 있습니다.
십자가를 지는 시간은 매우 짧은 시간이요 영광은 영원합니다. 따라서 성도들이 가는 십자가의 길은 두려운 길이 아니라 믿고 따라 갈 때에 영원한 영광이 찾아옵니다. 또한 성령님께서 도와주십니다.
② 고난 주간에 다시 한 번 생각해야 합니다.

따라서 기독교 역사는 고난과 십자가의 역사이지만 앞서간 성도들이 지금까지 잘 달려왔던 길입니다. 우리의 신앙은 흔들리거나 낙심할 일이 아니라 영광의 그날을 바라보면서 십자가 지고 걸어가는 것이 성도의 참된 길입니다. 2016년 고난주간에 다시 한 번 십자가와 부활이 확실하게 세워지게 되기를 축원합니다.

▶ 결론 : 십자가는 영광입니다.

[부활]

산 자를 죽은 자 가운데 찾느냐

(눅 24:14)

세상에는 사람들이 만들고 의미를 부여해 만들어 놓고 지켜가는 명절들이 있습니다. 그러나 그것은 어디까지나 사람들이 나름대로 만든 것이기 때문에 생명과는 관계가 없고 하나의 인습에 불과할 것입니다. 그러나 기독교 절기에는 여러 절기가 있는데 성탄절을 비롯해서 오늘 우리가 지키는 부활절은 기독교에 있어서 핵심인 십자가와 부활을 통한 구원의 길을 보여주는 절기입니다. 주님은 십자가에서 대속적 죽으심과 3일 만에 다시 부활하심으로 생명의 주님이 되셨습니다. (롬 4:25)"예수는 우리가 범죄한 것 때문에 내어줌이 되고 또한 우리를 의롭다 하시기 위하여 살아나셨느니라"(He was delivered over to death for our sins and was raised to life for our justification.) 했습니다. 만일 부활이 없다면 기독교는 헛된 것이 틀림없습니다(고전 15:16-). 믿는 성도의 부활은 약속의 생명이요 축복입니다(요 11:25). 지난 이천여 년 역사 가운데서 우리는 이 부활을 믿었고 고백해 왔습니다.

본문에서 부활하신 예수님을 믿지 아니하고, 살아 있는 자를 죽은 자 가운데서 찾느냐 하였듯이, 오늘날에도 부활신앙이 약한 시대에 살고 있습니다. 오늘 우리는 다시 한 번 부활을 확증하는 시간이 되어야 하겠습니다.

1. 산 자를 죽은 자 가운데서 찾는 자들이 있습니다.

이것은 본문에서 보여 주듯이 믿음이 약한 자들의 현장이기도 합니다.

1) 살아 있는 자를 죽은 자 가운데서 찾는 불신앙을 버려야 합니다.

살아 있는 자를 죽은 자 가운데서 찾는 사람들의 상태를 보겠습니다.
① 예수님 말씀을 듣고도 잃어버렸거나 믿지 못하는 사람들입니다.
주석학자들은 이 부분을 해석하기를 "이미 부활하셔서 살아계신 예수님을 죽은 자의 무덤에서 찾느냐는 뜻으로 부활을 믿지 못하는 것에 대한 책망이다."고 했습니다. '산 자'는 헬라어로 존타(ζῶντα)인데, '살아있는 자'라는 뜻이며, 반대로 '죽은 자'는 메타 톤 네크론(μετὰ τῶν νεκρῶν)으로 '죽은 자와 더불어'라는 뜻입니다. (마 28:6)"그가 말씀 하시던 대로 살아나셨느니라" 했습니다. 의심하는 자들은 언제나 있습니다(마 28:17).
② 역사적으로 예수님의 십자가 부활을 믿지 못하다가 돌아온 사람들이 많이 있습니다.
이른바 반(Anti)기독교인들입니다. '로드 라체스터'(Lord Rochester)는 교만하여 반기독교인이었으나 이사야 53장을 읽다가 회개하고 돌아와 예수님의 신성과 인성을 믿게 되었습니다. 이태리의 문호였던 '지오반니 파피니'(Giovanni Papini)는 무신론자요 허무주의자였고 반기독교인이었으나 성경을 믿고 부활하신 예수님을 영접하게 되었습니다. '셰익스피어'(Shakespeare)는 성경을 읽고 깨달아 "나는 내 영혼을 나의 창조자이신 하나님께 맡긴다. 나의 구주 그리스도의 영생에 참여하는 자 됨을 믿는다."고 했습니다.

2) 우리는 성경에서 잠시 동안이지만 예수님의 부활을 까마득하게 잊어버린 사람들을 봅니다.
21세기의 과학시대에 사는 우리는 이 늪에 빠지지 않아야 합니다.
① 엠마오로 내려가던 두 제자의 모습입니다.
(눅 24:13-)예수님이 부활하시어 옆에 계신데도 눈이 어두워 보지 못하는 사람들입니다. 예수님은 라오디게아 교회도 책망하셨는데(계 3:17), 그들은 부자였지만 눈 먼 것을 몰랐던 같이, 이 시대에 교회들이 주목해야 할 대목입니다.
② 의심 많던 도마에게서 보게 됩니다.

(요 20:24)예수님을 믿지 못했습니다. 다른 제자들의 증언들도 믿지 못했습니다. 그러나 주님을 만나고서야 "나의 주님이시요 나의 하나님이십니다"(Thomas said to him, "My Lord and my God!")라고 고백했습니다(요 20:28). 이때에 예수님께서 말씀하시기를 "너는 나를 본 고로 믿느냐 보지 못하고 믿는 자들은 복이 있다"고 하셨습니다. 기독교역사 2천년이 지난 지금까지 우리는 예수님의 부활을 믿고 증언하게 됩니다.

2. 예수님의 부활은 우리 믿는 성도들의 부활의 첫 열매입니다.

인간에게 있어서 제일 무서운 것이 죽음인데, 믿는 성도들에게는 예수님이 부활하심으로 이 모든 것을 해결해 주셨습니다.

1) 예수님은 부활하심으로써 부활의 첫 열매가 되셨기 때문입니다.
첫 열매를 보면 그 다음에 열매가 계속 맺게 되듯이 예수님의 부활도 그러합니다.
① 예수님이 부활을 보여주셨습니다.
(고전 15:20)"그러나 이제 그리스도께서 죽은 자 가운데서 다시 살아나사 잠자는 자들의 첫 열매가 되셨도다"(the first fruits of those who have fallen asleep.) 했습니다. 예수님은 부활의 첫 열매로 우리에게 부활의 소망을 주셨습니다.
② 생명의 부활입니다.
주님의 부활은 그냥 부활이 아니라 생명의 부활입니다. 사도 바울은 예수님의 부활과 같이 믿는 성도들의 부활을 전했습니다. (고전 15:23)"그러나 각각 자기 차례대로 되리니 먼저는 첫 열매인 그리스도요 다음에는 그가 강림하실 때에 그리스도에게 속한 자요" 했습니다.

2) 부활은 두 가지 있습니다.
두 종류의 부활이 있음을 성경은 분명히 전해줍니다.
① 예수님이 오실 때에 예수님 안에서 잠자는 성도들의 부활입니다.

이것은 첫째 부활이라고 했습니다(This is the first resurrection, 계 20:5). 예수님 오실 때에 잠자는 자들이 깨어나게 되고 부활하게 됩니다 (살전 4:13-17).
② 심판의 부활이 있습니다.
영원한 불 심판 받기 위해서 부활하는데 이것이 둘째 부활입니다. (요 5:29)"선한 일을 행한 자는 생명의 부활로, 악한 일을 행한 자는 심판의 부활로 나오리라" 했습니다. 따라서 예수 잘 믿고 부활 신앙으로 살다가 생명의 부활에 참여해야 합니다.

3. 부활신앙으로 살아야 합니다.
부활신앙이 아니면 세상을 이길 수 없습니다.

1) 부활 신앙만이 확실하게 승리하게 됩니다.
부활신앙이 아니면 세상을 함부로 살게 됩니다.
① 이 세상에서 부활신앙만 가지고 있으면 세상을 함부로 살지 않게 됩니다.
(고전 15:32)사도 바울은 이 부분을 분명하게 전해주고 있습니다. 부활 신앙으로 바르게 살아야 합니다.
② 분명한 생명의 부활이 약속되어 있기 때문입니다.
예수님이 약속하신 대로 부활하였듯이 믿는 성도는 분명하게 생명의 부활이 약속되어 있습니다. 따라서 도마와 같이 의심하지 말고 믿어야 합니다.

2) 부활신앙만 바르게 가지면 주님의 일에 힘쓰게 됩니다.
부활이 확실하게 약속되었기 때문입니다.
① 부활은 확실합니다.
따라서 주님의 일에 힘써야 하겠습니다. (고전 15:58)"그러므로 내 사랑하는 형제들아 견실하며 흔들리지 말고 항상 주의 일에 더욱 힘쓰는 자들이 되라 이는 너희 수고가 주 안에서 헛되지 않은 줄 앎이라" 했습니다.

부활신앙은 주님의 일에 더욱 힘쓰게 합니다.

② 이것은 헛되지 않습니다.

신학자 화인드레이(Findlay)는 주석하기를 "수고가 헛되지 않는다. 부활이 있기 때문이다. 이것은 신앙의 확신에서 솟아오르는 확고한 지식을 가리킨다."고 했습니다. 신앙의 역사적 현장에서 성도들은 부활이 확실하기 때문에 순교도 망설이지 않고 제물들이 되었습니다. 이제 우리 모두는 이 세대에서 부활의 확실한 신앙과 순교적 신앙으로 승리하시기를 예수님의 이름으로 축원합니다.

▶ 결론 : 부활신앙만이 이 세상을 이기게 됩니다.

[부활]

예수님의 부활은 성경대로입니다
(고전 15:1-11)

하나님이 창조하신 자연 생태계에서도 일회적인 생애가 아니라 세대를 통하여 살아가는 존재가 있습니다. 곤충도 알과 나방으로 변화되어 가면서 살아가는 존재들로 하나님께서 그렇게 창조해 놓으신 것입니다. 자연세계는 하나님의 창조와 섭리와 계획(plan)대로 살아가게 되는 것입니다. 사람 역시 하나님께서 창조하실 때에 육으로만 구성된 존재가 아니라는 것을 보여주셨습니다. 육신적 죽음이 있으면 반드시 부활의 때가 있음은 예수님께서 십자가에서 죽으시고 3일 만에 부활하시므로 증명해 보이셨고, 기독교는 그 십자가와 부활의 터 위에 세워지게 되었습니다. (요 5:25-29)생명의 부활이 있고 심판의 부활이 있다고 했습니다.

성경은 영적(靈的) 세계관(世界觀)에 대해서 분명히 밝혀주고 있습니다 (욥 19:26; 고전 13:12; 요일 3:2). 천국과 지옥이 눈에 보이지 않는다고 해서 부정한다든지 신앙생활에 함부로 접근하는 방식은 절대로 좋은 일이 될 수 없습니다. 성도의 최후 소망은 그때에 있기 때문입니다. 사도 바울은 빨리 육신을 떠나서 그곳에 가기를 원했습니다(고후 5:8).

오늘은 예수님이 죽으신 이후에 3일 만에 부활하신 부활주일입니다. 매주마다 모이는 주일예배에서도 그 자체가 예수님의 부활을 증명하고 있지만 오늘은 특별히 사도 바울이 전하는 예수님의 부활에 대한 논증을 통하여 은혜의 시간이 되시기를 바랍니다. 토레이 박사(Dr. R. A. Torrey)는 "기독교가 증거하는 것들을 지켜주는 요새요, 불신자들을 참패시킬 것이 그리스도의 부활이다." 하였는바 부활의 사건에서 다시 한 번 은혜의 시간이 되시기를 바랍니다.

1. '성경대로'라는 뜻은 예수님이 성경대로 죽으시고 부활하심을 분명히 해줍니다.

우리 신앙의 표본은 성경입니다.

1) 예수님은 성경에 기록된 대로 죽으셨습니다.

구약 예언의 모든 초점이 예수님이 오실 것과 대속적 죽으심을 예언했습니다.

① 예수님이 십자가에서 제물이 되셨습니다.

레위기 1장에서 10장까지의 제사법전에서의 예언은 예수님에 관한 예언이요 대속적 제물임을 보여주셨습니다. (창 3:21)가죽옷을 입히시기 위해서 죽으셨습니다. (엡 6:11, 13)이제는 하나님의 전신갑주를 입혀주셨습니다. (출 12:11-; 요 11:30)유월절 어린 양의 사건은 애굽에서 구속하였듯이 예수님은 십자가에서 우리의 구원을 모두 이루셨습니다. 이제는 속죄되었고 자유요 사함입니다(요 8:31; 갈 5:1; 히 4:15; 사 53:1-8; 히 9:12)

② 예수님의 피 흘리심은 우리를 모든 불의에서 깨끗케 하셨습니다.

구약에서는 수많은 양, 소, 염소, 비둘기들이 죽었지만 이제는 예수님이 우리의 구원의 완성(完成)이 되셨습니다. 이는 성경의 완성이요 구원의 완성이 되신 것입니다. 또한 율법의 완성이 되셨습니다. (롬 10:4)"그리스도는 모든 믿는 자에게 의를 이루기 위하여 율법의 마침이 되시니라" 했습니다.

2) 이제는 예수 그리스도 안에서는 누구든지 정죄함이 없게 됩니다.

만일 부활이 없었다면 우리는 여전히 죄와 사망의 법에 매일 수 밖에 없었을 것입니다.

① 성경의 증거를 믿어야 합니다.

(고전 15:19)사도 바울은 '만일'(15)이라는 가정법을 사용해서 더욱 부활의 확실성을 증거하여 주었습니다. (롬 4:25)예수님의 죽으심과 부활이

우리에게는 속죄와 의롭게 되는 확증이 되었습니다.
② 따라서 이제는 예수 그리스도 안에 있는 자에게는 정죄가 없고 해방이 있습니다.
예수님이 모든 죄 값을 치러 주셨고 부활하심으로 확증해 주셨기 때문입니다. (롬 8:1-2)"생명의 성령의 법"(the law of the Spirit of life)이 "죄와 사망의 법"(the law of sin and death)에서 우리를 해방하였기 때문입니다. 예수님의 부활이 우리에게 영원한 생명을 주시게 되었습니다. 성경대로입니다.

2. 성경대로 예수님은 부활 하셨습니다.
자유주의 신학자들이나 믿음이 없는 사람들의 어떤 주장대로가 아닙니다.

1) 성경대로 부활하셨습니다.
성경이 우리에게 뭐라고 하시는가를 바르게 깨닫고 믿어야 합니다.
① 아리마대 요셉에 의해서 예수님의 시신이 새로 판 무덤에 안치되었습니다.
당시에 헤롯을 비롯한 악한 자들이 무덤에 인봉까지 하고 군사들이 지키고 있었지만 예수님의 부활을 막을 수는 없었습니다. 예수님의 부활과 같이 성도들의 부활 때에도 그리할 것입니다.
② 예수님은 이성일인격(二性一人格)을 가지신 분으로서 완전한 하나님이심을 나타내 보이셨습니다.
죽음으로써 보여주셨고 부활하심으로써 보여 주셨습니다. 성경에 기록된 대로 믿습니다. 영광스러운 예수님의 부활의 모습을 믿어야 합니다.

2) 헤롯이 지켰지만 소용이 없습니다.
성경은 헤롯이 군사들을 매수하였다고 기록하고 있습니다. 거짓은 언제나 백일하에 드러나게 됩니다.
① 군사들이 굳게 인봉하고 지켰습니다.

왜냐하면 저들도 예수님의 부활의 소식을 들었으나 혹시나 도둑질해가고 부활했다고 거짓말 할까 봐서 그렇게 했다는 것입니다. 부활의 사건은 도적설이 아니라 예수님의 부활 그대로입니다. 이것이 어리석은 인생들의 모습이기도 합니다(시 14:1, 53:1; 사 32:6).

② 예수님은 성경대로 부활하심으로 구세주가 되셨습니다.

사망 권세를 이기시고 생명의 부활을 하시게 되었습니다. 지옥, 마귀 권세를 이기시고 부활 하셨습니다. 세상 권세가 무덤을 지킨다 해도 예수님의 부활을 어떻게 할 수는 없었습니다. (마 28:1-4)"지키던 자들이 그를 무서워하여 떨며 죽은 사람과 같이 되었더라"(The guards were so afraid of him that they shook and became like dead men.) 했습니다(4절).

3. 성경대로 예수님의 부활하심과 같이 성도들의 부활도 성경대로 이루어질 것입니다.

그러므로 죽음은 절망이 아니라 부활의 전초전입니다.

1) 예수님의 부활은 성도들의 부활의 첫 열매가 되셨습니다(the first fruits).

① 예수님은 우리의 부활의 첫 열매가 되셨고 소망을 주셨습니다.

(고전 15:23)"그러나 각각 자기 차례대로 되리니 먼저는 첫 열매인 그리스도요 다음에는 그가 강림하실 때에 그리스도에게 속한 자요" 했습니다. 예수님 안에 있는 사람들은 죽어도 영광이 되는 이유입니다.

② 죽어도 다시 사는 부활의 소망이 견고합니다.

(요 11:25)나사로의 무덤 앞에서 예수님은 말씀해 주셨습니다. "나는 부활이요 생명이니 나를 믿는 자는 죽어도 살겠고 무릇 살아서 나를 믿는 자는 영원히 죽지 아니하리니 이것을 네가 믿느냐"(Do you believe this?) 하셨습니다. 이제 내가(우리가) 대답해야 합니다. 아멘 해야 하겠습니다.

2) 성경대로 부활하게 될 것입니다.

지금은 성도들이나 불신자들이 모두 무덤에 있지만 예수님이 재림하실 때에는 무덤 문이 열리고 성도들이 부활합니다.

① 예수님이 공중 재림하시게 될 때에 잠자던 성도들의 무덤 문이 열리게 됩니다.

사도 바울은 데살로니가 교회에 분명히 전했습니다(살전 4:13-17). 이것이 사실이요 우리의 소망입니다.

② 첫째 부활에 참여해야 합니다.

이것이 요한계시록의 증거입니다(계 20:6). 첫째 부활은 영과 육이 변화 받아 천국에, 둘째 사망에 참여할 자는 영과 육이 심판 받고 함께 지옥에 들어가게 되는 것이 성경의 분명한 증거이기 때문입니다. 은평교회 모든 성도들이 첫째 부활에 참여하는 성도들이 모두 되시기를 예수님의 이름으로 축복합니다.

▶ 결론 : 예수님 부활은 나의 부활입니다.

[은혜]

하나님의 은혜를 유지하는 길

(갈 3:1-14)

세상을 살아가면서 돈 벌기가 매우 어렵습니다. 그런데 벌어들인 돈을 잘 관리하고 유지하기가 더 힘듭니다. 하나님께서 인간을 창조하실 때에 우리 몸에는 피가 적당하게 생산되도록 창조하셨지만, 병이 생기게 되면 피의 생산이 잘 안되어서 문제가 되는 사람들도 있습니다. 그래서 건강은 건강할 때 유지하고 조심해야 합니다. (마 9:20-)12년 동안 혈루병을 앓던 여인의 이야기가 바로 그 병의 유형이라고 볼 수 있습니다. 그것은 구약에서도 율법 가운데 명시된 사례 중의 하나이기도 합니다(레 17:11-12). 문제는 우리가 어떤 일에 주목하고 빈곤하게 살아야 한다는 것이 아니라 예수 그리스도 안에 살아야 한다는 것입니다.

이스라엘 백성들은 광야에서 농사도 짓지 아니하였으나 굶어 죽은 사람도 없고, 의류공장이나 신발공장이 없었어도 옷이 헤어졌거나 발이 부르트지 아니했다고 말씀하고 있습니다(신 8:3-). 하나님께서 그들을 이끌어 가셨기 때문입니다.

오늘 본문에서 사도 바울은 갈라디아 교회뿐 아니라 모든 시대 모든 교우들에게 귀한 복음을 전해 주고 있습니다. 하나님의 은혜가 아니면 살 수가 없다는 사실을 깨우쳐 줍니다. 철저하게 하나님의 은혜 속에서만 살아야 하겠고 은혜가 부족하지 않게 잘 관리 유지해야 할 말씀인바, 여기에서 은혜를 받고 죄를 짓지 말아야 하겠습니다.

1. 성령을 속일 수 없거니와 속이려는 죄는 무서운 죄입니다.

누가 하나님을 속일 수 있겠습니까?

1) 하나님의 성령을 속일 수 없습니다.
  어리석은 인생들이 하나님을 속이려고 하지만 어리석은 일입니다.
  ① 성경에서 그런 예를 보겠습니다.
  성경에서는 이와 같은 어리석은 예들이 기록되어 교훈을 주고 있습니다. (행 5:1-)지금 시대에도 성도들의 헌금과 헌신으로 교회가 유지되고 발전하면서 복음이 전파되지만, 초대교회에도 성도들의 헌금에 의해서 그것으로 전도하였고 복음을 전했습니다. 그중에 '아나니아와 삽비라'는 하나님 앞에서 속이려는 행위를 하다가 부부가 같이 망했습니다. "네가 성령을 속이고"(you have lied to the Holy Spirit)라고 했습니다. 하나님께 거짓말 하였다가 죽었습니다. (히 6:18)하나님은 거짓말을 못하시는 분입니다.
  ② 결과적으로 부부가 죽게 되었습니다.
  성령을 속이고 거짓말을 하였기 때문입니다. 하나님을 속일 수 없거니와 거짓말을 자행하게 되면 영혼이 죽게 됩니다. 육신은 다만 껍데기뿐임을 인식해야 됩니다. 영혼이 죽게 되면 모두 죽게 됩니다. 혈과 육은 사실 껍데기에 불과하기 때문에 영혼을 위한 삶이 매우 중요합니다(고전 15:50; 요 6:63; 행 19:15). 영혼이 떠나면 사실 아무것도 아니기 때문입니다.

2) 성령을 속이려 하면 주님이 주신 은혜를 유지할 수가 없습니다.
  '보혜사'(παράκλητος) 성령께서 오신 것은 우리를 도우시기 위해서 오셨기 때문입니다.
  ① 성령을 속이려 하면 범죄하게 되는 것이고, 주님이 주신 은혜와 영적 축복을 유지할 수 없게 됩니다.
  성령을 속이면 은혜와 축복을 유지하기는커녕 오히려 망하게 되는 길입니다. 이는 마귀의 유혹에 속는 결과일 뿐입니다. 여기에 첫 사람 아담도(창 3:1), 능력 받은 제자라는 유다도(마 10:1; 요 13:2; 마 26:24) 속았고 망했습니다.

② 성령의 순종자가 되어야 합니다.
성령은 우리에게 오셔서 하나님의 뜻을 깨닫게 하고 믿음을 가지게 하며 승리하게 됩니다(요 14:26). 십자가에 못 박혀 죽으시고 부활하신 예수님을 불신하고 못 믿게 하는 것이 사탄이기 때문에 속지 말아야 합니다. 그 사탄 마귀는 지금도 할 수만 있다면 거짓으로 유혹하기 때문에 조심해야 합니다. 이것이 성령의 순종자가 되어야 할 이유입니다.

2. 성령을 거역하는 죄는 무서운 죄입니다.
죄는 모두가 잘못된 것이고 무서운 결과를 낳게 되지만, 성령을 훼방하고 거스르는 죄는 용서받을 수 없는 무서운 죄입니다.

1) 성령을 거스르면 무서운 죄가 됩니다.
하나님이 보내신 보혜사 성령의 역사는 축복입니다.
① 따라서 성령께서 감동을 주실 때에 거역하지 말고 순종해야 합니다.
때때로 지은 죄를 회개하라고 감동 주실 때에 빨리 회개하는 순종을 하게 되면 영혼이 살게 됩니다. 기도, 헌신, 전도, 헌금, 이러한 감동이 있을 때 순종하면 복되고 유익합니다.
② 성령을 훼방하지 말아야 합니다.
성령을 훼방하는 죄는 용서받을 수 없는 죄가 됩니다. (히 6:4)이 은혜를 받은 사람들의 이야기가 됩니다. 이는 예수님을 철저히 욕보이기 때문이라고 했습니다. 성령의 순종자가 되어야 할 뿐입니다.

2) 성령을 거스르면 매사에 유익이 절대 없습니다.
성령은 오셔서 구세주 예수님을 증언하시는 분이기 때문입니다.
① 성령을 거스르면 영적으로 유익이 하나도 없습니다.
성령께서 인도하심 따라서 살아야 할 일입니다. 여기에는 믿음이 유익되고 생활에도 유익이 따라오게 됩니다(고전 12:7). 성령은 우리에게 유익하게 하시려고 오셨기 때문입니다. (행 8:29)빌립 집사는 그래서 성령을 순

종하게 되었고 어디에든지 순종하며 가게 되었던 것입니다.
  ② 훼방자들의 모습은 성령께서 보여 주시는데 절대 유익이 없습니다.
  (딤전 1:19-20)"믿음과 착한 양심을 가지라 어떤 이들은 이 양심을 버렸고 그 믿음에 관하여는 파선하였느니라" 하면서 그 가운데 후메내오와 알렉산더가 있는데 사탄에게 내준 바가 되었다고 했습니다(참조: 딤후 4:14; 딤전 1:20, 4:1).

3. 성령께 순종하지 아니하면 성령을 소멸하게 되는데 이는 큰 죄악입니다.

이와 같은 성령을 소멸하게 되는 자가 되면 곤란한 일입니다.

1) 성령을 소멸하는 것은 성령의 역사를 상실하는 것입니다.
  (살전 5:19)"성령을 소멸하지 말며"(Do not put out the Spirit's fire;) 했습니다. 영어성경(NIV)에서는 '소멸하다'를 '밀어내다', '쫓아내다'는 뜻으로 번역했습니다.
  ① 성령께서 역사하심대로 믿음 따라서 살지 아니하고 자기 고집대로 살게 되면 그것은 곧 성령을 내쫓는(put out) 것이고 밀어내는 경우와 같다고 할 것입니다.
  하나님은 인격적 하나님이시기 때문에 그분에게 순종하며 믿음 따라서 살아야 합니다. 거기에 천대까지 복을 누리며(출 20:6), 축복 속에 삽니다.
  ② 철저하게 성령의 사람으로 살기로 힘써야 합니다.
  성령께서 내 마음에 내주하시면서 성전 삼으시고 계시기 때문입니다(고전 3:16). 그런데 갈라디아 교회 성도들은 어리석게도 성령으로 시작했다가 육체로 마치려고 했기 때문에 책망을 받았습니다(갈 3:3).

2) 성령의 순종자가 되어 믿음 가운데 살게 되면 영적 기쁨이 옵니다.
  이 영적 생활을 데살로니가 교회에 전하고 있습니다(살전 5:16-18).

① 항상 기뻐하는 생활입니다.

성령 안에서 가능한 일입니다(렘 16:25; 빌 4:4). 옥중에서도 가능한 일입니다. 이것이 영적 생활이요 성령 충만의 생활입니다.

② 쉬지 말고 기도하는 생활입니다.

성령의 순종자요, 성령 충만한 사람은 기도가 살아 역사하는 사람입니다. 성령께서 역사하시기 때문에 가능한 일입니다.

③ 범사에 감사하는 생활입니다.

성령께서 감사하는 마음을 주셨기 때문입니다. (단 6:10)비록 사자굴에 들어가는 현실의 문제 앞에서도 감사하는 신앙입니다. 이 세대에 우리의 신앙생활이 성령 충만하여 성령의 인도하심을 따라서 축복받게 되시기를 예수님의 이름으로 축원합니다.

▶ 결론 : 은혜를 유지하는 방법은 성령의 인도입니다.

[은혜]

한계 상황 때에 주신 은혜
(막 5:35-43)

　세상을 살다 보면 인간으로서 할 수 없는 한계 상황에 부딪치게 될 때가 있는데, 인간은 모든 것에서 그 한계가 있기 때문입니다. 이런 때에 몇 가지 상황이 나타나는데, 일찍 포기해 버리고 마감해 버리는 사람이 있는가 하면, 그 한계와 싸우면서 극복해 나가면서 절망하거나 낙심하지 않는 사람도 있습니다. 2016년 브라질 리우올림픽에 출전한 대한민국 대표선수들의 화두는 할 수 있다는 긍정적인 말이었습니다. 어떤 기업의 회장은 유명한 말을 남겼는데 "시련은 있어도, 실패는 없다"는 말로 그 기업을 불모지에서 세계적인 굴지의 기업으로 성장시켰습니다. 믿는 성도들은 세상적인 신념이나 결심에서가 아니라 하나님의 놀라운 역사를 믿기 때문에 낙심치 않고, 세상을 이겨나가게 됩니다. (막 9:23)이런 때에 귀신들린 아이를 두고 예수님께서 제자들에게 하신 말씀은 "할 수 있거든이 무슨 말이냐 믿는 자에게는 능히 하지 못할 일이 없느니라"('If you can?' said Jesus. "Everything is possible for him who believes.")였습니다.
　믿는 자에게 능력이 강조된 성경 구절을 많이 보게 됩니다(요 11:40, 사 4:30, 마 8:26). 오늘 본문은 예수님께서 회당장 야이로의 딸의 죽음으로 슬퍼하는 모든 이들에게 다시 살리심으로 인하여 인간의 한계상황 앞에서도 낙심과 실망이나 절망하기 보다는 구원의 역사요, 생명의 역사들을 보여 주고 있습니다. 여기에서 은혜의 시간이 되시기 바랍니다. 기독교는 예수 믿는 믿음에서 역사가 시작됩니다.

1. 한계상황 가운데 있을 때에 야이로의 태도에서 배우게 됩니다.

신분으로는 회당장(the synagogue ruler)이었는데, 12세 된 딸이 죽었으니 슬픔이 이루 말할 수가 없었습니다.

1) 이때에 회당장 되는 야이로는 어떤 자세로 있었습니까?

평상시도 중요하지만, 위기가 오고 급하며 한계적인 상황 때에 그 사람의 됨됨이를 더 자세히 볼 수 있습니다.

① 예수님께 나아가 엎드려 간절히 간청했습니다.

이때에는 그의 딸이 아직 죽지 않은 상태에 있을 때였습니다(22절). 그 집으로 가는 도중에 12년 혈루증을 앓던 여인이 예수께 나아와 예수님의 옷가를 만지므로 낫게 되는 또 하나의 기적의 현장을 보게 됩니다. 내 힘으로 할 수 없는 극한적인 상황이 올 때에도 하나님께 나아와 "나를 긍휼히 여기시고 불쌍히 여겨주옵소서" 했습니다. 여기에 하나님의 역사와 함께 또 하나의 기적의 현장을 체험하게 됩니다.

② 그는 겸손하게 예수님께 엎드렸습니다.

당시의 신분제도로 보았을 때 야이로는 성전 회당장입니다. 그런데 그와 같은 신분을 뒤로 하고 그 엄격한 유대사회 속에서 잘 알려지지 않은 예수님께 나아와 엎드린 것입니다. 이는 나사렛 목수의 아들 예수께가 아니라 전능하신 예수님께 엎드린 것입니다. 여기서 우리는 언제나 주님 앞에 엎드려야 하는 신앙을 배우게 됩니다. 겸손은 능력입니다(벧전 5:6-).

2) 한계상황일 때에 야이로는 기도 밖에 없음을 알았고 예수님께 나아가게 되었습니다.

성경은 우리에게 위태로운 때일수록 기도 밖에 없음을 보여줍니다(막 9:29).

① 신구약 성경에서 문제가 있고 한계상황일 때에 기도와 거기에 따른 응답하심을 보게 됩니다.

(창 21:14-)하갈과 이스마엘을 보게 됩니다. (삼상 1:10-)한나에게서 보

게 됩니다. (왕상 19-20장)히스기야에게서 보게 됩니다. (약 5:13-15)야고보의 전한 말씀 앞에서 보게 됩니다.
② 믿음의 기도입니다.
기도에는 반드시 믿음이 따라야 합니다. (약 1:5)믿음으로 하는 기도입니다. (약 5:15)믿음의 기도가 병든 자를 일으키게 됩니다. 그런데 말세 때에는 세상에서 믿음이 약해지거나 없어지는 세상이 온다고 예수님은 말씀 가운데 경고해 주셨습니다(눅 18:8). 지금은 믿음 위에 굳게 서 있어야 할 때입니다.

2. 한계상황을 이기기 위한 준비가 있었습니다.
한계상황을 이기기 위한 준비가 필요합니다. 은혜 받는 일에도 준비가 필요합니다.

1) 예수님의 말씀에서 보겠습니다.
한계상황일 때에 예수님이 주신 말씀에서 깨닫게 됩니다.
① 야이로에게 두려워하지 말고 믿기만 하라고 하셨습니다.
따라서 우리가 때때로 어렵고 힘들 때에는 믿음이 중요합니다. 소망 가운데서 주님을 바라보면서 믿음이 약해지지 않게 힘써야 합니다. (요 11:40)나사로의 무덤이라는 인간의 초한계적인 상황에서 믿음을 강조해 주셨습니다. (출 14:13)홍해 앞에서도 하나님을 향한 믿음이 중요했습니다.
② 예수님 손에는 능치 못하심이 없습니다.
(요일 1:1)창조의 손입니다. (빌 2:6)하나님의 본체이십니다. 예수 믿는 믿음의 능력이 여기에서 중요합니다. (눅 1:37)하나님의 말씀은 능치 못하심이 없습니다(For nothing is impossible with God.). 마리아는 하나님을 믿었습니다.

2) 야이로의 집에 모인 사람들의 형태를 보겠습니다.
회당장이기에 지도자로 유명한 사람에 속합니다. 그 딸이 죽었기에 많이 모였습니다.
① 야이로의 딸을 장사지내기 위한 사람들이었습니다.
장례 준비를 하는데, 예수님이 딸이 죽은 것이 아니라 잔다고 하니 사람들이 비웃었습니다. 주님이 "어찌하여 떠들며 우느냐 이 아이가 죽은 것이 아니라 잔다" 하니 그들이 비웃었던 것입니다. 현대 사회에서도 믿음의 세대의 간증을 하게 되면 사람들이 비웃게 되는데 믿음이 없기 때문입니다.
② 깨닫고 믿음을 확고히 해야 합니다.
예수님은 중요한 장소에는 제자 12명 모두가 아니라, 베드로 요한 야고보 이 세 제자만 대동하신 것을 종종 보게 됩니다(마 17:1). 교회 안에서도 구경꾼, 불신자, 믿음에 굳게 서지 못한 사람들이 많이 있고, 베드로 요한 야고보로 대표되는 핵심 부류는 그 숫자가 적습니다. 우리는 언제나 믿음 가운데에 굳게 서도록 힘써야 하고, 늘 확인해야 합니다(고후 13:5).

3. 한계상황을 극복한 결과는 기적을 보게 되었습니다.
물론, 이 모든 것은 주님이 하신 것이지만 기독교를 체험의 종교라고 부르게 됩니다.

1) 생명이 다시 살게 되었습니다.
야이로가 어떤 사람인데 그가 죽은 것과 산 것을 분간을 하지 못하겠습니까?
분명히 죽은 것이 확인되었는데 잔다고 하시니 주위 사람들은 비웃었지만 예수님은 그 아이를 살리셨습니다.
① 살린다는 것은 부활의 모습을 보여주시기 위함이었습니다.
잠을 자면 깨어나는 시간이 있듯이 부활의 시간이 있기 때문에 잔다고 하신 것입니다. 이것은 예수님 안에서 자는 자들 모두에게 해당되는 축복

입니다(살전 4:13-17). 예수님 안에서 생명의 부활이 분명하게 보증되었습니다(요 11:25).
  ② 우리가 믿는 도(道)는 부활의 진리입니다.
  기독교는 부활과 생명의 종교입니다. 죽은 소녀에게 "달리다굼"하시니, '소녀야 일어나라'는 뜻으로 이 말을 들은 소녀가 일어나게 되었습니다. 예수님은 부활을 믿느냐고 질문하십니다. "이것을 네가 믿느냐?"(Do you believe this?). 이제 내가 '아멘!'이라고 대답해야 합니다.

2) 인간은 지금까지 살아 왔지만 언제 어떻게 죽을지 모르는 한계상황에 처한 존재입니다.
  ① 인간의 종착역에서 우리가 깨달아야 할 것이 신앙이요, 믿음의 세계입니다.
  살아난 소녀에게 "먹을 것을 주라"고 하셨습니다. 이것이 기독교 진리의 진수입니다. 나는 부활이요 생명이라고 하셨습니다. 은평교회 성도들은 언제나 이 신앙 가운데 승리하실 줄 믿습니다.
  ② 내가 믿는 예수 그리스도는 지금도 역사하는 분이십니다.
  현재 "어렵다구요?, 힘들다구요?" 믿으세요. 예수님은 능치 못하심이 없으시고 죽은 자도 살리셨습니다. "소녀야 일어나라" 하셨듯이, 지금 주님이 나에게(?) 일어나라고 명령하십니다. 앉아 있거나 누워만 있지 말고 주님 말씀을 듣고 일어나는 은평교회 성도들이 다 되시기를 예수님의 이름으로 축복합니다.

▶ 결론 : 한계상황에서 이길 수 있습니다.

[은혜]

바울이 은혜 받은 간증
(고전 15:8-10)

하나님께서 그리스도인들에게 주시는 특별한 은총이 아닌 일반 은총이라도, 그 은총이 아니면 세상에서 살아갈 사람이 아무도 없습니다. 성경을 통해서 하나님을 알게 하시고 예수 믿고 구원받은 것이 특별 은총이요, 해와 달과 공기와 일용할 양식을 주심으로 살아가게 하시는 것이 일반 은총인 바, 사람들은 이 은혜 속에 살아가면서 하나님을 믿기는 커녕 오히려 우상주의로 빠져서 죄를 짓고 살아가고 있습니다(롬 1:19). 그 결과는 지옥불이요(막 9:46), 유황불에 타는 못이요(계 21:8), 불못에 들어가는 것입니다(계 20:13-15). 죄의 삯은 사망이기 때문입니다. 그러나 하나님의 은사는 그리스도 예수 우리 주 안에 있는 영생인 바, 우리는 그 안에서 영원한 생명을 얻게 되었습니다(롬 6:23).

이 은혜는 세상에 천만금을 주고도 바꿀 수가 없거니와, 특별계시는 예수님 안에서 얻게 된 감격스러운 축복입니다. 믿음으로 하나님의 자녀가 되었습니다(요 1:12). 하나님을 아버지라 부르게 되었습니다(롬 8:15). 천국의 시민권자가 되었습니다(빌 3:20). 천국에 거할 곳이 많은 백성이 되었습니다(요 14:1-). 이제는 죄의 종이 아니라 예수 그리스도의 종이요(롬 1:1) 복음 전하는 자로서의 바울은, 본문에서 이렇게 된 것은 모두가 하나님의 은혜로 된 것이라고 간증했습니다. 교만하지 말라는 교훈에서부터 겸손하게 바른 신앙생활 할 것을 권면하고 있습니다.

1. 하나님의 은혜에 대해 알아야 하겠습니다.

'은혜'라는 말은 헬라어로 '카리스'(χάρια)라 하고, 영어로는 '그레이스'(G

race)라고 하는데, 그 어근(語根)이 분명합니다.

1) 은혜라는 용어는 '선물'(Gift)이라는 뜻입니다.
 왜냐하면 내가 노력해서 얻은 것이 아니기 때문입니다.
 ① 하나님께서 값없이 주시는 선물입니다.
 내 노력으로나 내 힘으로 구원 얻은 것이 아니라는 사실입니다. 전적으로 하나님의 은혜로 주신 믿음으로 구원을 얻었기 때문입니다. (엡 2:3-9)"누구든지 자랑하지 못하게 함이라"(not by works, so that no one can boast) 했습니다. 예수님이 이 세상에 오셔서 대속적 죽음을 당하셨고 부활 승천하셨고 지금도 하나님 우편에 앉아서 기도해 주시는 은혜입니다(롬 8:33-34).
 ② 성도들은 이 은혜로 살아가게 되는 것입니다.
 한시도 육체는 산소 공급이 없이는 살아갈 수 없듯이 하나님의 이 은혜가 아니면 우리는 살아갈 수 없습니다. 산소 공급이 수시로 되듯이 이 하나님의 은혜 공급이야말로 그리스도인들에게는 세상을 살아가는 영적 능력이요 힘이 됩니다. 이 은혜 속에 살아갈 때에 건강한 신앙으로 살게 되는 줄 믿습니다.

2) 성령의 순종자로서 은혜의 생활을 하게 되는데 새롭게 역사들이 나타나게 됩니다.
 ① 날마다 새 사람으로 만들어 주십니다.
 우리 몸속의 세포가 재생되듯이, 우리는 날마다 그리스도의 은혜 속에서만 살 수가 있게 됩니다. 그래서 사도 바울은 날마다 자기 자신은 죽는다고 했습니다(고전 15:31). 하나님의 은혜 속에 살기 위해서입니다.
 ② 하나님께서 주시는 은혜를 깨닫고 사명을 따라서 살게 됩니다.
 사명은 내가 받고 싶어서 받는 것이 아니라 하나님께서 주시는 선물이기에 잘 감당해야 하고 감당할 수 있어야 합니다.
 ③ 은혜의 최고의 정점은 이 세상을 떠날 때 천국 문이 열리는 것입니다.

영생의 축복입니다. 이것은 예수님 안에서만 얻게 되는 성도의 특권이기도 합니다. 예수님이 건설하신 영원한 천국이며, 예수님 이름으로만 들어가게 되는 곳입니다(요 14:1-6). 바울은 그 나라 가기를 원한다고 고백했습니다(고후 5:8).

2. 하나님께서 은혜로 직책도 주셨습니다.

1) 직분과 직책을 주시는 것도 모두 하나님께서 주시는 은혜입니다.
① 아무에게나 직분과 직책을 주시는 것이 아닙니다.
어떤 직분을 맡았으며, 무슨 직책을 수행하고 있든지 그것은 모두 하나님께서 내게 맡기신 은혜의 역사임을 알아야 합니다. 천사도 흠모할 만한 것이요, 질그릇에 보배를 가진 것으로 비유되었습니다(고후 4:7).
② 직분과 직위를 가지고 하나님께 헌신해야 합니다.
하나님께 헌신하게 되는데, 헌신 중에 으뜸이요 출발점이 예배생활의 성공적 행위입니다. (롬 12:1)"내가 하나님의 모든 자비하심으로 너희를 권하노니 너희 몸을 하나님이 기뻐하시는 거룩한 산 제물로 드리라 이는 너희가 드릴 영적 예배니라"고 했습니다. 그리고 사도 바울은 사도로서 선교적인 사명을 다하기 위해 생명까지 드리기로 결심하게 되었음을 고백했습니다(행 20:20).

2) 그 직분과 직책을 다한 후에는 큰 상급과 축복이 약속되어 있습니다.
내게 주신 은혜대로 직분과 달란트를 다 감당한 후에는 천국의 상급이 약속되었음을 보게 됩니다.
① 예수님의 약속을 보시기 바랍니다.
(마 19:27-29)"또 내 이름을 위하여 집이나 형제나 자매나 부모나 자식이나 전토를 버린 자마다 여러 배를 받고 또 영생을 상속하리라" 했습니다. 예수님을 위해서 헌신을 다할 때에 오는 축복이 분명합니다.
② 사도 바울은 고백하였고 전했습니다.

순교하기 얼마 전에 (딤후 4:5-) "그러나 너는 모든 일에 신중하여 고난을 받으며 전도자의 일을 하며 네 직무를 다하라" 하였는데, 결국 바울은 순교하였으며, 의의 면류관이 약속되었습니다. 부활을 믿는 그리스도인들은 더욱 주의 일에 힘써야 하는데 그것은 주 안에서 헛되지 않기 때문입니다(고전 15:58).

3. 하나님의 은혜 받은 그리스도인들에게는 각각 자기의 십자가가 있습니다.

사명을 다해가며 십자가를 지고 가야 합니다.

1) 십자가의 형태도 여러 가지 있습니다.
일률적으로 통합된 십자가가 아닙니다.
① 살아가기 위한 자기 십자가가 있습니다.
아침부터 저녁까지 내게 주어진 십자가가 있는 바 그 십자가를 지고 가야 합니다(마 16:24).
② 자기의 의지와는 관계없이 억지로 지고 가는 십자가가 있는데 그것도 지고 가야 합니다.
이는 예수님의 십자가를 지고 갔던 구레네 시몬의 십자가입니다(마 27:32). 억지로 지게 되었지만 큰 상급과 축복이 약속되었습니다. 교회생활에는 나도 모르는 사이에 남의 십자가를 지고 가야 하는 때도 있습니다. 주일학교, 성가대, 구역, 기관 일 등 수많은 일을 할 때에 십자가가 있는데 이것도 지고 가야 합니다. 거기에는 반드시 축복과 상급이 약속되어 있습니다. (골 1:23) "그리스도의 남은 고난을 그의 몸 된 교회를 위하여 내 육체에 채우노라"(for the sake of his body, which is the church.)고 했습니다.

2) 직임을 다한 십자가의 길에는 영광이 따릅니다.
　세상에는 대가 없는 것이 없습니다.
　① 영원한 영광이 따르게 됩니다.
　이것이 바울이 간증한 신앙이었습니다. 직장에 나가서 일하면 월급이 나오지만 주님을 위해서 일한 결과는 영원한 천국의 상급입니다(마 16:27; 계 22:12). 그것도 썩지 않는 면류관으로 주십니다(고전 9:25).
　② 세상을 살아가지만 똑같은 세상이 아닙니다.
　영원한 천국과 상급이 약속된 생활이 있고, 지옥 가는 생활도 있습니다. 은평교회 성도들은 영원한 천국 백성으로서 승리하는 생활을 하시기를 예수님의 이름으로 축복합니다.

▶ 결론 : 바울은 이 은혜를 간증했습니다.

[전도]

전도해야 합니다

(눅 9:1-6)

사람은 누구나 세상에 나올 때에 평생 동안 해야 할 사명과 의무를 가지고 태어난다고 합니다. 우연하게 왔다가 무의미하게 살다가는 인생이 아니라는 것입니다. 산골짜기의 이름 모를 풀 한 포기나 새 한 마리라도 모두 하나님의 뜻이 있다는 사실입니다. 세상을 살아가는 성도들에게는 세상에 살 동안에 할 일이 많이 있습니다.

그 많은 할 일 중에 두드러지게 신·구약 성경에서는 공통적으로 강조한 사명이 있으니 바로 전도(傳道)입니다. 이스라엘 선지자를 통해서는 파수꾼의 비유로 말씀하시기도 했습니다(겔 33:1-7). "그런즉 너는 내 입의 말을 듣고 나를 대신하여 그들에게 경고할지어다"(so hear the word I speak and give them warning from me. 겔 33:7) 했습니다. '파수꾼'(watchman)의 중요성을 일깨워 주셨지만 파수꾼의 사명을 다하지 못할 때에는 책망을 받게 됩니다. 요나처럼 사명을 잃고 자기 생각대로 하려다가 물고기 뱃속에까지 들어간 잘못된 경우도 보게 됩니다. 전도는 신약에서도 구약에서도 강조하신 지상명령입니다(마 28:18). 예수님은 구속 역사를 완성하시고 승천하시기 전에 분명히 이 명령을 주셨습니다. 성령의 권능을 받고(행 1:8), 지상교회가 해야 하는 사명은 전도명령에 대한 수행입니다(딤후 4:1, 17). 이것은 예수님이 이 땅에 복된 소식을 가지고 오신 목적이기도 하거니와 오늘 본문을 통해서 다시 한 번 사명을 확인하며 은혜의 시간이 되시기를 바랍니다.

1. 전도해야 할 분명한 이유를 알아야 합니다.

 전도해야 할 이유에 대해서 소극적 이유가 되겠지만 다시 한 번 생각하게 됩니다.

1) 전도해야 할 이유가 분명합니다.
 이유를 알고 전도해야 합니다.
 ① 전도하는 일은 인생들의 모든 짐을 벗게 해 주는 일입니다.
 (마 11:28) "수고하고 무거운 짐 진 자들아 다 내게로 오라 내가 너희를 쉬게 하리라" 했습니다. 모든 인류는 죄의 짐을 지고 있으며 그 죄에서 파생된 인생의 짐들이 너무 무겁습니다. 마치 존 번연의 《천로역정》에 나오는 장망성에 살던 기독도와 같이 등짐이 가득합니다. 그뿐 아니라 살아가면서 발생하는 짐들을 너무 무겁게 지고 있습니다. 찬송가 369장(통 487장)에서는 '죄 짐 맡은 우리 구주 어찌 좋은 친군지'라고 했습니다.
 ② 병을 치료하는 것과 같이 전도해야 할 의무가 있습니다.
 본문에서 예수님이 귀신을 제어하고 병자들의 여러 가지 질병을 치료하여 주신 목적은 천국복음을 전하여 주시기 위함이라고 했습니다. (6절) "제자들이 나가 각 마을에 두루 다니며 곳곳에 복음을 전하며 병을 고치더라" 했습니다. 전도는 인생의 중대한 병을 치료하고 영적 건강을 주기 때문에 이를 통해 뭇 백성이 살게 되는 것입니다. 하나님은 소망의 하나님이시며(롬 15:13), 영생을 주시는 분이십니다(롬 6:23). 이는 예수님만이 하시는 능력이 됩니다.

2) 전도하는 것은 영원한 구원을 위한 길입니다.
 전도하는 것은 다만 육신적인 일에만 국한된 것 아닙니다. 영원한 구원 문제가 성경의 본질이요 목적입니다.
 ① 예수 믿으면 영원한 구원입니다.
 이것이 정답입니다. 병 고침, 축복 받음, 형통한 생활 등의 부수적인 일들이 아니라 죄의 문제가 근본적으로 해결되고 영원한 지옥에서 해방이

되며, 구원을 얻게 되는 것입니다. 이것이 본질이며 예수님이 이 땅에 오신 목적입니다. (눅 19:10)삭개오에게도, (눅 10:20)분명히 말씀해 주셨습니다. 여기에서 전도의 본질을 찾게 됩니다.
② 전도는 예수님의 유언이기도 합니다.
따라서 먼저 구원받은 성도는 반드시 전도해야 하는 것이 도리입니다. 이것은 또한 지상에 존재하는 모든 세계 모든 교회들의 존재 목적이기도 합니다. 전도하지 않고 선교하지 아니하면 지상교회의 존재 목적을 상실한 것과 같습니다. 바울은 전도하지 아니하면 "내게 화가 있다"(Woe to me if I do not preach the gospel!)라고 했습니다(고전 9:16). 왜냐하면 인간의 구원의 길은 예수님 밖에 없기 때문입니다(요 14:6, 행 4:12). 이 사명의 대열에 모두 동참하시길 바랍니다.

2. 전도해야 할 적극적인 이유가 있습니다.

왜 전도해야 하는지 적극적인 이유는 전도해야만 구원받을 백성들이 오기 때문입니다. 가만히 앉아서 구원할 수 없거니와 어떤 이들이 말하듯이 "가만히 있어서 착한 일을 많이 하면 그것을 보고서 돌아온다."는 이야기는 맞지 않습니다.

1) 믿는 성도 모두에게는 전도의 사명이 있습니다.
선택의 문제가 아니라 반드시 전도해야 하는 의무입니다.
① 전도의 미련한 것으로 구원하시기를 기뻐하신다고 했습니다.
(고전 1:18)"십자가의 도가 멸망하는 자들에게는 미련한 것이요 구원을 받는 우리에게는 하나님의 능력이라"(it is the power of God) 했습니다. 사람에게는 미련하게 보여도 전도해야 하는 것이 하나님의 법칙이기 때문에 전도해야 하는 것입니다. 이것이 핍박 중에도 순교하면서 전도하는 이유입니다.
② 예수 믿는 길 외에는 다른 길이 없기 때문입니다.
적극적으로 전도해야 하는 이유입니다. 운동장에서 뛰는 선수는 예비 선

수가 있기 때문에 대신 뛸 수가 있지만, 구원받는 길은 오직 예수 그리스도뿐이므로 누구도 대신할 수 없는 것입니다. 세상적인 이야기들에 속지 말고 믿고 돌아와야 합니다.

2) 내가 구원 받은 것은 복음의 빚을 졌기 때문입니다.
 누군가에게 복음의 빚을 진 채무자의 입장입니다.
 ① 복음의 빚을 진 마음으로 전도해야 하는 것이 적극적인 이유가 됩니다.
 바울 사도 역시 "헬라인이나 야만인이나 지혜 있는 자나 어리석은 자에게 다 내가 빚진 자라 그러므로 나는 할 수 있는 대로 로마에 있는 너희에게도 복음 전하기를 원하노라" 했습니다. (롬 1:14)"다 내가 빚진 자라"(both to the wise and the foolish.)고 했습니다. 빚은 반드시 갚아야 하는 것이 채무자의 의무입니다.
 ② 하나님 앞에 서야 할 때가 있습니다.
 그때에 전도했으면 상대방에게 할 말이 있지만 전도하지 못했다면 유구무언 하게 될 때가 올 것입니다. 전도하지 않아서 지옥 가게 하지 말고 전도해서 천국에서 보게 해야 합니다.

3. 전도하는 방법을 알아야 합니다.
 전도하는 것은 영원히 구원받는 길이기에 생명의 전환점이 됩니다.

1) 우선 내가 할 수 있는 일을 해야 합니다.
 먼저 구원 받은 백성으로서 해야 할 일이 전도입니다.
 ① 그 영혼이 구원받기 위해서 기도해야 합니다.
 전도하기 전에 기도하는 것은 필수입니다. 내 마음과 생각대로 되는 것이 아니기 때문입니다. (막 9:29)기도 외에 다른 길이 없습니다. 예수님도 늘 기도하셨습니다(마 4:1; 막 1:3; 마 14:23, 마 26:39). 구약의 선지자들도 모두 기도의 사람들이었습니다.
 ② 말씀으로 무장해야 합니다.

이것은 영적 전투이기 때문입니다. 그냥 전도되는 것이 아닙니다. (렘 23:29)불과 같고 방망이와 같은 말씀으로 무장해야 합니다. (엡 6:17)성령의 검인 말씀으로 무장하고 전신갑주를 입어야 합니다. 전도자는 언제나 말씀으로 무장하고 있어야 합니다.
③ 희생이 필요합니다.
희생하지 아니하고는 전도는 어렵습니다. 시간투자, 마음투자 때로는 커피 값을 투자해야 합니다. (요 12:24)여기에 열매가 맺히게 됩니다.

2) 하나님께 맡겨야 합니다.
내가 할 수 있는 일을 다 했다면 하나님께 맡겨야 합니다.
① 성령을 의지해야 합니다.
초대교회는 성령께서 역사하신 성령의 역사의 장이요, 성령행전이었습니다. (슥 4:6)하나님의 영이신 즉 성령으로만 가능한 일이기 때문입니다.
② 하나님께 맡기는 것입니다.
전도했으면 낙심하지 말고, 기도 가운데서 기다릴 줄도 알아야 합니다. (행 13:48)"영생을 주시기로 작정된 자는 다 믿더라" 했습니다. 성도의 사명은 전도입니다. 그러므로 이 사명을 다하는 성도요, 은평교회가 되시기를 예수님의 이름으로 축원합니다.

▶ 결론 : 전도해야 합니다!

[전도]
전도하는 것은 미련하게 보이는 일인가
(고전 1:18-25)

　세상 사람들에게 미련하게 보이는 것이 성경에서는 지혜롭고, 세상의 지혜로운 것이 성경에서는 오히려 미련하게 보이는 것이 많습니다. 그래서 하나님의 생각과 사람의 생각과 세상의 생각이 다르다는 것을 성경에서 보게 됩니다(사 55:8-9). 그래서 사람들은 세상적인 인기 위주로 모든 생활이 이어지게 됩니다. 그러나 예수님은 분명히 말씀하셨는데 많은 사람들이 가는 "넓은 문으로 들어가지 말고 좁은 문으로 들어가는 것이 생명의 길이라"(But small is the gate and narrow the road that leads to life, and only a few find it.) 하셨습니다(마 7:13-). 따라서 참 믿음의 선진들은 외롭고 힘들었지만 인기 위주의 생애가 아니라 하나님의 뜻대로 좁은 길을 걸었던 것입니다(마 13~14장). 여호수아와 갈렙을 통해서 보게 됩니다. (눅 13:23-24)좁은 문으로 들어가기를 힘쓰라고 하셨습니다. (벧후 3:14)"점도 없고 흠도 없이 평강 가운데서 나타나기를 힘쓰라"고 했습니다.
　본문은 천하보다 귀한 생명을 구원하는 전도에 관한 말씀인바, 사람들이 어리석게 보고 미련하게 본다고 할지라도 전도자는 전도해야 한다는 교훈입니다. 왜 전도해야 하는가를 다시 한 번 말씀에서 배우게 됩니다.

1. 전도하는 것은 거룩한 뜻이요 명령이기 때문입니다.
　성부 성자 성령, 삼위일체 하나님의 뜻입니다. 구원 받은 백성은 반드시 해야 하는 영적 일입니다.

1) 창세전부터 되어진 하나님의 구원 계획입니다.
 그 구원 계획을 이루어가는 것이 전도입니다.
 ① 창세전부터 되어진 구원 계획이요 예정입니다.
 (엡 1:3)전도는 이 일에 동참하는 사역입니다. '하나님의 구원 계획'은 하루 이틀의 이야기가 아니라 영원 전이요 창세전에 구원해 주시기로 예정된 계획입니다. 따라서 전도하는 발걸음이 가장 아름다운 발입니다(롬 10:15, 사 51:7). 이 일에 모두가 참여해야 합니다.
 ② 예수 믿기로 작정된 자는 전도의 방법을 통해서 구원하시기 때문입니다.
 구원의 방법이 곧 전도입니다. 그래서 전도는 중요합니다. 다른 일들은 모두 세상에서 방법을 구할 수 있지만 구원받는 일은 예수 그리스도의 십자가 복음을 통해서만 있기 때문입니다. 사람들이 미련하게 볼 때에도 전도는 성도들이 해야 하는 중요한 일입니다. 여기에는 상급도 약속되었습니다. 예수님이 지상 명령으로 주신 일입니다(마 28:18-20).

2) 예수님이 먼저 이 땅에 오셨습니다.
 이 땅에 오신 목적은 하나님의 구원을 가지고 오신 것입니다. 성탄절이 그래서 중요합니다.
 ① 범죄하여 영원히 죽게 된 자에게 오셨습니다.
 (창 3:9-)범죄하고 동산 나무 뒤에 숨어있던 아담을 부르셨습니다. 그에게 찾아오신 것은 구원의 길을 주시기 위함이었습니다. 그리고 가죽옷을 지어 입히셨습니다(창 3:21). 세상 죄를 지고 오신 예수님이 어린 양으로 묘사되어 있는데, 이 어린 양이 바로 예수 그리스도입니다(Look, the Lamb of God, who takes away the sin of the world!, 요 1:29). 그리고 십자가에 죽으심과 부활로써 구원의 증거가 되셨습니다(롬 4:25).
 ② 전도는 초대교회에서 지금까지 계속 되었고 지금도 진행되고 있습니다.
 초대교회는 예수 믿는다는 이유 때문에 옥고를 당해야만 했고 심지어 순교까지 하게 되었지만 그래도 예수님의 십자가와 부활을 전했습니다. 바울도 순교하고 베드로 야고보도 순교하게 되었습니다. 이것이 전도자의

길입니다.

2. 전도하는 동기(motive)는 사랑 때문입니다.

하나님께서 나 같은 죄인을 사랑하사 독생자를 주셔서 피 흘려 대속의 죽음을 죽게 하신 것이 사랑입니다(요 3:16).

1) 구원 받았다면 이미 이 큰 사랑을 받은 것입니다.
하나님의 사랑을 특별히 받은바 되었습니다.
① 하나님께서 하나님의 사랑으로 나를 구원하여 주신 것을 생각해야 합니다.
(요일 4:19)하나님께서 먼저 우리를 사랑하사 그 사랑의 손길을 내미셨고 우리를 구원해 주셨습니다. 우리가 자격이 있어서가 아니라 아직 죄인으로 있을 때입니다(롬 5:8).
② 이 하나님의 사랑은 무조건적인 사랑입니다.
희랍 사람들이 말하는 사랑의 개념으로 부모의 사랑, 친구 간의 사랑, 남녀 간의 사랑이 아니라, 하나님의 사랑입니다. 이를 일컬어 아가페 사랑이라고 합니다. (요3:16)"하나님이 세상을 이처럼 사랑하사"(For God so loved the world) 우리는 이 사랑을 입은 바 되어 구원을 얻게 되었습니다.

2) 이 사랑은 유일한 사랑입니다.
유일하다는 것은 하나밖에 없다는 것입니다.
① 우리를 구원하시기 위해서 대속의 죽음을 당하셨습니다.
하나밖에 없는 희생적 사랑입니다. 세상에서는 사랑이라는 말을 많이 하지만 하나님의 사랑과는 비교될 수 없는 상대적인 것입니다. 하나님의 사랑은 영원한 사랑입니다.
② 이 사랑을 우주적 사랑이라고 합니다.
우주적 사랑을 입은 사람들이 먼저 구원 받은 성도들입니다. 예수님은 이 하나님의 복음을 받지 아니하면 심판이 무섭게 임하게 되는데, 소돔과

고모라보다 더 무서운 심판이 있을 것을 예고하셨습니다(마 10:15-). 천국과 지옥은 반드시 존재합니다. 우리가 무차별적으로 전도해야 할 이유가 여기 있습니다(눅 16:29-). 이것이 모세와 선지자의 역할인 교회와 성도들의 사명이기 때문입니다.

3. 전도의 내용을 바르게 알고 전해야 하겠습니다.

전도를 해야 하는데 무엇을 어떻게 전해야 하는가를 모르는 분들이 있습니다.

1) "예수 믿으세요."라고 전하십시오.

다른 미사여구를 사용한다든지 신학적 성경 지식이 없어도 "예수 믿으세요."라고 전하세요.

① "예수 믿으세요."라고 전하세요.

"꼭! 예수 믿으세요." 거기에 구원이 있습니다. 신학적 논쟁이나 성경적 논쟁을 피하고 "교회에 와 보세요." 하면 됩니다. (요 1:46)빌립이 나다나엘에게 전도하듯 하면 됩니다. "와서 보라"("Come and see").

② 전도자의 말을 믿고 돌아오면 구원입니다.

그런데 아무나 돌아오는 것이 아닙니다. 영생을 주시기로 작정한 자는 다 믿게 됩니다(행 13:48). 하나님의 구원 계획 속에 있는 사람들을 부르는 것이 전도입니다. 최고의 지성인이라 자부하던 분도 주님께 돌아와서 "영성이 지성을 이겼다."고 했습니다. 그리고 최근에는 서울의 모 교회에서 강연하는 중에 "교회가 세상에 주는 것은 빵이 아니라 십자가와 복음을 통한 생명이라."고 역설했습니다. 전도의 중요성이 여기에 있습니다.

2) 사람들에게 전도만큼 기쁜 소식은 없습니다.

멸망에서 구원받는 일이기 때문입니다.

① '기쁜 소식'(Good News)이라고 합니다.

실존주의 철학자 키에르케고르는 "죽음 5분 전에 있다면 그에게 무엇이 가장 중요해 보이냐?"고 물었습니다. 돈, 명예, 권세가 아니라 5분 후에 천국이냐, 지옥이냐가 열리게 되는데, 전도는 천국으로 안내하는 길입니다. 예수님 밖에는 천국 갈 길이 없기 때문입니다(요 14:6: 행 4:12).
② 전도의 미련한 것으로 구원하십니다.

이것이 하나님의 뜻입니다. 십자가의 도가 구원 얻는 우리에게는 지혜요, 능력이지만 멸망 받는 자들에게는 미련하게 보입니다. 2016년 가족복음화의 원년으로 삼고 온 가족의 구원역사는 물론이고, 전도의 우선순위가 이루어지는 한 해가 되시기를 예수님의 이름으로 축원합니다.

▶ 결론: 전도로 구원 받았으니 전도로 구원해야 합니다.

[전도]

말씀 전파, 전도는 명령입니다
(딤후 4:1-5)

　세상에는 어떤 것에 대하여 본질적인 것이 있는가 하면 비본질적인 것도 있습니다. 반드시 해야 할 일이 있고 부차적인 일도 있습니다. 사람이 세상을 살아가면서 예수 믿는 일은 최우선적으로 해야 하는 본질적인 일에 속하기 때문에 예수를 믿어야 합니다. 여기에 영생이 있고 천국이 있기 때문입니다. 예수님은 우리 위해 십자가에서 대속적 죽으심을 당하셨고 우리를 의롭다 하기 위해서 다시 생명의 부활을 하셨습니다(롬 4:25). 따라서 예수 믿는 것은 선택 사항이 아니고 반드시 해야 하는 필수 사항입니다. 이 세상으로 끝이 아니라 영원한 천국과 지옥이 있습니다. (눅 16:24)하나님을 모르는 부자가 영원한 불못에 들어가서 슬퍼하는 소리가 있습니다. 내 형제들에게 이런 사실을 전하게 해서 다섯 명의 형제들은 이런 곳에 오지 않게 해 달라는 간곡한 청도 듣게 됩니다. 이제 먼저 구원 받은 예수 믿는 성도들은 그 책임과 사명이 있습니다. 먼저 믿고 구원 받은 성도들은 누구에게나 이 일에 책임과 사명이 있고, 이것이 지상교회의 막중한 사명입니다(롬 10:14). 사도 바울은 본문에서 아들과 같은 디모데에게 이 사명을 다하라고 명령형으로 이야기하고 있는데, 전도자의 막중한 사명을 다시 한 번 깨닫는 시간이 되어야 하겠습니다.

1. 전도하는 일은 구원 받은 자에게 주신 사명입니다.
　세상에는 수많은 일들이 있습니다. 직장에서 사업장에서 가정에서 학교에서 많은 일들이 있지만 예수 믿는 사람에게는 한 가지 일이 더 있는데, 그것은 전도하는 일입니다.

1) 전도하는 일입니다.
 세상에서 수많은 일들 중에 최우선적으로 급하게 서둘러야 하는 긴급한 일입니다. 그러나 쉬운 일은 아닙니다.
 ① 어려워도 해야 할 일입니다.
 세상에서 쉬운 일은 하나도 없고 모두가 나름대로는 어려운 일이지만 해야 하듯이, 전도하는 일은 어려워도 꼭 해야만 합니다. 영적인 일이요, 영원한 생명에 관한 문제이기 때문입니다. 예수 믿으면 생명이요 구원이지만, 믿지 않으면 멸망이요 영원한 지옥이기 때문입니다(요 3:16, 36; 요일 5:11-13).
 ② 구원의 조건은 오직 예수 믿는 믿음이기 때문입니다.
 다른 길은 전혀 없습니다. 오직 예수 믿는 길뿐이라고 했습니다(Jesus answered, "I am the way and the truth and the life. No one comes to the Father except through me.", 요 14:6; 행 4:12). 예수님 외에 다른 길이 있다고 하는 것은 거짓이라고 성경은 우리에게 분명히 전해주고 있습니다.

2) 예수님 외에 다른 길이 있다고 하는 유혹에 넘어가지 말아야 합니다.
 마귀는 본래부터 거짓의 아비가 되기 때문입니다(요 8:44).
 ① 마귀는 거짓의 아비가 됩니다.
 (요 8:44)예수님도 분명하게 말씀해 주셨습니다. (창 3:1-)첫 사람 아담과 하와는 이 마귀에게 속아서 범죄하게 되었습니다. 속지 말고 오직 예수 믿는 일에 모두 동참해야 하겠습니다.
 ② 마귀의 속임수에 넘어가게 되면 멸망입니다.
 (요일 2:21-22)예수님이 그리스도이심을 부인하는 자는 곧 거짓말 하는 자라고 했습니다. (요일 4:3)"예수를 시인하지 아니하는 영마다 하나님께 속한 것이 아니니 이것이 곧 적그리스도의 영이니라"고 했습니다. 거짓말 하는 자마다 불 속에 던져지게 됩니다(계 21:8, 22:15). 성도는 이 세대에 거짓에 속지 말고 예수 믿고 구원 받는 데 참여해야 하겠습니다.

2. 전도하는 일은 하나님 말씀을 전달해주는 일입니다.

전도가 어렵게 보이지만 개념을 알면 어려운 일이 결코 아닙니다. 전달자로서 전달하기만 하면 되기 때문입니다.

1) 내가 먼저 바르게 믿고 알아야 합니다.
내가 불확실하면 문제가 됩니다.
① 복음의 개념을 바르게 알고 믿어야 합니다.
내가 죄인된 것과 죄 가운데서 죽게 되었는데, 예수님 때문에 믿고 구원을 얻게 되었다는 확신입니다. 누구든지 예수 믿으면 영생을 얻는다는 확신 가운데 서서 내가 믿는 예수님을 전해야 합니다. 이것이 먼저 구원받은 성도가 해야 할 의무요 사명입니다.
② 복음 전하는 일은 내가 믿는 대로 전달하는 것입니다.
세상에서도 내가 좋게 보이는 것을 전하는 일과 같은 원리입니다. 어떤 화장품이 좋더라 한다든지, 어떤 음식점이 좋더라 하는 식으로 전하듯이, 내가 믿는 예수님을 사람들에게 전하는 것입니다. 먼저 구원 받은 성도로서 누군가에게 해야 하는 사명이요 의무입니다.

2) 사람들은 믿지 않으려고 합니다.
천국이냐, 지옥이냐의 문제의 심각성에 대해서 모르기 때문입니다.
① 귀가 가려져 있습니다.
하나님 말씀을 들을 만한 귀가 가려져 있습니다. 세상 것으로 가려졌고, 마귀가 주는 것으로 가려져 있음을 보게 됩니다. 그래서 깨닫지 못하고 알지 못합니다. (행 7:51)목이 곧고 마음과 귀에 할례를 받지 못한 사람들이기 때문에 스데반 집사가 외쳐도 천국복음을 들으려 하지 않았습니다. (마 13:9)"귀 있는 자는 들으라"고 했습니다. 그러므로 귀가 가려져 있다면 귀를 뚫어서 들어야 합니다.
② 세상적 스승을 많이 두기 때문입니다.
본문 3-4절에 "자기의 사욕을 따를 스승을 많이 두고 또 그 귀를 진리

에서 돌이켜 허탄한 이야기를 따르리라" 했습니다. 사람들은 진짜 중요한 영원한 생명에 대해서는 귀를 닫고 세상적인 것에만 관심을 두고 살아가기 때문입니다. 빨리 전도해서 그와 같은 사람들에게도 돌이켜 믿고 구원받게 해야 합니다. 여호와의 율법이 심령을 새롭게 합니다(시 19:7-). 이것이 복음이요 살 길입니다.

3. 하나님을 전하고 가르치는 일은 어려운 일입니다.
세상일이 모두가 어렵지만 복음 전하는 일은 더 힘든 일에 속합니다.

1) 제일 보람된 일이기 때문입니다.
세상의 가치관 중에 생명에 관한 가치관이 최고인데 영원한 영적 생명의 가치관이기 때문입니다.
① 생명을 건지는 일입니다.
의사들이 수술하면서 생명의 존엄을 알고 있기 때문에 최선을 다합니다. 믿는 성도는 전도하는 이 일이 영원한 생명을 건지는 일임을 깨달아야 합니다.
② 명령형으로 말씀을 주셨습니다.
"엄히 명하노니"(I give you this charge)라고 했습니다. (롬 1:14)사도 바울은 이것을 복음의 빚진 자라고 했습니다. 채무자로서 갚아야 하는 길로 설명했습니다.

2) 전도하면 고난도 함께 따라옵니다.
세상에서 쉬운 일이 없듯이 전도하는 일도 어렵지만 해야 합니다.
① 고난을 받으라고 했습니다.
(딤후 1:8)"오직 하나님의 능력을 따라 복음과 함께 고난을 받으라" 했습니다. (5절)"그러나 너는 모든 일에 신중하여 고난을 받으며 전도자의 일을 하며 네 직무를 다하라"고 했습니다. 그래서 복음 전하는 사람들이 순교까지 하게 됨을 보게 됩니다.

② 생명을 건지는 일은 전도하는 것입니다.

예수 믿는 일이 영생을 얻는 일인바 우리는 먼저 구원 받은 자로서 이 전도의 사명을 다하는 성도들이 모두 되시기를 예수님의 이름으로 축원합니다.

▶ 결론 : 전도는 의무요 사명입니다.

[기타]

복음적 신앙이어야 합니다

(롬 1:14-17)

우리가 살아가는 세상에는 옛날부터 신앙이라는 것이 많았습니다. 하나님을 모르는 불신자들의 세계에서 자연을 숭배하는 토테미즘(Totemism)부터 시작해서 별의 별 종교라는 이름하에 '신앙'이라는 것이 있습니다. 하지만 종교철학자들은 종교를 두 가지로 나누고 있는데, 고등종교와 하등종교가 그것입니다. 그리고 더 깊이 나누어보면 생명이 있는 종교와 생명이 없는 종교로 나눌 수 있습니다.

기독교는 유일하게 예수 그리스도 안에서 생명이 있고, 생명을 주는 종교입니다(요 10:10; 요일 5:11-13). 따라서 영적으로 영원한 생명이 있느냐, 없느냐에 따라 달라지게 됩니다. 신학적으로 자연계시를 통해서도 하나님을 알만한 것을 보여주셨지만, 인간세계는 더욱 범죄하게 되었습니다(롬 1:18-). 여기에서 인간의 타락상을 그대로 보여주시기도 했습니다. 특별계시는 신·구약 성경입니다. 예수 그리스도는 우리에게 특별계시로서 하나님을 보여주셨습니다. 그런데도 불구하고 인간은 하나님을 믿지 않았기 때문에 하나님의 심판을 재촉하게 되었습니다. 예수님이 나의 구주이심을 믿기만 하면 살고 영생이요 천국이지만, 불신은 분명히 지옥 심판이 있음을 예고해주시는 것이 성경입니다(요 3:16, 36).

본문에서 사도 바울은 내가 복음을 부끄러워하지 않는다고 했는데, 이는 복음은 믿는 자들에게 구원을 주시는 하나님의 능력이 되기 때문이라고 했습니다. 따라서 복음이라는 말은 신구약 성경 전체의 요약인바 여기에서 은혜의 시간이 되시기 바랍니다.

1. 복음을 바르게 알아야 합니다.

복음이 무엇이냐고 질문할 때에 대답을 할 수 있어야 하겠습니다.

1) 복음이라는 용어(用語)부터 알아야 합니다.

교회 안에서 복음이라는 말은 많이 사용하지만 진정으로 복음에 대한 설명은 잘 모르는 분들이 많습니다.

① 어원적(語源的) 의미의 복음을 보겠습니다.

복음이라는 말은 헬라어로 '유앙겔리온'(εὐαγγέλιον)이라고 합니다. 그 뜻은 노예가 제도화 된 시대에서 볼 때에 지긋지긋한 노예의 생활에서 해방되는 것이었습니다. 마치 조선시대의 관노에서 해방되는 것과 비교할 수 있습니다. 노예가 되어서 한 끼 식사 잘하고 고급 의류를 몸에 걸쳤다고 해서, 그것이 기쁜 일이 될 수 없는 것입니다.

② 우리는 죄와 사망의 법의 굴레로부터 해방되었습니다.

그냥 된 것이 아니라 예수님이 십자가에서 우리를 위해 대속의 죽음을 당하시고 생명의 부활을 통해서 믿는 자들에게 자유를 주셨기 때문입니다 (요 8:31; 롬 4:24; 갈 5:1-). 예수님이 십자가에서 "다 이루셨다"(Jesus said, "It is finished)고 하셨습니다(요 19:30). 이제 우리는 곤고한 자가 아닙니다(롬 7:25). 자유요, 해방입니다(롬 8:1; 요 5:24). 이것이 진정한 복음입니다.

2) 예수님 안에서는 진정한 기쁜 일입니다.

복음이라는 용어는 복된 소식이요, 기쁜 소식입니다. 이제는 죄와 사망에서 해방되었기 때문입니다.

① 제일 기쁜 소식이 복음입니다.

'가스펠'(gospel), 혹은 '좋은 소식'(good news)이라고 합니다. 죄와 사망과 모든 멍에에서 해방되었기 때문입니다. 진리 되시는 예수님께서 해방시켜 주셨습니다. 이것이 복음입니다.

② 제일 기쁜 소식이 있어서 행복합니다.

예수님 안에서 영적인 자유가 보장되었기 때문입니다. 잠시 동안이 아니라 영원토록입니다. 이제 다시는 종의 멍에가 없습니다(갈 5:1-). 예수님 안에서 우리는 영원한 구원이요, 천국 백성이요, 천국의 시민권자들입니다(빌 3:20).

2. 복음은 역사요(history)요 사실(fact)입니다.

세상 어떤 사람들의 이야기처럼 꾸며낸 것이거나 허구가 아닙니다. 이론이나 설화가 아니라 역사적 사실입니다. 이것이 기독교 복음의 본질입니다.

1) 복음은 우리가 살아가는 역사적 사실에서 나타나게 되었습니다.

세상 다른 종교들은 설화에서 시작되는 경우들이 많지만 기독교는 사실에서 시작되었습니다.

① 복음은 역사적 사실입니다.

어떤 사람들이 말하듯이 가상현실도 아니고, 추측의 이야기도 아닙니다. 예수 그리스도의 십자가와 부활은 사실입니다. 그러므로 악한 자들의 미혹에 속지 말아야 합니다(고전 15:33).

② 복음은 신화나 설화가 아닙니다.

세상 연도가 예수님 전(BC)과 예수님 후(AD)로 나누어진 역사가 이 사실을 증명해 주고 있습니다. 어떤 자유주의 신학자는 예수님의 역사적 사실까지 부정하려다가 그들 무리에서도 인정받지 못했는데 참 어리석은 일입니다. 역사적 사실이기 때문에 이 복음 때문에 순교했고, 지금도 세계 곳곳에서 순교의 제물이 되는 현장을 보고 있습니다.

2) 복음의 역사는 능력입니다.

성령의 능력으로 전도되었고, 지금까지와 미래의 세계까지 성령이 역사하실 것입니다.

① 능력의 역사입니다.

십자가와 부활의 복음이 전파 될 때에도 성령께서 역사해 주십니다. 그래서 기독교 복음은 말에 있지 아니하고 능력에 있습니다(고전 4:30).
② 하나님은 무에서 유를 창조하신 창조주가 되시기 때문입니다.
창조주 하나님의 역사이기 때문에 능력이 있습니다. 따라서 기독교의 기본은 성령의 능력을 받게 되어 있고 성령이 역사하실 때에 온 천하에 전파하게 됩니다(행 1:8). 이것 역시 복음이 전파되는 능력인바, 우리는 언제나 성령 충만한 능력으로 살아야 합니다.

3. 복음에는 주체(主體)가 있습니다.

복음의 주체가 누구냐에 따라서 바른 신앙이냐, 아니냐가 판가름 나게 됩니다. 왜냐하면 세상에는 기독교라는 이름으로 나타난 사이비 종교들이 많이 있기 때문입니다.

1) 복음의 주체는 바로 예수 그리스도입니다.
예수 그리스도 외에는 그 누구든지 어느 단체든지 주체가 될 수 없습니다.
① 다만 복음의 주체를 나타내기 위한 그림자나 모형은 있을 수 있습니다.
구약에서 오실 메시야를 염두해 둔 인물이나 사건, 제도들이 있습니다. 이제 두 번째 재림하실 예수 그리스도의 모형이나 제도나 사건들이 신약 성경에 기록되어 있습니다. 그러나 그것은 어디까지나 모형이지 복음의 주체가 될 수 없습니다.
② 그 본체는 곧 예수 그리스도이십니다.
구약에서 보여주는 대로 예수님은 사실로 오셨고, 신약에서 예언된 대로 예수님은 다시 재림하시게 될 것입니다. 그리고 오직 그분을 통해서만 구원이 있습니다(요 1:12; 행 4:12).

2) 이 복음은 절대로 변하지 않습니다.

세상 것은 모두 변하게 되고 문제가 생겨서 바뀌게 되지만 복음은 변하지 않습니다.

① 예수님 자신이 하나님이 되시기 때문입니다.

시대와 환경은 변해도 복음은 변하지 아니하는 것이 진리입니다. (히 13:8)"예수 그리스도는 어제나 오늘이나 영원토록 동일하시니라"(Jesus Christ is the same yesterday and today and forever.)고 했습니다. 예수님은 하나님이시기 때문입니다(요 1:1; 빌 2:5).

② 예수님은 복음의 주체로서 구원 문제를 모두 해결해 주신 구세주입니다.

기독교는 십자가와 부활의 종교입니다. 십자가와 부활을 통해서 산 소망을 주셨습니다(벧전 1:3-4). 하나님의 자녀가 되며(요 1:12), 하나님을 아버지라 부르고(롬 8:15), 시민권이 하늘에 있는(빌 3:20) 믿음입니다. 복음의 주체자 되시는 예수님 안에서 이 은혜의 복을 받게 되시기를 예수님의 이름으로 축원합니다.

▶ 결론 : 복음을 믿습니까?

[기타]

후퇴하지 말아야 합니다
(히 10:35-39)

지금은 하루가 다르게 발전하고 전진하는 시대입니다. 뒤로 퇴보하거나 물러가면 그 시대에서 도태되고 말 것입니다. 경제 역시 발전하여서 GNP가 올라가고 있습니다. 신기술들이 개발되어 새로운 경제발전의 추진체가 되고 계속해서 경제 단위는 높아가겠지만 그렇게 되지 못하게 되면 퇴보하게 될 것입니다.

성경에 예언대로 말세 때에는 지식정보화 시대요, 빨리 왕래하는 시대입니다. (단 12:4)"사람이 빨리 왕래하며 지식이 더하리라"(Many will go here and there to increase knowledge). 그러다보니 발전은 하지만 피곤한 시대입니다. 많이 공부하고 연구한다는 것은 피곤한 것입니다(전 12:12). 신지식(New knowledge) 시대가 되어 계속 발전하다보니 피곤하게 되고, 그러다보니 제일 먼저 두드러지게 영향이 오는 것이 신앙생활에서 후퇴하게 되고 믿음이 저하되고 영적으로 문제가 생기는 것입니다. 우리가 살고 있는 지금이 그러합니다.

본문은 우리에게 분명히 경고해 주고 있습니다. 뒤로 물러가게 되면 하나님이 기뻐하시지 않는다고 했습니다. "우리는 뒤로 물러가 멸망할 자가 아니요 오직 영혼을 구원함에 이르는 믿음을 가진 자니라"(39절) 하였는데, 여기에서 은혜의 시간을 갖게 됩니다. 2016년 병신년에도 숨 가쁘게 달려왔지만 2017년에도 영적 싸움에서 이겨야 하겠습니다.

1. 말세 때가 될수록 영적으로 더욱 간직해야 할 것이 있습니다.

세상이 지식정보화시대요 발전하는 시대이지만, 하나님 백성들은 끝까지 잘 간직하고 잃어버리지 말아야 할 것들이 있습니다.

1) 버리지 말아야 할 것들이 있습니다.
 세상적인 개념에서가 아니라 영적인 개념에서 꼭 간직해야 합니다.
 ① 담대한 믿음입니다.
 예수 그리스도에 대한 담대한 믿음은 언제든지 반드시 간직해야 할 영적인 요소입니다. 세상은 가면 갈수록 악해지고 죄가 가득하기 때문에 담대한 믿음이 중요합니다. 왜냐하면 마귀가 우는 사자 같이 두루 다니며 삼킬 자를 찾아다니며 덤벼들기 때문입니다(벧전 5:8). 본문 말씀(35절)에 "그러므로 너희 담대함을 버리지 말라 이것이 큰 상을 얻게 하느니라"(So do not throw away your confidence; it will be richly rewarded.)고 했습니다. 영적으로 담대하지 아니하면 죄를 짓게 되고 죄에 끌려 다니기 쉽습니다. 그 결과는 심판이요 저주 밖에 없지만 담대하게 되면 축복이요 천국입니다.
 ② 성경에서 담대함을 잃어버리지 않는 사람에게서 배우게 됩니다.
 (행 4:19)베드로와 사도들에게 배우게 됩니다. (단 3:17)다니엘과 세 친구들에게 배우게 됩니다. 교회사 가운데서 교부시대 교부 폴리캅(Polycarp)의 순교나, 일제 강점기 때 주기철 목사님의 순교에서도 배우게 됩니다.

2) 담대함을 잃어버리지 않기 위해서는 해야 할 일들이 있습니다.
 성경적인 방법과 능력을 배우게 됩니다.
 ① 성령 충만해야 합니다.
 우리는 우리의 전체를 성령께 맡겨야 합니다. 보혜사 성령은 우리 신앙생활의 전반적인 일들을 도와주시는 분이십니다(요 14:16). 그래서 예수님은 성령을 약속하셨고, 그 분이 오실 때까지 예루살렘을 떠나지 말고 기다리라고 하셨습니다(행 1:4-).
 ② 성령님에 의해서 성경 말씀으로 인도함을 받아야 합니다.
 세상적인 개념이 아니라 성령과 말씀 속에서만 세상을 이기게 됩니다.

작심삼일(作心三日)의 생각이 아닙니다. 성령께서 우리의 몸을 성전 삼고 내주하고 계시게 해야 합니다(고전 3:16). 이것이 능력입니다.

2. 말세가 될수록 신앙이 퇴보하면 안 됩니다.

계속 전진하며 발전해야 합니다. (39절)"우리는 뒤로 물러가 멸망할 자가 아니요 오직 영혼을 구원함에 이르는 믿음을 가진 자니라" 했습니다.

1) 우리의 영적인 모습이 뒤로 퇴보하면 곤란합니다.
앞으로만 나아가야 합니다.
① 뒤로 퇴보하면 하나님이 기뻐하시지 않습니다.
우리가 사나 죽으나 주님의 것이기 때문에(롬 14:12), 먹든지 마시든지 오직 하나님의 영광을 위해서 살아야 할 사명이 우리에게 있습니다(고전 10:31). 하나님이 기뻐하시는 길은 성도의 신앙이 앞으로 전진 발전하는 것이지, 어떤 일이나 문제로 인해서 퇴보하는 것은 하나님의 뜻이 아닙니다.
② 퇴보의 반대는 전진이요, 발전입니다.
신앙생활이 지난해보다 금년에 더 발전하고 성장해야 합니다. 작년에는 주일성수에 약했던 분들이 금년에는 주일성수에 힘을 내고, 십일조나 감사에 약했던 부분들이 강해지며, 전도를 하지 못했던 분들이 전도하게 되는 발전입니다. 이것은 믿음의 성장입니다. 주의 일에 더욱 힘쓰는 신앙생활입니다(고전 15:58-).

2) 멸망에 빠진다고 했습니다.
멸망이라는 말은 명예나 지위가 올라가는 것이 아니라 어떤 일을 만나서 밑으로 굴러 떨어지는 것을 의미합니다.
① 굳세지 못하기 때문에 그렇게 됩니다.
우리의 믿음이 굳세지 못하면 굴러 떨어지듯이 떨어지게 되는데, 그렇지 않게 하라고 권면하고 있습니다. 말세 때에는 많은 사람의 믿음도(눅

18:8), 사랑도 추락하게 됩니다(마 24:12).
② 성경에서 그 예를 보겠습니다.
가룟 유다는 귀신을 내쫓으며 권능을 행하는 제자의 반열에 있었습니다(마 10:1). 그러나 마귀가 그 생각 속에 예수님을 팔려는 생각을 넣었는데 거기에 넘어가고 말았습니다(요 13:2). 그리고 비참하게 떨어지게 되었습니다(행 1:18). 아나니아와 삽비라의 경우에서도 보게 됩니다(행 5:1-). 초심을 잃어버리고 믿음을 상실하게 되고 욕심에 끌리게 되면 망하게 됩니다(약 1:15). 언제나 성령의 순종자로 승리해야 하겠습니다.

3. 말세가 될수록 더욱 앞으로 전진할 때에 축복과 상급이 있습니다.
잠시 잠깐의 세상일 때문에 천국을 잃고 축복을 빼앗기면 곤란합니다.

1) 영원한 천국의 것을 얻기 위해서입니다.
물론 구원은 예수님의 이름으로 믿음 가운데서 얻어 놓았지만, 축복과 상급도 빼앗겨서는 안 됩니다.
① 축복과 상급을 성경에서 보겠습니다.
(계 2:10)생명의 면류관, (벧전 5:4)시들지 않는 영광의 면류관, (딤후 4:7)의의 면류관, (살전 2:19)자랑의 면류관, (고전 9:25)썩지 않는 면류관 등 많은 상급이 약속되어 있습니다(마 16:27; 계 22:12).
② 잠깐 있다가 없어지는 것이 아니요 영원한 천국의 세계입니다.
세상의 것은 모두 한시적이요 문제가 많지만 천국의 것은 영원한 세계입니다. 이 곳을 위해서는 언제나 뒤로 멸망에 빠지면 곤란합니다.

2) 끝까지 잘 달려야 합니다.
이른바 영적인 경주에서 낙오하게 되면 안 됩니다.
① 이를 위해서 성령님께서 내 곁에서 독려하십니다.
마치 42,195km를 달리는 마라톤선수 곁에서 독려하는 감독과 같이 성령께서 언제나 내 곁에서 역사하심을 믿어야 합니다. "힘을 내세요. 힘을

내세요. 주님이 손잡고 계시잖아요./ 주님이 나와 함께하심을 믿는다면 어떤 역경도 이길 수 있잖아요."

② 신앙생활에서 성공적이기를 기도해야 합니다.

세상적인 일에도 성공해야 하지만, 우리의 목표는 최종적으로 천국이기 때문에 천국에 갈 때까지 성공적인 신앙생활이 되어야 합니다. 그러기 위해서는 예수님만 바르게 바라보고 달려야 합니다(히 12:2). 은평교회 모든 성도들이 이 신앙으로 승리하시기를 축원합니다.

▶ 결론 : 앞으로 전진하는 신앙입니다.

[기타]

누구의 통치를 받습니까

(계 11:14-19)

　이 세상 사는 모든 이들은 누군가의 통치를 받고 살아갑니다. 그래서 이 세상은 인간 세상의 조직(組織)들로 구성되어 있습니다. 직장에 들어가도 조직이 있고, 군대에도 조직이 있으며, 국가에도 조직이 세워져 있어서 그 조직 하에 그 단체가 움직이게 됩니다. 하나님께서 세우신 조직도 있습니다. 가정이 최초의 조직이며, 교회 역시 하나님께서 세우신 조직에 속합니다. 예수님은 "내가 이 반석 위에 내 교회를 세우리니"(and on this rock I will build my church)라고 하셨습니다(마 16:18). 구약 이스라엘 백성들이 광야생활 할 때에도 이 조직은 분명해서 "광야교회"(He was in the assembly in the desert)라고 했습니다(행 7:38). 이 조직에 구성원들은 하나님을 두려워하며 진실하며 불의한 이익을 미워하는 사람들이었습니다(출 18:21). 사도시대에는 성령과 지혜가 충만하여 칭찬 받는 사람들 일곱을 세워서 교회의 조직을 만들게 했습니다(행 6:1-3).

　본문(15절)에서 "하늘에 큰 음성들이 나서 이르되 세상 나라가 우리 주와 그의 그리스도의 나라가 되어 그가 세세토록 왕 노릇 하시리로다" 했습니다. 인간의 행복과 불행은 누구를 만나서 살아가느냐에 달려 있습니다. 따라서 우리는 예수 그리스도 안에서 하나님의 통치하에 영원히 살아가게 되는바, 본문에서 은혜의 시간이 되시기를 바랍니다.

1. 영적으로 성도는 삼위일체 하나님의 지배와 통치하에 살아갑니다.

　모든 우주만물과 자연세계 하나에 이르기까지 모두 하나님의 지배와 통치하에 살아가게 됩니다(삿 8:23).

1) 우리는 예수님 안에서 하나님의 통치하에 있음을 믿어야 합니다.
 하나님의 지배하에 사랑받고 살아가는 사람들입니다.
 ① 성령 안에서 우리를 인도해 주십니다.
  그래서 다윗은 고백했습니다. (시 23:1)여호와는 나의 목자시니 내게 부족함이 없다고 했습니다. 그래서 행복한 인생은 하나님 안에 살아가는 사람입니다. 예수님을 밖에 세워두지 않고 마음에 모시고 살아가며 평안이 있는 사람입니다(계 3:20; 요 15:4; 롬 15:33).
 ② 성령께서 믿는 자 속에서 역사하시며 통치하고 계십니다.
  늘 인도하셔서 말씀을 깨닫게 하시며 진리 안에서 인도해 주십니다. 그래서 보혜사 성령께서 오셨고 말씀을 생각나게 하시며 깨닫게 하십니다(요 14:26). 여기에 기쁨과 희락이 넘치게 됩니다. 이것이 사도 바울이 옥중에서도 기뻐하였고 찬송하게 된 이유입니다(빌 4:4; 행 16:25). 하나님의 지배와 통치 아래 살아갈 때에 평안과 기쁨과 위로가 있게 됩니다.

2) 따라서 성도는 언제나 성령의 인도하심에 따라서 살아가는 것이 복이 됩니다.
 성령의 순종자가 되어야 합니다. 세상 마귀 소굴에서 마귀가 주는 방식대로 살아가는 것이 아니라 성령의 인도하심에 따라서 살아가야 합니다.
 ① 성령의 인도하심에 따라서 산 사람들이 있습니다.
  성경에서 보여주고 있습니다. (빌 8:26)빌립 집사님은 성령의 인도하심에 따라서 가게 되었고, 광야에서도 전도자가 되었습니다. 성령의 사람은 언제나 성령을 따라서 살다가 하나님께 가지만, 마귀를 따라서 사는 사람은 마귀의 속임수에 살다가 마귀와 함께 지옥 불에 들어가게 됩니다(마 25:41).
 ② 성령의 지배하에 사는 사람은 영원한 천국이 목적입니다.
  하나님의 심부름꾼인 천사들에게 받들려(히 1:14; 눅 16:22) 영원한 천국에 가는 것이 성도의 보장된 생애입니다. 오직 성령 안에서 의와 평강과 희락이 약속되어 있습니다(롬 14:17).

2. 일곱째 천사가 나팔을 불게 될 때에 하나님의 통치됨이 더욱 밝혀지게 됩니다.

세상 나라가 그리스도의 왕국으로 바뀝니다. 그리스도께서 세세무궁토록 왕 노릇 하십니다.

1) 천사가 일곱째 나팔을 불게 됩니다.

세상 역사는 조직이 무너질 때가 있지만 예수님이 세우신 나라는 영원히 견고합니다.

① 영원히 망하거나 무너지지 않는 나라입니다.

예수님은 내 나라는 세상에 속하지 아니한다고 말씀하셨습니다(요 18:36). 영원히 무너지지 않는 나라입니다(단 2:44). 지금은 세상이 판을 치지만 예수님이 오시면 세상 나라는 무너지게 됩니다.

② 예수님은 모든 것을 준비해 주셨습니다.

(요 14:1-6)마음에 근심하지 말라고 하셨습니다. 그 나라는 예수님 이름으로만 갈 수 있는 나라입니다. 우리가 세상을 살면서 영원한 하나님 나라 조직에 속해서 하나님의 영원하신 통치를 받아야 할 이유가 여기에 있습니다.

2) 예수님 안에서 당하는 지금의 시련은 그때를 바라보고 생활하는 이유입니다.

현재의 고난은 장차 나타날 영광과 비교할 수 없습니다(롬 8:18).

① 순교적 신앙으로 살았습니다.

이것이 믿음의 산 증인들입니다(히 11:33-40). "각 나라와 족속과 백성과 방언에서 아무도 능히 셀 수 없는 큰 무리가 나와 흰 옷을 입고 … 이는 큰 환난에서 나오는 자들인데 어린 양의 피에 그 옷을 씻어 희게 하였느니라"고 했습니다(계 7:9-14).

② 지금 신앙생활의 투자는 영원히 남게 됩니다.

영원히 투자할 것이 신앙생활입니다. 인생을 어느 조직에 어디에 투자하 겠습니까? 예수님은 세상에 금은보화를 쌓아두지 말 것도 언급해 주셨습 니다(마 6:19-). 우리는 영원히 천국 조직에 속해 하나님의 통치하에 사 는 사람들입니다.

3. 하나님은 영원히 통치하시는 주권자가 되십니다.
세상 조직과 통치는 무너지는 날이 오지만 하나님의 통치와 천국은 영원합니다.

1) 우리는 하나님의 통치 아래 있습니다.
 모든 이들에게 이 축복이 있는 것은 아닙니다.
 ① 이 세상에서 예수 그리스도 안에 있는 교회 생활의 축복을 받아야 합니다.
 그래서 이 세상에서 교회가 중요합니다. 교회생활을 하나의 심심풀이로 생각하거나 종교적 선택으로 하면 절대로 안 됩니다. 물과 성령으로 거듭 난 사람들이 성령께 인도되어서 살아가는 공동체가 교회입니다.
 ② 교회생활을 올바르게 하는 사람들이 하나님의 통치하에 있습니다.
 여기에 진정한 행복과 축복이 있습니다. 하나님의 평화로운 통치하에 있 기 때문입니다. 예수 그리스도를 통한 하나님의 은혜 아래서 이 축복을 받아야 합니다.

2) 하나님의 통치하에 있는 사람들은 생활이 구분됩니다.
 장차 멸망할 세상 문화 속에 사는 것이 아니라 진리의 말씀에 영적 문화 속에 사는 사람들입니다.
 ① 예수 믿는 믿음을 굳게 지켜 나가는 사람들입니다.
 빌라델비아 교회의 성도들과 같이 작은 능력을 가지고도 주님의 말씀을 지켜 나가는 성도들입니다(계 3:7). 예수님의 이름도 배반하지 않는 문화 속에 살아가는 사람들입니다.

② 늘 깨어서 정신 차리고 신앙생활에 바르게 서 있는 사람들입니다.

어둠에 있지 아니하고 빛 가운데 있는 성도들입니다(롬 13:11-). 지금 세상은 마귀에게 속아서 어둠으로 가득 차 있지만 주님이 재림하시게 되면 세상은 바뀌게 됩니다. 이것이 믿음의 성도들이 지금과 같이 영원히 하나님의 지배와 통치 속에 있어야 할 이유입니다. 은평교회 성도들은 주님 안에서 사는 성도들이 모두 되시기를 주님의 이름으로 축원합니다.

▶ 결론 : 영원히 하나님의 통치하에 있는 사람이 됩시다.

[기타]

웃시야 왕의 성공할 때와 실패할 때

(대하 26:1-18)

"한 번 실패는 병가지상사"라는 말이 있습니다. 성공의 배후에는 반드시 실패의 쓴 잔이 있기 때문입니다. 공중의 날아다니는 새들도 처음 비행할 때에는 실패할 때가 있었고, 아프리카 초원의 맹수들도 어릴 때에는 사냥에 실패하기도 했습니다. 문제는 그 실패가 계속 상습적으로 되면 안 된다는 것입니다. (잠 27:22)"미련한 자를 곡물과 함께 절구에 넣고 공이로 찧을지라도 그의 미련은 벗겨지지 아니하느니라" 하였는데 이런 교훈은 성경에 많이 나옵니다(잠 20:15, 19:8, 15:32, 14:24). 우리가 세상을 살아가면서 누구나 성공적 생애가 되기를 바라는데 무엇이 진정으로 인생의 성공인지 바로 알고, 바르게 살아야 할 것입니다.

예수님이 오시기 전 700년 전에 유다의 왕이었던 웃시야가 죽었습니다. 이때에 이사야 선지자는 하나님께 발탁되어 선지자로서의 예수님께 대한 예언을 풍성하게 성경에 기록해 놓기도 했습니다. 또한 웃시야 왕은 비교적 성공한 왕에 속하지만 그의 실패한 면도 성경에 자세히 기록해 놓았습니다. 시대는 다르지만 웃시야 왕의 성공한 때와 실패한 때를 살펴봄으로 우리시대의 성공적인 신앙생활을 조명해 보고 은혜 받고자 합니다.

1. 웃시야 왕은 어떤 사람인가에 대해서 살펴보겠습니다.

웃시야 왕이 어떤 사람이기에 그가 죽었을 때에 온 나라가 슬퍼하고 이사야 같은 선지자가 성전에 올라가 기도하게 되었습니까?

1) 웃시야 왕은 작은 유다 왕이었지만 '선정'(善政)을 베푼 왕으로 꼽히게

됩니다.
 이스라엘이 '왕정시대'(王政時代)에 이르러 사울, 다윗, 솔로몬 그리고 북 왕국과 남 왕국으로 갈라져 여러 왕들로 이어져 오는 가운데서 웃시야는 훌륭한 왕으로 인정받게 되었습니다.
 ① 국토는 작지만 때로는 힘이 있었습니다.
 국토만 아니라 국민도 숫자가 적었지만, 그의 통치 시기에는 열국에 유명세를 떨치게 되었고 축복 받은 국가로 발전했습니다. (전 9:11-)"내가 다시 해 아래에서 보니 빠른 경주자들이라고 선착하는 것이 아니며 용사들이라고 전쟁에 승리하는 것이 아니며"라고 했습니다. (잠 16:9; 삼상 17:45, 47)특히 다윗도 골리앗 앞에서 외쳤습니다. "전쟁은 여호와께 속한 것인즉 그가 너희를 우리 손에 넘기시리라"(for the battle is the LORD'S, and he will give all of you into our hands). 그리고 대 승리를 거두게 되었습니다.
 ② 웃시야 왕이 작은 국토와 적은 백성으로도 유명해진 이유가 있습니다.
 하나님께서 유명해지도록 만드시고 축복해 주셨기 때문입니다. 하나님을 사랑할 때에 가능합니다. (잠 8:17)하나님을 사랑해서 헌신하는 것은 허비가 아니고 오히려 그 이름이 기념비적이 됩니다(막 14:3-9). '허비하다'는 헬라어로 '디아스콜피조'(διασκορπίζω)인데 '탕진하다'는 뜻이며, 헛된 것으로 여긴다는 것입니다. 마리아가 예수님께 향유를 부은 것은 절대로 허비한 것이 아니고 값지다는 것입니다. 웃시야 왕이 하나님을 가까이 한 일들은 절대로 헛된 것이 아니었고, 마리아의 헌신 역시 헛된 것이 아니었습니다.

2) 웃시야 왕이 축복 받은 이유는 몇 가지 있습니다.
 세상에서 어떤 일들이 잘 될 때에는 그럴 만한 이유가 분명히 있습니다.
 ① 웃시야 왕은 철저하게 하나님만을 의지했습니다.
 하나님께서 도와주셨기 때문에 잘 되었다고 분명하게 고백했습니다(대하 26:8). "하나님이 도우사"(God helped him)라고 했습니다. 하나님께서

도와주시면 반드시 됩니다. 축복으로 이어지는 것이 확실합니다. 자기 자신의 노력, 재주, 기술 등도 필요하지만 하나님의 도우심은 절대적으로 큰 역사를 이루게 됩니다. 웃시야 왕은 그것을 분명히 알았습니다.
② 웃시야 왕은 하나님께 기도하는 기도의 사람이었습니다.
기도하게 될 때에 잘 되었습니다. 왕위에 올랐을 때에 그의 나이가 16세였습니다. 16세 소년이 알면 얼마나 알겠습니까? 그래서인지 웃시야는 하나님께 기도하는 왕이었는데 그래서 그의 앞길이 형통하게 되었고 축복받은 왕이 되었습니다.

2. 웃시야 왕이 성공적일 때에는 하나님 중심의 신앙이었습니다.

하나님을 중심한 신앙적일 때에는 성공적이었습니다. 하나님은 거짓말을 못하시는 분이십니다(히 6:18).

1) 따라서 심은 대로 거두게 됩니다.
무엇을 심었느냐에 따라서 수확도 달라집니다.
① 신앙적인 삶을 살아야 합니다.
본문 4절에 웃시야의 신앙의 모습이 나타나 있습니다. "웃시야가 그의 아버지 아마샤의 모든 행위대로 여호와 보시기에 정직하게 행하며 하나님의 묵시를 밝히 아는 스가랴가 사는 날에 하나님을 찾았고 그가 여호와를 찾을 동안에는 하나님이 형통하게 하셨더라" 했습니다. 부친 아마샤도 좋은 신앙의 사람이었으니 심은 대로 거두게 하신 것입니다(갈 6:7).
② 영적 지도자 스가랴가 전하는 지도하에 살았습니다.
본인은 한 국가의 왕이지만 영적 세계는 또 다른 세계입니다. 비록 왕이라도 스가랴의 지도하는 대로 살았습니다. 다윗 역시 그런 왕이었고, 명군이 될 수 있었습니다(삼하 7:17, 12:1-). 이것이 영적 세계입니다.

2) 크게 번성하게 되었습니다.
하나님께서 번성하게 하셨기 때문입니다.

① 이웃 나라들이 조공을 들고 와서 바치게 되었습니다.
역사적으로 괴롭혔던 나라들이었습니다. 그런데 이제는 조공을 들고 오게 되었습니다. 블레셋, 아라비아 사람, 마온 사람, 암몬 사람들이 "조공을 바치매"(brought tribute)라고 했습니다.
② 강성하여 퍼지게 되었습니다.
국토 면적이나 백성들의 숫자는 작지만 강성하게 되었습니다. 대한민국이 이렇게 되어야 합니다. 그의 이름이 강성하여 애굽 변방까지 퍼지게 되었습니다. 따라서 영혼이 잘되면 범사가 잘되게 됩니다(마 6:33; 요삼 1-4). 웃시야 왕은 신앙적으로 살 때에 형통하고 번성하게 되었습니다.

3. 웃시야 왕이 실패할 때도 원인이 분명했습니다.

16세에 왕위에 올라 52년간의 통치기간에 형통할 때와 실패할 때의 원인이 분명했습니다.

1) 그의 몸에 나병이 걸리게 되었습니다.
그 당시 나병은 저주의 병이었습니다.
① 성전에서 자신이 하지 말아야 할 선을 넘었던 것입니다.
왕이라도 요즘으로 말하면 한 사람의 성도에 불과합니다. 분향하는 제사 집례는 제사장만이 할 수 있는 고유의 일입니다. 그런데도 월권하려 하였고, 그것을 만류하는 제사장들 앞에서 분을 내다가 결국 나병이 발생하게 되었습니다(18-19절). 더 이상 왕의 집무를 다하지 못하고 아들 요담이 대신 그 역할을 감당하게 되었습니다.
② 교만하기 때문이었습니다.
"그가 강성하여지매 그의 마음이 교만하여 악을 행하여"(But after Uzziah became powerful, 16절)라고 했습니다. 성경은 분명히 말합니다. 교만은 멸망의 선봉이요 하나님께서 물리치십니다(약 4:6; 벧전 5:7-). 축복을 유지하는 것은 겸손입니다.

2) 지금까지 받은 축복과 잘한 것이 모두 무너지는 인생이 되었습니다.
쌓아 올라가기는 힘들지만 무너지는 것은 한순간입니다.
① 왕위에 올라가서 잘한 것을 보세요.
16세에 왕위에 올라가서 52년 동안 국가를 번영케 한 업적들입니다. 여러 나라들에게 조공을 바치게 했습니다. 성을 쌓아 망대를 만들고 국방을 튼튼하게 했습니다. 저수지를 많이 만들고 농사에 기여했습니다. 군사력이 튼튼하게 무기를 만들었습니다. 대왕까지 올랐지만 거기까지가 끝이었습니다.
② 하나님의 눈 밖에 나게 되자 하루아침에 왕위에서 물러나게 되었습니다.
모든 인생의 주권은 하나님께 있음을 다시 한 번 인식해야 할 부분입니다(시 127:1; 신 30:15). 따라서 은평교회 모든 성도들은 언제나 끝까지 믿음 안에서 잘 나가게 되시기를 주님의 이름으로 축원합니다.

▶ 결론 : 성공과 실패의 원인은 분명합니다.

[기타]

인생의 두 가지 형태의 유형

(마 14:1-12)

생명체들은 제각기 성향에 따라 특징 있게 살아갑니다. 식물들은 본능적으로 빛이 있는 곳으로 줄기가 향하게 됩니다. 그래서 베란다나 방에 있는 식물들은 가끔씩 화분 방향을 돌려놓아야 합니다. 운전자들의 운전도 개별적으로 습관에 따라서 다니는 길이 다르게 되는데, 심리적으로 자기 개인의 취향에 따라서 다니기 때문입니다. 문제는 어떻게 다니든 간에 자기의 인생은 자기가 책임져야 한다는 것입니다. 일반적으로 볼 때에 두 가지 형태의 인생들을 보게 됩니다.

하나는 하나님을 중심한 유신론적 인생이 있고, 또 하나는 무신론적 인생이 있습니다. 결국은 모든 인생은 하나님의 심판대에 서게 되는 날이 오게 된다는 것을 기억해야 합니다(전 12:13-14; 계 21:12-15). 개인의 역사 속에서 자기의 성향에 따라 사는 것은 자유이지만 거기에 따른 결과도 자기가 책임을 져야 하는 것입니다. 본문에서 헤롯 왕은 자기의 권력과 위치를 이용해서 그릇된 길로 갔지만 반드시 그 책임은 하나님께서 묻게 된다는 사실입니다. 그 권력에 의해서 순교 당한 순교자들은 반드시 상급이 있게 될 것이고, 만용을 부린 사람들은 책임을 피하지 못할 것인바, 본문에서 은혜를 나누고자 합니다.

1. 헤롯과 세례 요한의 두 가지 형태의 삶을 보게 됩니다.

왕이지만 헤롯의 삶과 예수님보다 6개월 먼저 태어나서 예수님의 길을 예비한 세례 요한의 상황은 확연하게 다릅니다.

1) 헤롯 왕의 삶의 형태를 보겠습니다.
 헤롯은 왕이었으나 영적으로 볼 때에는 불행한 사람 중에 하나일 것입니다.
 ① 헤롯은 사두개파에 속하는 성향이라고 생각이 듭니다.
 예수님 당시에는 종교적으로 크게 몇 계파가 있었습니다. 보수파요 다수인으로 구성된 바리새파, 입산 수도파인 엣세네파, 현실적으로 영도 없고, 천국도 없고, 부활도 없다는 사두개파로 나눌 수 있습니다. 현실만 믿는다는 헤롯과 같은 사람들은 당대에 범죄를 크게 저지르게 됩니다(마 22:23-). 로마 네로 황제, 2차 세계대전 때에 독일의 히틀러, 스탈린이나 공산주의자들 같은 사람들입니다. 정치적 권력이나 돈에 눈이 먼 사람들이 여기에 속한다고 할 것입니다.
 ② 헤롯은 악정(惡政)을 행하였고 선한 사람, 믿음의 사람들을 죽였습니다.
 미래의 천국이나 지옥에 대한 개념이 없고 하나님도 없기 때문에 자기가 하고 싶은 대로 살아가는 어리석은 인생입니다. (마 2:15-)예수님 탄생시 헤롯 대왕은 예수님을 죽이려고 두 살 미만의 아이들을 무참히 죽였고, (행 12:1-)그 아들 헤롯도 교회를 핍박하고 야고보도 참수했습니다. 이때 베드로도 옥에 갇혔지만 천사를 보내어 밤중에 옥에서 벗어나게 하셨습니다. 예수님은 헤롯을 향해서 "저 여우에게"(눅 13:32)라고 하면서 그의 간교함을 지적해 주셨습니다. 죄를 지적해도 회개가 없는 어리석은 인생이었습니다.

2) 세례 요한과 같은 형태의 길이 있습니다.
 헤롯 왕과는 정반대의 길입니다.
 ① 정의와 의의 사람으로서 길을 가는 형태였습니다.
 세례 요한의 길은 헤롯과는 정반대의 길입니다. 예수님보다 6개월 먼저 와서 예수님의 길을 예비했습니다(마 3:5-). 구약 말라기 선지자 이후에 400년 만에 나타난 선지자였기에 요단강가에 구름떼같이 사람들이 몰려

오게 되었습니다. 그들을 향해서 "회개하라"고 외치던 세례 요한의 길이었습니다. 예수님이 가시는 길을 예비하는 일이었습니다.

② 민중들에게 존경 받으며 사역했지만 오직 주님만을 위해서 일한 사람이었습니다.

백성들의 뜻과는 달리 그 영광을 주님께 돌리며 사명을 다한 사람이 세례 요한이었습니다(요 3:30). 예수님은 흥하실 분으로 자기는 쇠할 사람으로 생각하였고(마 11:11), 이와 같은 자세의 세례 요한을 예수님은 칭찬하셨습니다. 이것이 성도가 취할 길입니다.

2. 두 사람의 삶의 형태에서 교훈을 얻게 됩니다.

짧은 인생을 살아가면서 내가 처한 현재의 위치에서 어떻게 살아가느냐 하는 점이 문제입니다.

1) 세례 요한에게서 얻는 교훈입니다.

세례 요한에게서 건설적이고 축복적인 교훈을 얻게 됩니다.

① 세례 요한처럼 불법이나 불의의 무리들과 타협하지 아니하고 죄를 멀리하며 믿음의 길로 걸어야 합니다.

빛이 어둠을 밝혀 주듯이 하나님의 영광이 환하게 비치게 될 것이 분명합니다(마 5:14-). 세상에서 빛으로 살기 위해서는 희생을 각오해야 합니다.

② 세례 요한은 끝까지 사명의 길로 그의 생애를 살았습니다.

사명의 사람은 언제나 사명을 위해서 살아가야 합니다. 우리 모두가 언제나 하나님 앞에서 사명의 사람임을 잊지 말아야 합니다. 우리는 제각기 다른 각자의 생활인 듯 하지만 하나님의 영광을 위한 사명의 사람들입니다(고전 4:1-2; 빌 1:20). 그 충성의 길은 헛되지 않고, 주님은 면류관을 예비하실 것입니다(마 16:27; 딤후 4:7; 벧전 5:4; 고전 9:25; 계 2:10, 22:12; 고전 15:58).

2) 헤롯에게서 얻는 교훈도 있습니다.
 악인도 악한 날에 쓰임 받기도 하지만 결국 망하게 됩니다(시 1:6; 잠 16:4).
 ① 사람이 잘못하고 실수할 수 있지만 그 잘못을 지적할 때에 회개해야 하는데, 헤롯은 회개가 없었기 때문에 망했습니다.
 헤롯은 회개하고 바로 서기는커녕 세례 요한을 참수시켜 순교하게 했습니다. 성내는 것은 하나님의 의를 이룰 수가 없습니다(약 1:19). 헤롯의 죄입니다.
 ② 결국 죄가 죄를 낳게 됩니다.
 (약 1:15) "욕심이 잉태한즉 죄를 낳고 죄가 장성한즉 사망을 낳느니라"고 했습니다. 가시적으로 어떤 성과를 내면서 살았느냐가 중요한 것이 아니라 어떻게 살았느냐가 중요합니다. 죄를 멀리하는 것이 사람이 살아가야 할 길입니다. (롬 6:23) "죄의 삯은 사망이요"(For the wages of sin is death)라고 했습니다. 헤롯은 한때 로마를 업고서 왕의 권세를 누렸지만 결국 벌레(충)에게 먹혀 죽게 되었습니다(행 12:21-23). 역사가 요세푸스(Josephus)에 의하면 잔치 날에 왕복을 입고 백성들의 환호를 받다가 병이 나서 비참히 죽게 되는데, 시체에서 벌레가 가득했다고 전해지고 있습니다. 불쌍한 인생이 아닐 수 없습니다.

3. 누구든지 인생은 두 가지 중에 하나로 살게 됩니다.
 두 가지 모두 살 수는 없고 중간적 형태도 없는 것이 인생길입니다.

1) 사람이 어떻게 살든지 간에 하나님 말씀은 더욱 흥하게 됩니다.
 헤롯이 그 아무리 난리를 펴서 기독교를 핍박했지만 교회는 더욱 흥왕했습니다. (행 12:24) "하나님의 말씀은 흥왕하여 더하더라"(But the word of God continued to increase and spread.)고 했습니다.
 ① 헤롯과 같은 사람이 정권을 잡고 세상을 호령하며 교회를 박해해도 역사의 주관자는 하나님이십니다.

따라서 복 있는 사람에게 악한 정권을 통한 잠시의 고난이 있으나 그것이 끝은 아닙니다. 언제나 역사를 승리로 이끄시는 하나님의 섭리를 보게 됩니다. 하나님의 말씀은 흥하게 되어 있습니다.
② 사람마다 선택을 할 수는 있지만 결과도 자기가 책임져야 합니다.
성공자 같으나 결국은 인생의 종착역에서는 실패자로서 영원히 후회하게 되는 지옥에 간 부자의 모습도 있습니다(눅 16:24). 반대로 실패자 같으나 천국의 면류관을 쓰고서 웃는 사람들도 많음을 기억해야 합니다.

2) 인생의 두 가지 형태의 길에서 내가 지금 어디에 서서 가는가를 늘 생각해야 합니다.
그리고 진리에 서야 합니다.
① 선택을 잘못하게 되면 망하게 됩니다.
가룟 유다와 같은 선택은 망합니다(행 1:18). 에서와 같은 선택도 결국 망하게 되고 영원히 후회하게 됩니다(창 25:33-34; 말 1:2; 히 12:16-17). 따라서 당장 앞에 보이는 일에만 매이지 말고 영원한 세계를 보아야 하겠습니다.
② 선택을 잘하고 결단하면 영원한 복이 됩니다.
(히 11:24)모세는 영원한 세계를 바라보았기 때문에 왕좌도 버리고 고난의 민족의 지도자로서 길을 걷게 되었습니다. (창 12:1)아브라함은 친척과 아버지의 고향을 버리고 하나님의 말씀을 따라 순종했습니다. 세례 요한은 비록 참수형으로 순교자가 되었지만 영원한 천국의 큰 상급자가 되었습니다.
은평교회 모든 성도들이 이 말씀 위에서 승리하시기를 주님의 이름으로 축원합니다.

▶ 결론 : 예수 그리스 안에서 사는 길이 복이 있습니다.

[기타]

실패의 늪에서 성공의 자리로

(요 21:1-6)

세상을 살아가면서 누구나 바라고 소망 하는 것은 성공이지 실패를 원하지 않을 것입니다. 누구나가 성공하기를 원하지만 누구나가 모두 성공하는 것은 아닙니다. 누구나가 그 하는 일에 대한 성공이 마음대로 되지 않기 때문입니다. 성경은 이런 유사한 말씀을 주셨습니다. (잠 16:9) "사람이 마음으로 자기의 길을 계획할지라도 그의 걸음을 인도하시는 이는 여호와시니라" 하였고, 그래서 '너의 행사를 여호와께 맡기라'고 했습니다 (잠 16:3; 시 37:5). 어니스트 헤밍웨이(Ernest Hemingway)의 《노인과 바다》에서처럼 결국은 앙상한 뼈만 남은 물고기를 보고 '아연실색'하는 사람들도 많이 있거니와 부요함은 얻었지만 만족이 없는 사람들도 있습니다(전 5:10-12). 결국 모든 재물 얻는 능력은 하나님께서 주시는 바를 깨달아야 한다는 것입니다(신 8:17-).

본문에서 베드로는 밤이 맞도록 고기를 잡았지만 헛수고였고 빈 그물만 씻고 있을 때에 예수님이 찾아오셨고 예수님 말씀대로 깊은 데로 가서 배 오른편에 그물을 던지게 될 때에 가득하게 잡게 되었던 사건을 통해서 성공적인 삶의 방법을 배우게 됩니다.

1. 밤이 다하도록 고기를 잡지 못한 실패의 요인을 깨닫게 됩니다.

실패하는 사람에게는 실패한 원인이 있게 마련입니다.

1) 베드로의 고기잡이에서 실패한 원인(原因)을 본문에서 보게 됩니다.
본문에서 뿐 아니라 다른 성경에서도 밝혀 주는 진리입니다.

① 옛 생활로 다시 돌아가는 것은 실패의 요인이 됩니다.

그래서 성경은 신앙인으로써 뒤로 돌아보거나 뒤로 돌이키는 것은 위험하다고 말씀해 줍니다(눅 17:32; 히 10:38; 눅 24:13). 3년간 예수님을 따르며 배우고 결심했던 베드로를 비롯한 제자들이 예수님이 십자가에 죽으시고 부활하시어 먼저 갈릴리에서 만나자고 하시던 예수님의 말씀을 잊어버리고 옛 생활로 온 것은 분명히 실패의 원인이 됩니다.

② 예수님을 생각지 아니하고 인간 중심적 사상이 실패의 요인이 됩니다.

베드로가 떠나게 되니 다른 제자들도 같이 따라서 떠났습니다. 문제는 누구를 따라가느냐가 인생사에서 중요한 일입니다. 행복과 불행이 여기에 달려 있습니다. 신앙생활에서도 누구를 따라서 하는가에 결과가 다르기 때문에 속지 말아야 합니다(고전 15:33).

③ 예수님의 말씀을 믿지 못했습니다.

불신이요, 불신앙이며 예수님의 말씀은 생각이 나지 않고 현실적 문제가 보이는 대로 가게 되었습니다. 3년간의 행적과 예수님이 죽으시고 부활하시며 갈릴리에서 만나자는 약속을 잊어버렸습니다. 말세 때에도 같은 원리를 보면서 우리는 믿음을 바로 가져야 합니다. (눅 18:8)"인자가 올 때에 세상에서 믿음을 보겠느냐"(However, when the Son of Man comes, will he find faith on the earth?")하셨습니다.

2) 실패의 원인(原因)을 발견하면 실패하지 않게 됩니다.

베드로의 실패한 사건에서 그 원인을 배우게 됩니다.

① 언제나 하나님 말씀을 견고하게 붙잡아야 합니다.

하나님 말씀은 개인이든 국가든 간에 축복이며 등이요, 빛이요 길이 됩니다. (시 119:105)"주의 말씀은 내 발에 등이요 내 길에 빛이니이다"했습니다. 동방박사가 별을 따라가서 예수님을 만나듯이 말씀을 따라가야 합니다(마 2:1)

② 하나님의 말씀을 따라가면 승리요 성공입니다.

하나님 말씀은 진리요 거짓이 없습니다. 그리고 말씀대로 이루어지게 됩니다. 거짓말을 못하시는 하나님이십니다(히 6:18).

2. 실패한 제자들의 자리에서 성공의 자리로 바뀌어 지게 되는데 성공의 원인을 보겠습니다.

성공 하는 데는 반드시 그 원인이 있게 됩니다.

1) 예수님이 찾아 오셨습니다.

슬리퍼(W. T. Sleeper)는 찬송가 272장(통 330장) '고통의 멍에 벗으려고'라고 라는 찬송시를 지어 부르게 되었는데 예수님을 만나면 모두 해결됩니다.

① 예수님은 자신을 등진 베드로도 다른 제자들도 외면하시지 않으시고 찾아 오셨습니다.

예수님은 실패하고 낭패당한 사람들을 반드시 부르시고 찾으십니다(마 11:28).

② 찾아오신 예수님을 만나게 되었습니다.

예수님을 만나면 문제에서 해결됩니다. 중풍병자도(막 2:1-), 문둥병자도(눅 17:17), 소경이 눈을 뜨게 되었고(막 10:46), 38년 된 환자도 낫게 되었습니다(요 5:5). 찾아오신 예수님을 모셔야 합니다(543장(통324장). 예수님을 모시는 것이 중요한 일입니다.

2) 찾아오신 예수님께 내가 응답하고 보여드려야 합니다.

예수님이 찾아오셨는데 망두석(望頭石)같이 서 있으면 곤란합니다.

① 주님의 부르심에 대답했습니다.

잡은 것이 있느냐 하실 때에 솔직하게 말하기를 "대답하되 없나이다"(He called out to them, "Friends, haven't you any fish?" "No," they answered.)했습니다. 주님께 내 사정이 숨김이 없어야 합니다.

② 주님을 만나면 영과 육의 모든 문제가 해결됩니다.

하나님의 말씀은 지금도 내게 들려져야 합니다. 기록된 성경 안에서 역사하시는데 하나님 말씀은 살았기 때문입니다(히 4:12). "살았고 운동력"(For the word of God is living and active.)이 있습니다. 그러므로 말씀을 붙잡아야 합니다.

3. 이제는 실패자의 길이 아니라 성공자의 길을 걷게 되었습니다.

사람이 한번쯤은 무슨 일이든지 실패의 경험이 있게 되는데 언제까지 실패자의 자리에서 살 수는 없습니다. 베드로는 실패에서 성공의 자리로 걷게 되었습니다.

1) 베드로는 실패의 자리에서 이제 성공의 길로 바뀌었습니다.

세 번씩이나 예수님을 모른다고 부인하게 되었고(마 26:32, 68) 교회 시대가 시작되면서 로마황제의 핍박 때에 도망하려 하였지만 주님을 다시 만나게 되었고 이때에 유명한 '쿼바디스'(주여 어디로 가시나이까)라는 말이 나오게 되었는데 다시 로마로 가서 장렬하게 순교자가 되었습니다.

① 베드로는 말씀하시는 대로하는 말씀의 순종자가 되었습니다.

(6절) "그물을 배 오른편에 던지라"(He said, "Throw your net on the right side of the boat)내 생각과 판단은 뒤로하고 예수님 말씀대로 순종했습니다. 이것이 축복과 성공의 요인이 됩니다.

② 허탈감에 빠져 있던 자들에게 큰 기쁨이 되었습니다.

왜냐하면 십자가에 죽으시고 죽음으로 끝난 것이 아니라 다시 생명의 부활하신 예수님을 만났기 때문입니다. 모든 저주와 사망권세를 이기시고 부활하셔서 새 소망 새 기쁨을 주셨습니다. 이제는 내 생각보다 예수님을 만나는 것이 무엇보다 중요한 관건입니다.

2) 예수님은 약속을 지키시는 분이십니다.

세상 약속은 어긋나기도 하고 부도 날 때가 있지만 예수님의 약속은 어긋남도, 부도나는 것도 없습니다.

① 예수님은 부도나게 하지 않으십니다.

살아계신 하나님이시기 때문입니다. 순교자 폴리갑(Polycarp)은 내 평생에 한 번도 예수님은 모른다고 버리신 적이 없는데 내가 왜 예수님을 부인할 수 있느냐고 하면서 장작더미에서 산 채로 화형의 순교를 했습니다. 천국에서 상이 대단히 크리라고 믿습니다.

② 은평교회 성도들은 이 세대에서 승리하고 성공자들이 되시기를 바랍니다.

성경 속에서 베드로나 다른 인물들의 이야기가 아니라 이제는 참된 그리스도인으로서 승리자들이 모두 되시기를 예수님의 이름으로 축원합니다.

▶ 결론 : 지금도 예수님은 우리에게 역사해 주십니다.